LA PORTE NOIRE

MICHEL PEYRAMAURE

LA PORTE NOIRE

roman

ÉDITIONS ROBERT LAFFONT
PARIS

ISBN 2-221-04982-9

Avant-propos

476...

Etrangement, cette grande date de l'histoire de l'Occident est inconnue des Français et, sans doute, de la plupart des Européens de la fin du XXe siècle.

Pourtant, c'est en 476 que meurent un monde et une civilisation : le monde romain, la civilisation romaine.

Jusque-là, contre vents et marées, invasions, soulèvements et partages, s'était maintenue la fiction de l'Empire fondé par Auguste cinq siècles plus tôt. La fiction !... Car il y a déjà près de deux cents ans que l'Empire — un, indivisible et éternel comme tout Etat qui se respecte — s'est, par nécessité, divisé ; l'Empire d'Orient, capitale Constantinople ; l'Empire d'Occident, capitale Rome... ou Trèves ou Ravenne selon les mouvements de l'histoire. Cependant, jusque-là, comme un rêve (et il renaîtra), l'idée d'Empire demeure et ce sont maintenant les Barbares romanisés qui l'incarnent face à leurs frères et cousins non encore admis à s'installer dans les terres d'Empire.

Jusque-là... Jusqu'à cette année 476 où, soudain, un chef de mercenaires barbares nommé Odoacre, campant avec ses troupes près de Ravenne, décide que le faux-semblant, la comédie ont assez duré et, tout bonnement, dépose l'ombre d'empereur enfermé dans son palais de Ravenne — un adolescent, qui dérisoirement porte le nom de Romulus Augustule — et expédie à Constantinople les insignes impériaux. C'est de cet acte, de ce jour, que les historiens datent la fin de l'Empire romain d'Occident — l'Empire romain d'Orient, lui, devait durer jusqu'en 1453, quand Constantinople tomba aux mains des Turcs... (Tout cela est superbement relaté dans la très célèbre Histoire du déclin et de la chute de l'Empire romain *de Gibbon récemment rééditée dans la collection « Bouquins ».)*

Un certain jour de l'année 476, en cette fin du Ve *siècle de l'ère chrétienne, meurt, officiellement, l'Empire tel qu'il demeure et survit dans nos mémoires lycéennes. Tout l'Occident est désormais barbare. Un nouveau monde commence. Dans quelques années, en 481, Clovis sera proclamé roi des Francs — et nous voici déjà dans l'histoire de France.*

C'est en ce certain jour de l'année 476 que, symboliquement, Michel Peyramaure a situé l'action du roman que voici. Ce jour-là, et à Trèves.

Pourquoi Trèves ?

*Parce que Trèves, sur la Moselle, à deux jours de marche de la frontière fatidique du Rhin, était demeurée la dernière grande place forte romaine face aux Barbares, et que Trèves, à plusieurs reprises depuis deux siècles, avait été capitale de l'Empire. A la fin du III*e *siècle et au début du IV*e*, Maximien et Constance Chlore ont abandonné Rome pour Trèves pour affirmer leur volonté de défendre l'Empire : ils se sont portés aux avant-postes. D'autres, parmi leurs successeurs, suivront leur exemple. Et ainsi Trèves est devenue une grande et forte ville, riche de ces monuments (amphithéâtre, thermes, temples, basiliques) que les Romains élevaient partout où s'affirmait leur empire. Une ville puissamment défendue par ses remparts et cette sorte de citadelle, toujours debout aujourd'hui, la* Porta nigra, *la Porte Noire.*

Trèves, en cette année 476, a été cent fois attaquée, violée — en 452, à l'aller comme au retour de son aventure gauloise, Attila est passé sous ses murs, mais il ne s'est pas attardé à en faire le siège : ce n'est pas coutume de cavaliers. Trèves n'est plus que ruines, mais orgueilleusement fait front. C'est alors qu'une nouvelle vague de Francs — parmi eux, il y a Clovis — vient battre ses murailles, bien décidés, cette fois, à l'emporter.

Et c'est ici que commence ce roman, le roman fou et superbe du « dernier jour de Rome ».

1.

LA ROME DU NORD

TRÈVES
Automne de l'an 476 après J.-C.

Une fois de plus, ce matin, c'est la cloche de la chapelle qui m'a réveillé. Depuis quelques jours, peut-être à cause du froid de l'automne, je dors mal jusqu'à l'aube où le sommeil m'engloutit comme une avalanche. Le froid viendra tôt, cette année. Ces brumes sur la Moselle et sur Trèves, je détecte leur présence à l'odorat avant même d'être complètement éveillé : elles sentent déjà l'hiver alors que, l'année passée, je m'en souviens, elles s'imprégnaient de l'odeur des vendanges.

Moi qui, entre autres choses, cherchais à fuir le temps, à faire de ma vie un désert sans horizon et sans limites, le son aigre de cette cloche me harcèle de ses imprécations de vieille sorcière. Et dire que certains poètes ont l'audace de comparer cette voix de bronze fêlé à du cristal... Maudit sois-tu, Paulin de Pella, toi qui, il y a un demi-siècle, inventas cet instrument de torture ! Comme si ce n'était pas déjà une épreuve insupportable que d'être arraché à son sommeil par les trompettes de l'aube qui jettent sur l'ancien foirail baptisé « Champ de Mars » la minable garnison de mon ami, le tribun de Rome Probus, dit Gros-Cul. Le jour où les Barbares envahiront cette ville, ce qui ne saurait tarder, je leur indiquerai moi-même l'emplacement de cette chapelle et de sa cloche pour qu'ils fondent cette dernière afin d'en faire des armes, des bijoux, des harnachements pour leurs chevaux et leurs chariots.

Une fois levé, cédant à mon habitude, je me suis dirigé vers la baie proche de ma loge : celle qui porte des marques gravées de tâcherons sur lesquelles je glisse un rapide regard, comme une salutation machinale à ces inconnus qui expriment leur présence lointaine par les trois premières lettres de leur nom : « SEC... ACE... MAR...

PES... ». Je tente, chaque fois, de compléter leur nom, de les imaginer derrière ce paravent d'illusion, de leur donner une présence charnelle.

En urinant par-dessus la bordure de pierre, les épaules secouées de frissons, j'ai sondé de l'œil la campagne brumeuse, dans l'espoir d'être le premier à découvrir ceux que nous attendons tous. Rien ne bouge ; pas le moindre mouvement ne se dessine à travers la brume d'une densité de laine où le soleil plonge sans parvenir à la dissiper ; pas le moindre bruit pouvant déceler une présence insolite. Si les « Barbatus » ou les « Teutshes » [1], comme nous les appelons, étaient dans les parages, j'en aurais été averti par un branle-bas de combat, des piétinements sur les galeries de la Porte Noire, des bruits de voix et d'armes heurtées contre les boucliers, répondant aux rugissements des envahisseurs : une féroce musique de guerre à laquelle je ne suis, hélas, que trop accoutumé.

Je sais qu'ils seront là bientôt ; aujourd'hui peut-être. Je ne les vois pas, je ne les entends pas mais je les sens. Probus, lui, prétend qu'ils ne se montreront pas, du moins dans les jours qui viennent, et que, peut-être, ils ne feront que passer, mais je suis persuadé qu'il cherche par ces affirmations péremptoires à conjurer ses craintes.

Hier, il me disait :

— Que veux-tu qu'ils viennent foutre à Trèves, Vieille-Peau (c'est ainsi qu'il m'appelle souvent, avec sa brutale familiarité) ? Nous avons de quoi les dissuader de nous assiéger : une forte garnison, des remparts qui datent de l'empereur Julien et qui sont encore solides. D'ailleurs, regarde autour de toi ! Ici, il n'y a rien à conquérir, rien que des pierres ! Des vivres ? Ils en sont mieux pourvus que nous. De l'or ? S'il en reste il est bien caché sous terre ou dans les murs. Des femmes ? On ne fait pas le siège d'une ville comme Trèves pour violer quelques vierges rances et mal nourries. Tu peux dormir sur tes deux oreilles, mon vieil Eudoxe. De plus, tu sais que les « Teutshes » répugnent à assiéger une ville et à s'y installer, surtout quand il faut en déloger une légion...

J'ai failli lui rire au nez ! La garnison de Trèves, une légion ! Elle n'en porte que le nom et le numéro : la « Martiale », XXXVIe Légion affectée à la défense des contrées rhénanes et du pays des Trévires en particulier. Un fantôme... A force d'avoir été manipulée par les

1. Barbares de Germanie.

différents primiciers des notaires qui se sont succédé depuis des décennies dans les bureaux de Rome, chargés de la « Notitia Dignitatum » (ce document qui porte le nom, les effectifs et l'affectation des corps d'armée chargés de la défense de l'Empire aux quatre coins du monde), elle a perdu les huit dixièmes de ses effectifs et la quasi-totalité de ses illusions, à la suite de ponctions répétées par décrets impériaux et de défaites infligées par la racaille d'outre-Rhin à ces soldats perdus, à ces sacrifiés, ces « limitanès » chargés de défendre des frontières effacées depuis longtemps.

Ses illusions, Probus, lui, les a conservées toutes chaudes en lui.

Rome est sa vie, sa passion, son espérance, alors que chacun sait qu'elle est en train de mourir, retenue au bord de l'abîme par quelques fils qui craquent les uns après les autres.

Curieux hasards de l'histoire... Le fondateur de Rome s'appelait Romulus ; c'est un autre Romulus, appelé par dérision « Augustule », un enfant d'une dizaine d'années, qui sera son dernier empereur. Fils du patrice Oreste, ancien secrétaire d'Attila, Romulus est, dit-on, un bel enfant blond, aux yeux bleus.Il doit être le premier surpris d'avoir été soulevé par la vague de l'histoire au faîte des honneurs. Il me plaît de l'imaginer dans sa chambre proche de la salle du trône, à Ravenne, en train de jouer avec ses soldats de bois, entouré, en guise de compagnons, d'un ramassis d'eunuques et d'esclaves. Cette vision imaginaire me hante ; elle se dessine sur un voile impondérable, que le moindre vent fait bouger, dont il brouille les couleurs et les lignes. Derrière ce flocon d'étoffe dévoré de soleil, j'imagine l'immensité des marais entourant le palais impérial, qui se dissolvent au loin dans une mer d'un bleu d'églogue et, de l'autre côté de la bâtisse sombre et sinistre comme un mausolée, les collines où se massent les troupes du roi des Turcilinges, le chef skire Odoacre dont tout proclame qu'il sera un jour prochain roi ou empereur d'Italie, après la conquête de l'Illyrie, qu'il vient d'achever.

De nouveau je m'enfonce dans mon lit tiède qui sent l'odeur de ma jeune maîtresse, Sigen, et celle de ma chienne, Myia.

Une deuxième couverture me sera nécessaire car la chaleur de ma maîtresse et celle de ma chienne ne sont pas suffisantes pour m'éviter de grelotter. Une fourrure ferait mon affaire, mais on ne peut s'en procurer qu'en contrebande, à des prix exorbitants, et le modeste médecin que je suis ne peut se permettre des dépenses exagérées. A ce propos, je me souviens d'une obligation : préparer une nouvelle mixture destinée à combattre la constipation opiniâtre dont Probus est affligé ; il me l'a réclamée hier, mais je manque des ingrédients nécessaires. C'est ainsi qu'à défaut d'écorce de grenade, absente de ma modeste pharmacopée, je lui préparerai une infusion de pin dans du vinaigre : une recette puisée jadis dans les ouvrages de Pline et de Gallien.

C'est aux latrines publiques situées près des thermes de César que Probus et moi avons fait connaissance. Lorsque je suis arrivé là, au terme d'une longue route semée d'aventures, il était déjà à l'œuvre, son gros visage mal rasé rougi et gonflé par les efforts qu'il tentait pour se libérer. Je lui ai tenu compagnie le temps qu'il obtienne satisfaction, ce qui se traduisit par un craquement sinistre suivi, à l'autre extrémité de son individu, d'un long soupir de satisfaction. Il s'exclama :

— Putain de boyaux ! Ça fait trois jours que j'attends. Toi qui parais bien réglé, tu ne peux savoir la jouissance qu'on éprouve lorsque le ventre se relâche soudain. L'impression d'accoucher dans la joie. J'en ai des bruits de cymbales plein les oreilles.

— Si je puis t'être utile, ma modeste expérience est à ta disposition.

Il considéra d'un air méprisant mes guenilles poussiéreuses, ma barbe grise, mes sandales éculées et secoua la tête.

— Tu es sans doute un de ces vagabonds qui gagnent leur vie en vendant leurs électuaires sur les places. Ce qui me manque, c'est un bon médecin, mais il faudrait qu'il opère des miracles. D'ailleurs il n'y en a plus un seul dans cette ville pourrie.

— Je suis médecin, dis-je, mais je ne prétends pas faire des miracles. Le mal dont tu souffres est assez banal, et je connais des remèdes efficaces.

Jadis, je ne me déplaçais jamais sans ma trousse de médicastre et le bagage contenant quelques copies des ouvrages de mes maîtres, recopiés de ma main. J'avais appris à la longue à faire la différence entre les bons fruits — ceux qui sont dus à l'observation et à l'expérience — et les mauvais qui relèvent de la superstition, de la magie ou de l'invention. Tous ces précieux documents, je les ai semés lors de mes pérégrinations à travers la Gaule et la Germanie, qu'il s'agisse de feuillets écrits de ma main sur des parchemins volés à des fonctionnaires ou à des moines, poncés et reponcés, ou d'ouvrages

« empruntés » aux bibliothèques des notables. Aujourd'hui je ne peux compter que sur les ressources de ma mémoire qui, avec l'âge, est devenue capricieuse. Heureusement les rares habitants de cette métropole ne sont guère exigeants et, comme ils négligent souvent de payer mes honoraires et qu'ils doivent en passer par mes services, je n'ai pas de remords.

Le tribun Probus et moi nous nous sommes retrouvés parfois, à la même heure, au même endroit, comme poussés l'un vers l'autre par une sympathie diffuse mais profonde. Assis sur la pierre percée, nos braies sur les talons, nous avons passé de longs moments à commenter les caprices de nos organes et ceux des événements. Outre la constipation que je suis parvenu à juguler en partie, Probus souffre d'une fièvre contractée jadis dans les profondeurs de l'Egypte où il commandait, en marge de l'immense pourriture verte des marais et face aux lointains de la Nubie où évoluaient de mystérieuses populations noires, le dernier bastion du monde civilisé. Sa carrière s'est déroulée entre ces deux pôles de l'Empire : la Nubie et Trèves — une carrière obscure, marquée par une fidélité inconditionnelle à la romanité et une obéissance sans faille aux ordres de ses supérieurs : des dispositions qui auraient pu le hisser, s'il avait eu les capacités nécessaires et de bonnes manières, au sommet de la hiérarchie.

Lors de notre première rencontre, il m'a dit, en faisant claquer ses mains sur ses genoux :

— J'espère que tu vas rester parmi nous. D'ailleurs, quelles que soient tes intentions, je te réquisitionne d'office.

C'est ainsi que Probus fut mon premier client.

C'était un patient difficile, irascible, douillet comme une fillette sous ses mines de vétéran des légions. Il avait perdu connaissance lorsque j'avais tenté d'explorer son rectum bourré d'hémorroïdes grosses comme des fèves et sanguinolentes, obstrué d'un gros caillot de sang noir que j'avais vainement tenté d'extraire, pris qu'il était entre des fibres extrêmement sensibles. Profitant de son évanouissement, j'avais taillé et ligaturé avec des moyens de fortune. Devinant qu'il reprenait conscience j'avais jugé prudent de me retirer pour échapper à sa vindicte. Probus n'est pas un colosse, loin de là, mais ce petit homme épais, râblé, rougeaud, éclate en colères imprévisibles dont j'ai appris à étudier les prémices et à prévoir les conséquences, sinon, depuis longtemps, je ne serais plus de ce monde.

Je suis resté à Trèves. Cette ville ou une autre, au point où j'en étais...

Ma dernière aventure chez les Barbares s'était mal terminée. Dans tous les sens du terme, je revenais de loin. Mon intention, étant donné mon âge avancé et ma situation, n'était pas de poursuivre mon errance. L'aventure est une femme qu'il faut prendre à bras-le-corps tant qu'on a la jeunesse ; passé un certain âge, elle devient une marâtre agressive dont on a hâte de se séparer. Ce seuil atteint, j'avais décidé, pour cette raison et pour quelques autres, de mettre un terme dès que possible à mon humeur vagabonde et à ma vie dangereuse. Ma profession me permettrait, pensais-je, de survivre où que je me trouve, à condition qu'il y eût une population sédentaire.

Trèves me convenait.

Cette cité, je l'avais connue dans son opulence et sa grandeur, longtemps avant. Elle resplendissait encore de la gloire des empereurs du Nord. Depuis Victorien, qui gouvernait ce territoire pour Rome deux cents ans auparavant, ils en avaient fait leur résidence et leur capitale, alors que le flot des Barbares commençait à battre le « limes » du Rhin et à menacer les provinces lointaines de l'Empire. Après Victorien, d'autres empereurs : Tétricus, Faustinus, Maximin, Constantin, Valentinien, y ont laissé leur empreinte : une route, un aqueduc, un arc de triomphe, une basilique, des thermes, un amphithéâtre... Pas un monument, pas une statue qui ne proclame la splendeur de l'Empire ; elle est inscrite sur la façade des édifices publics, le fronton des temples, les stèles et les tombeaux. Jadis, mêlées aux convois de vivres, aux caravanes de marchands et de pèlerins, les légions sortant des quatre portes principales parcouraient les grandes voies semées de caravansérails, de postes militaires, de « castra », qui se dirigeaient vers les grandes cités du Rhin et de la Gaule.

Aux premiers temps de mon séjour, je m'attardais volontiers, pour satisfaire mon incurable curiosité, dans le quartier des sanctuaires situé près des gigantesques Thermes de César, les plus vastes de tout l'Empire, au pied de la colline que couronnent l'Amphithéâtre et l'Hippodrome : on trouve là des édifices religieux de dimensions et d'architectures diverses, dédiés à une foule de dieux et de déesses. J'aurais pu faire mon choix entre ces diverses confessions, embrasser le culte de Diane ou de Cybèle, de Mercure ou d'Apollon, de Mithra ou des déesses Mères, ou encore du Galiléen, le seul qu'on adore officiellement. Des prêtres obséquieux se feraient une joie de me persuader qu'ils détiennent la vérité et que la vraie lumière inonde leur cœur et leur esprit. Cette tentation ne m'a jamais effleuré. La pluralité des « vérités » dissuade de la recherche de la Vérité, du moins dans le domaine de la foi. Qu'elle se présente un jour à moi de manière irréfutable et je mettrai à l'accueillir les ressources de mon intelligence et de ma sensibilité, la puissance physique et mentale qui subsistent dans cette vieille carcasse.

Que reste-t-il aujourd'hui de ces édifices ? Un champ de ruines et d'ordures au milieu duquel une poignée de fidèles irréductibles manient la pioche et le crochet pour découvrir quelques vestiges épars de leur foi : un fragment de statue, une stèle votive, une vieille tuile de temple marquée du signe d'une légion qui aida à construire ce bâtiment... Je les regarde opérer, se recueillir, se lamenter parfois en prenant les dieux absents à témoin des malheurs du temps. Je les dérange, mais je persiste à les observer. Moi, homme de raison, la grâce ne m'a jamais effleuré ; pourtant, bien que rebuté par les mystères soigneusement organisés et entretenus, j'ai toujours apprécié comme un divertissement le spectacle de la foi jusque dans ses manifestations les plus banales.

Parfois Probus, fidèle du dieu Mithra, comme beaucoup de vétérans des légions, me prend à partie :

— Un jour, Vieille-Peau, la lumière de Mithra touchera ton front comme elle a touché le mien. Dès que tu sentiras la mort venir, tu éprouveras le besoin de préserver ta vie éternelle et de te baigner dans la pureté qui te lavera de tous tes vices.

Souvent, dans sa colère, le sceau de Mithra, dont un Père de cette religion l'a marqué au fer rouge aux premiers temps de son noviciat dans un mithreum d'Italie ou d'Orient, accuse ses lignes pâles. A peu de temps de mon arrivée à Trèves, je me hasardai maladroitement à ironiser sur ce signe qu'il arborait ostensiblement, entre deux parenthèses de cheveux gris et plats, et je lui dis :

— Te voilà marqué pour la vie, Probus ! Marqué comme un galérien ou un esclave. Si tu décides de changer de religion, d'adorer, par exemple, le rabbin de Bethléem, il faudra t'arracher la peau du front pour faire disparaître cette trace de tes erreurs passées.

Sous le coup de poing du soldat, je perdis une canine, la dernière qui me restât, et ma vue demeura brouillée durant quelques jours. Je n'en ai pas voulu à Probus de sa violence, pas plus qu'il ne me tint rigueur de ma franchise, mais je compris qu'il était des sujets qu'il valait mieux ne pas aborder en sa présence.

— J'aurais pu te tuer, me dit-il, et je l'aurais fait si tu avais vingt ans de moins. Apprends désormais à tenir ta langue.

Mon scepticisme ironique n'empêche pas Probus de m'entretenir de la foi qu'il voue à Mithra, dieu des Armées, tribun de la Légion de Lumière. Sous l'empire du vin et de l'alcool dont il abuse, lui, l'éternel néophyte cantonné dans un grade subalterne de la religion, il m'a confié quelques secrets relatifs à ce culte étrange, venu des lointains de la Perse, bien qu'il ne fût pas autorisé à me les révéler. Il est vrai que ce dieu, dont le culte se célèbre dans les profondeurs de la terre, semble avoir rejoint, de nos jours et sans doute à jamais, le lieu de ses origines : le rocher dont il émergea un jour, tout nu, au cœur des profondes solitudes de l'Asie.

Toute la ville est à l'image de l'enceinte sacrée : un désert de ruines peuplé de fantômes, veillé par une ombre de légion.

L'herbe a poussé sur les voies tirées au cordeau ; les buissons ont envahi l'entrée des sanctuaires et des monuments publics ; on voit parfois, au fort de la chaleur, des couleuvres dormir sur les genoux des dieux ou dans le fond des vasques et des fontaines taries. L'odeur de misère et de pourriture que j'ai respirée jadis dans les villes abandonnées aux Barbares ou le village royal des Huns, dans les steppes du Danube, je la retrouve à Trèves. Dès qu'une ville se néglige, elle pue. Cette odeur est collée à mes vêtements, à ma peau, au point qu'elle semble émaner de mon corps comme un remugle *« sui generis »*.

Ce signe de décrépitude et d'abandon, je le respire surtout les jours où mes promenades à travers les campagnes de la Moselle, les vignes abandonnées ou les prairies marécageuses des rives, me lavent l'odorat et purifient mes bronches. Je promène une manche de ma tunique ou mon bras nu sous mes narines et l'odeur est là, présente, liée à ma vie.

Ces promenades irritent Probus.

Hier, il m'a dit d'un ton sévère :

— Tu sembles mépriser le danger, Vieille-Peau. Un jour tu te feras prendre au piège, à force de te balader dans ces campagnes infestées de brigands et de « Teutshes ». Ne compte pas sur moi pour aller te chercher !

Probus ment. Il aime trop son vieil Eudoxe pour ne pas battre la campagne entre Coblence, Mayence et Trèves afin de me retrouver, quitte, lorsqu'il m'aura déniché, à m'injurier. Et moi, si je le perdais, je sens qu'il manquerait à ma vie un élément essentiel, que le mouvement de ma destinée serait bouleversé si je n'apercevais pas, dans mon horizon quotidien, le gros cul de Probus.

Probus m'a fait une promesse : celle de détacher quelques maçons parmi les soldats de la « Martiale » pour réparer la lézarde qui s'est ouverte dans le rempart, près de la Porte Noire. Ils sont venus il y a une semaine : quatre types mal attifés qui ressemblaient à des soldats comme moi à un eunuque de Romulus. Ils sont sortis par la Porte Noire, côté campagne, sans se presser ; les mains dans leur ceinture, ils ont examiné longuement cette faille qui fend la muraille puis l'un d'eux, qui paraissait être le plus compétent et parlait le latin avec un fort accent trévire, m'a dit :

— Te fais pas de bile. C'est juste le parement qui a foutu le camp. Nous reviendrons demain poser l'échafaudage et dans trois ou quatre jours, ça se verra plus.

Le lendemain, ils ont apporté quelques planches et de longues perches ; ils ont creusé en sifflotant les premiers trous de boulins, ont vidé une bouteille en cassant la croûte, le cul dans l'herbe, puis ils sont repartis et je ne les ai plus revus.

C'est une belle lézarde. Elle laisse apparaître, sur une brasse de largeur, un splendide torse de dieu posé légèrement de guingois, en équilibre instable, comme s'il avait, d'un coup d'épaule, fait sauter le parement, histoire de respirer un peu. Que fait-il là, pris dans le conglomérat du blocage ? Il a dû être prélevé, avec d'autres matériaux de récupération plus ou moins nobles, dans les ruines d'un ancien temple du temps des premiers empereurs du Nord, il y a trois siècles. J'aimerais retrouver sa tête pour savoir si ce pan de notre enceinte est placé sous la protection de Mars ou de Mercure.

Il avait raison, le maçon : cette lézarde n'est pas dangereuse, mais elle risque, dans l'éventualité d'une attaque, d'attirer l'attention des assaillants et de leur suggérer un travail de sape. Lorsqu'ils viendront assiéger Trèves, la Porte Noire — la plus importante citadelle de la ville —, notre refuge, à moi et à quelques autres phénomènes de mon acabit, risquerait d'être investie la première. Le jour, cette anomalie me blesse l'œil ; la nuit, elle m'empêche parfois de dormir, livrant passage à des éléments insidieux : l'impuissance, la peur, le temps, qui s'insinuent entre les moellons, les briques, le béton, comme les miasmes de la peste, font leur nid dans la forteresse où j'ai trouvé asile, rongent les poutres comme des termites, courent les rues et les places, se propagent dans toute la ville. Ces vieilles peurs, je les sens certaines nuits grouiller autour de moi, me pénétrer, mouiller mes tempes.

Ces inquiétudes, j'ai tenté d'en faire part à Probus. Il m'a frappé l'épaule et s'est mis à rire.

— Cette chère Vieille-Peau qui a peur dans le noir, comme une fillette ! J'enverrai un de mes hommes te tenir compagnie. Je connais un petit Batave blond et rose qui se fera un plaisir de te border dans ton dodo, à moins que tu ne préfères l'une de mes maîtresses : Bibula, l'« essedaire » [1], par exemple... Elle connaît le moyen de te réchauffer si tu as froid, et cela te changera de cette folle de Sigen.

C'est alors que Probus m'a promis que ses « maçons » viendraient bientôt réparer la lézarde.

— Probus, ai-je dit, crois-tu qu'« ils » vont bientôt arriver ?

Le tribun envoie chaque jour des patrouilles de reconnaissance à travers le pays trévire, en direction du Rhin, à des heures et dans des directions qui changent chaque jour afin d'éviter les mauvaises rencontres.

— Je n'en sais rien. Ce qui est sûr, c'est que ça bouge. Il vient des « Teutshes » de toutes parts, par petits groupes, et pas des mignons. C'est pas le moment d'aller faire trempette ou pêcher à plus d'une lieue de Trèves. Ils seront peut-être là demain, peut-être dans huit jours, peut-être jamais.

Ce sera peut-être pour aujourd'hui.

Pourtant, tout à l'heure, lorsque je me suis levé pour aller pisser, la

1. Femme gladiateur : « essedaria ».

campagne avait l'air paisible : une de ces visions d'églogue automnale qui devait tant plaire au poète Ausone lors de son séjour en pays trévire. J'ai encore en mémoire quelques vers de son long poème : *Mosella :*

Les coteaux nagent sous l'ondulation des eaux qui les balancent
Les pampres frémissent et la vendange se gonfle dans le cristal des eaux...

La brume voile encore le paysage, si dense qu'il pourrait bien s'y dissimuler une armée de dix mille Barbares sans que nous apercevions la pointe d'une lance.

Malgré les ans (j'ai, comme on dit, engrangé ma soixantième moisson), mes sens ont gardé leur vivacité, l'odorat notamment. L'odeur des Barbares, je la respire à un quart de lieue, à plus forte raison s'il s'agit d'un groupe en campagne. J'exagère lorsque je me fais fort de différencier l'odeur d'un Chamave de celle d'un Ripuaire ou d'un Alaman. C'était, jadis, un sujet de plaisanterie, lorsque je commandais une troupe de Bagaudes, ces gueux qui avaient pris les armes contre l'administration romaine en Gaule. Les hommes s'amusaient à me voir respirer le vent : « Alors, général (c'est ainsi qu'ils m'appelaient), ce sont des Romains, des Huns ou des Vandales ? Combien sont-ils et à quelle distance ? Est-ce qu'il y a des femmes parmi eux ? »

Le suint barbare, je l'ai respiré une bonne partie de ma vie, soit chez les Huns où j'ai longtemps vécu, soit lors de mes incursions dans les profondeurs de la Germanie et de la Gaule. En ce temps-là, j'errais à l'aventure avec quelques autres chefs de Bagaudes, ces enfants de la misère jetés sur les routes par le désespoir et la révolte contre les agents de Rome. Très tôt, l'aventure a été ma compagne de tous les jours. Aussi, lorsque Probus Gros-Cul me traite de fillette, je regimbe.

Ce matin, il se mêle à l'odeur de la brume des effluves complexes, sans que je puisse y reconnaître avec certitude le remugle qui émane d'une horde de « Teutshes ». Ce sont peut-être quelques-uns de ces paysans talonnés par la peur qui viennent chercher refuge avec leur famille dans la cité. Tout à l'heure, toilette faite, j'irai aux nouvelles. Pour le moment, rien ne bouge ; le temps semble s'être figé dans la forteresse et autour d'elle. J'ai retrouvé l'odeur de Sigen, la chaleur de Myia et ce bien-être du matin, à nul autre pareil.

La Porte Noire commence à s'animer. Les yeux clos, je peux définir chaque bruit, mettre un nom et un visage sur chaque voix : ce ronronnement de prière, ce chant rauque qui viennent de l'étage supérieur, c'est l'évêque Marus, entouré de ses moines pouilleux, qui se livre à ses dévotions matinales devant son autel de fortune ; ces éclats de colère qui retentissent à l'extrémité de la galerie où je suis installé, j'y reconnais l'une des trois esclaves femelles qui mènent la vie dure au comte Argobast ; le « philosophe » Nymphius plaisante dans la cour centrale avec les soldats, au moment de ses ablutions dans le baquet d'eau mis à notre disposition par le centurion Médéric, commandant de la Porte Noire ; le « clarissime » Mincius, ancien décurion, poète à ses heures, fait ses dernières recommandations à son fils, le petit Minuo qui, accompagné de son esclave, va traverser la ville pour se rendre chez son professeur, le vieil historien Sinisser ; l'ancien propriétaire terrien, Sunno, qui loge dans la même galerie que moi, au premier étage, avec sa famille, se prépare pour aller travailler son jardin, sous les remparts, le long de la Moselle et gourmande son épouse, Randa, qui l'a suivi dans son exil, à la suite d'une brusque irruption de Chamaves, il y a quelques mois ; le « Syrien » Ioulianos, le père de Sigen, est en train, déjà, de manier son boulier dont le claquement sec, à quelques pas de ma loge, me parvient avec précision ; Basile, l'ermite fou, qui habite sur la terrasse supérieure de la tour occidentale, avec son animal favori : un porc, ne s'est pas encore manifesté, mais il ne va pas tarder, aiguillonné par la faim, à déverser sur nous un torrent d'invectives...

Devant la menace des Barbares, la Porte Noire, cette énorme bâtisse aux murs patinés, couleur de cendre, est devenue un caravansérail comparable aux relais de poste, à ces « mansiones », à ces « mutationes » qui jalonnaient jadis routes et rivières, entre Rhin et Moselle, et qui aujourd'hui, pillés et incendiés par les hordes germaniques, sont abandonnés. C'est, avec l'Amphithéâtre situé à l'autre extrémité de la ville, énorme massif de maçonnerie aux contreforts de ziggourat mésopotamienne, le seul endroit relativement sûr de la ville en cas d'attaque des Barbares. Probus a installé là les derniers personnages importants de la cité — parmi lesquels il me fait l'honneur de me compter — comme s'il souhaitait conserver, dans la tempête qui nous menace, un échantillonnage représentatif des notabilités de la ville. A l'Amphithéâtre, il a entassé la masse de la population ordinaire : c'est une sorte de Capharnaüm joyeux et misérable à l'égal des quartiers populaires de Rome.

Oserais-je dire que je suis heureux là où je suis ? Ce que je puis affirmer, c'est que je n'ai jamais vécu aussi intensément depuis que, retour de mes pérégrinations en Germanie, j'ai accepté de vivre à Trèves.

Les situations exceptionnelles m'ont toujours attiré, sinon diverti. J'ai le goût des orages, des tempêtes, des catastrophes, et la vie s'est chargée de satisfaire d'abondance à mon insatiable curiosité, sans que j'aie à la solliciter. Résister à l'attrait de l'événement m'est impossible. C'est comme si se manifestait en moi la conviction inconsciente qu'une puissance d'ordre supérieur (Jéhovah, dirait Marus, Mithra, répondrait Probus) attendait de ma part une présence susceptible de témoigner, sinon de juger. Ce courant qui me porte là où se joue le destin du monde, j'y cède en vertu d'une mystérieuse impulsion ; j'y puise un plaisir profond et roboratif exempt de toute curiosité malsaine car la misère et la souffrance m'ont toujours remué. Croire à la prédestination est au-dessus de mes prétentions et de mes convictions philosophiques, mais comment ne pas être troublé par cette étrange particularité de ma nature ? Nymphius a disserté sur ce problème sans parvenir à en tirer une explication plausible ; il s'est promis d'en faire un chapitre du monumental ouvrage qu'il prépare mais dont les premières lignes n'ont pas encore été écrites et ne le seront sans doute jamais, car cet ancien philosophe de gynécée n'a émis que du vent au cours de sa carrière.

Ici, à Trèves, je respire une fois de plus l'air tonique de l'histoire ; je me sens pénétré jusqu'aux fibres les plus secrètes de mon être par un bonheur dont je repousse les approches incongrues. Bâtir mon bien-être sur le malheur d'un homme ou d'un peuple est au-dessus de ma volonté, mais pourquoi résister à l'attrait de l'événement ?

Trèves est condamnée. Pour la quatrième fois en moins de deux siècles, cette cité, la plus riche et la plus belle de la Gaule, le phare de la civilisation romaine aux rives de la barbarie,va être prise et détruite, et ce qui restait de sa splendeur passée sera anéanti à jamais. Nouvelle Carthage, elle va basculer dans le néant. Je me prépare à cette épreuve, les yeux et les oreilles grands ouverts. Rien ne devrait en fait me retenir sur cet îlot perdu dans un océan de barbarie alors que fuir serait encore possible et relativement aisé. Ces temps derniers, alors que se précisait la menace, cette tentation m'a effleuré, mais je me suis dit que se déserter soi-même, rompre avec la mission dont on est investi, est une lâcheté ; pire : un renoncement. Pourquoi, maintenant que ma vie touche à ses limites, fuir ce qui en sera le couronnement : le spectacle de la chute d'un empire, le dénouement d'un drame dont j'ai suivi l'action et dénombré les personnages depuis l'aube de ma vie ? Probus m'a délié de tout engagement : je pourrais quitter cette ville si je le souhaitais ; il me fournirait même un pécule en rapport avec les bons offices que je lui ai prodigués et une lettre de recommandation pour un des conseillers de Romulus qu'il a connu jadis en Illyrie. Il n'a pas compris les raisons de mon refus.

L'émotion que je ressens ce matin m'est familière : cette chaleur insidieuse, cette sueur légère aux tempes, cette alacrité acide, mêlée de confuses angoisses, ce besoin de parler à n'importe qui pour conjurer la fatalité, même à ma chienne Myia.

A l'heure qu'il est les soldats de Probus sont encore à l'exercice, près du Forum, sur l'ancien foirail qui fait office de Champ de Mars. Cette XXXVIe légion, la « Martiale », quelle dérision ! Figure-t-elle encore sur ce monument de mensonges qu'est la « Notitia Dignitatum », répertoire des forces de l'Empire ? Comme la plupart d'entre elles, la « Martiale » a fondu peu à peu, au point de ne pouvoir aligner que les effectifs d'une cohorte : environ trois cents hommes, parmi lesquels une cinquantaine de cavaliers trévires dont l'efficacité serait limitée en cas de siège, bien qu'ils soient, comme au temps de César, les meilleurs cavaliers de la Gaule. Où sont les légions de six mille soldats qui faisaient la puissance de Rome ? Que sont devenus les uniformes impeccables, les étendards, les aigles, les forêts de lances dont les pointes étincelaient au soleil comme la mer sous les feux du printemps ? Se souvient-on encore de la discipline qui rendait ces troupes invincibles et de l'élan qui les animait ? La prospérité a pourri Rome. Comme tous les peuples riches qui ne savent et ne veulent plus faire la guerre, les Romains sont devenus une population d'assistés, heureuse de subsister grâce aux libéralités impériales : la sportule, le pain de chaque jour, les jeux du cirque... Plus rien : ni la menace d'une invasion ni les risques de famine ne pourraient la réveiller. Ce peuple de moutons est mûr pour l'esclavage et ce n'est pas la religion du Galiléen qui pourrait en faire des foudres de guerre. Les évêques et les moines prêchent la désertion devant l'ennemi et attendent du Ciel un secours illusoire.

Ce que la prospérité, le laxisme, l'incurie ont laissé faire, les Barbares sont en train de l'achever.

Du jour où les empereurs ont fait appel aux guerriers de Germanie — César ayant donné l'exemple contre les Gaulois — pour compenser les faiblesses de leurs armées, le ver était dans le fruit. On a vu des Barbares commander des légions, s'arroger le pouvoir à Rome ou à Ravenne, revêtir la pourpre impériale. On ne lutte contre la gangrène que par l'amputation : une attitude courageuse que l'on n'a pas eue assez tôt et que l'on n'aura jamais. L'Empire n'est qu'un pouvoir fantôme et l'empereur un enfant de dix ans assiégé dans Ravenne et qui peut-être, déjà — nous ne recevons plus de nouvelles d'Italie — a renoncé à son trône.

Mes dernières illusions, jetées au feu, ont fait une belle flambée sans dégager aucune chaleur, comme ces aubes d'hiver qui brûlent sous la banquise du ciel.

Le tribun Probus, lui, refuse le désespoir. Il me l'a dit un jour :

— Je ne suis rien, Eudoxe, rien qu'un soldat commandant une ombre de légion qui ne compte dans ses rangs guère plus de dix Romains authentiques. On ne daigne plus m'adresser de consignes et l'on se moque des courriers que j'adresse au Maître des Armées. Depuis des mois, leurs soldes impayées, nos hommes sont au bord de la rébellion. J'attends toujours les armes et les équipements que les manufactures d'Amiens doivent nous adresser. Nos magasins et nos réserves de vivres sont presque vides ; nous n'avons plus d'avoine pour nos chevaux et demain nous manquerons de pain. Si les Barbares assiègent la ville nous crèverons de faim. Et malgré ça...

Il s'éloigna de quelques pas avec son allure d'ours, comme si la conversation avait pu s'arrêter là, mais il se tourna vivement vers moi, le mufle congestionné, le bras tendu, l'index pointé.

— Malgré ça, malgré tout, ce bras défendra Rome et la romanité jusqu'à ce qu'il retombe sans force ou qu'on me le coupe !

Je l'avais un peu taquiné, conscient des risques que je prenais.

— Je comprends mal cette obstination, tribun. La situation est telle que tu serais fondé, la jugeant désespérée, à te retirer avec ta troupe. Qui donc pourrait te le reprocher ?

Il s'était défendu violemment au point que, de loin, on aurait pu penser qu'un essaim de frelons lui piquait les fesses ou qu'il effectuait une danse pyrrhique.

— Désespérée ? C'est un mot que je vomis ! Pour un militaire qui défend une cause à laquelle il croit profondément, il n'y a pas de situations désespérées mais des hommes incapables. Je reste à mon poste parce que je suis citoyen de Rome. L'empereur m'a confié cette garnison et je la commanderai jusqu'à mon dernier souffle.

Je filai doux car il n'est pas sain de s'opposer trop obstinément à cet ours mal léché. J'avais appris à mes dépens à redouter ses paroxysmes. Il n'entrait dans mes propos aucune intention maligne. Lorsque je le lui affirmai, la main sur le cœur, il eut une ombre de sourire et un geste pour signifier qu'il était disposé à oublier notre algarade. Le signe de Mithra, qui s'était violemment dessiné, disparut de son front et son visage retrouva sa sévérité bourrue. J'admirai que, malgré la situation précaire dans laquelle nous nous trouvions, il eût conservé le souci d'une rigoureuse discipline dans sa tenue : toujours impeccablement rasé, il se présentait aux exercices, aux rapports, aux revues dans la tenue vestimentaire adéquate à son grade, la squamata étincelante sous la tunique blanche, le visage à demi enfoui sous le casque à cimier et à jugulaire ornée d'oreillettes de bronze doré, les bras nus de l'épaule aux poignets de force cloutés, ses jambes courtes, arquées par l'usage du cheval, prises dans des jambières de cuir où figuraient les attributs de Mithra : chien, serpent, scorpion, taureau...

Probus s'éloigna de quelques pas pour lancer un ordre à la compagnie manœuvrant sous la pluie, au milieu du terrain détrempé, piétinant dans la boue et la bouse de la dernière foire, qu'il appelait pompeusement le « Champ de Mars ». Il remonta à cheval avec une agilité surprenante pour sa corpulence. Lorqu'il eut trouvé son assiette, en tortillant du croupion à cause de ses hémorroïdes, il me salua négligemment de la main avant de s'éloigner. Un frisson me courut dans l'échine : ce paysan en colère que j'avais eu en face de moi était redevenu le soldat de Rome dans toute sa majesté.

Probus n'aime guère parler de lui mais j'ai appris beaucoup à son sujet.

Ce défenseur inconditionnel de la romanité est en fait le fils d'un obscur employé aux écritures originaire d'Illyrie au temps de Constantin et d'une femme chamave rencontrée dans le gynécée du gouverneur de la province, à Trèves, à l'époque où l'empereur chrétien y résidait. Decimus Probus, l'ayant achetée à sa maîtresse, l'avait fait affranchir pour l'épouser. Probus n'a jamais évoqué devant moi cette origine honteuse ; ce sang barbare doit lui brûler les veines autant que la fièvre des paluds contre laquelle ma modeste science demeure impuissante. Je sais aussi qu'il compense cette tare par des prétentions ridicules : il s'imagine descendre d'un empereur qui porte le même nom que lui : Marcus Arelius Valerius Probus, officier des armées romaines, proclamé Auguste par ses soldats sous le règne d'Aurélien. Ce Probus, qui vivait environ deux cents ans avant lui, combattit, m'a dit le vieil historien Sinisser, les Sarmates, les Isauriens, les Nubiens, les Germains auxquels il prit soixante-dix « villes » et qu'il rejeta au-delà du Rhin en promettant une pièce d'or pour chaque tête d'ennemi que ses soldats lui rapporteraient. Il devait périr de la main de ceux qui l'avaient désigné comme empereur, à Sirmium, en Illyrie, sa ville natale.

Cette réincarnation imaginaire me rend Probus plus proche. J'aime que les hommes fabriquent leurs propres mythes, s'attachent à conformer leur comportement, voire leur nature, à des exemples transcendants. L'empereur Probus n'aurait peut-être pas agi autrement que notre tribun dans les circonstances actuelles.

Je me suis bien gardé de révéler à Probus Gros-Cul un fait qui risquerait, s'il l'apprenait, de m'aliéner son amitié, ou pire encore.

Lorsque éclata la fameuse bataille des Champs Catalauniques qui devait marquer la fin de l'invasion des hordes hunniques en Gaule, nous étions, Probus et moi, présents, mais pas dans le même camp : il figurait dans les rangs du patrice Aetius et moi, à titre de conseiller et d'ami, dans le camp des Huns, aux côtés d'Attila. Ce jour m'a apporté la plus grande émotion de ma vie et une vision de l'histoire en mouvement. Comment ai-je pu réchapper de ce cataclysme ? La partie était gagnée pour les armées fédérées placées sous la direction du patrice, et pourtant il renonça à poursuivre son avantage et à écraser son adversaire. Générosité ou calcul ? On en disserte encore. Toujours est-il que je me retrouvai dans le torrent de la retraite sur les pistes de Germanie.

Cet épisode de mon existence n'a laissé en moi ni honte ni amertume. Aujourd'hui encore je ne regrette rien de ce qui pourrait passer pour une aberration. Mon âge m'autorise une certaine indulgence envers les errements du passé. Ma vie dans les Bagaudes, mon séjour chez les Huns que j'ai appris à estimer sinon à aimer (Aetius vécut lui-même longtemps dans leurs hordes), mes louches tractations avec les chefs des tribus ripuaires sur le dos des Romains, cette longue suite d'aventures, de passions, de grands bonheurs et d'effrayantes misères qui fut le tissu de mon existence quotidienne, c'est aujourd'hui ma seule richesse. Je suis, dans la pleine acception du terme, un homme de ce siècle qui, avec ses gigantesques tempêtes de peuples, ses affrontements titanesques, restera comme un des plus extraordinaires de l'histoire du monde. Témoin d'un drame interminable qui s'achève aujourd'hui en apothéose flamboyante, je suis un homme comblé.

2.
ODEUR DE BARBARIE

Le comte Argobast vient de quitter sa loge située au deuxième étage de la galerie, près des « appartements » de l'évêque Marus. Il est en proie à une intense colère contre ses trois esclaves, vestiges de son ancienne splendeur. L'affaire semble sérieuse ; si sa loge avait été dotée d'une porte, je l'aurais sûrement entendue claquer, mais nos lieux d'habitation ne sont constitués que de murs de toile ou de planches légères séparées des galeries par des rideaux faits de vieux sacs décousus, sauf celui de l'évêque, composé d'un antependium un peu mité mais ruisselant encore de couleurs.

Argobast va de nouveau venir m'importuner par ses jérémiades. J'entends ses pas qui se rapprochent, ses grommellements de plus en plus distincts. Il écarte le rideau de ma loge et se tient debout, les mains dans le creux des hanches, immense, maigre, le visage long et ridé par ses épreuves passées, marqué par les coups de griffe du malheur.

Je n'ai guère de peine à imaginer ce dont il va me parler une fois de plus. Avec un soupir de lassitude, je lui montre l'unique siège dont je dispose : un escabeau démantibulé où s'entassent mes vêtements. Il les fait tomber à terre, replie sous lui ses jambes d'échassier pour s'asseoir, son ventre rond comme une courge faisant saillie sous la tunique couleur safran, maculée de taches et effrangée. Il baisse la tête, ses mains battant entre ses mollets osseux. Sa voix de basse semble s'extraire d'une muraille.

— La situation devient impossible, dit-il en me montrant du pouce l'étage supérieur. Nos querelles quotidiennes sont la risée des habitants de la Porte Noire. J'en suis excédé, mais que puis-je faire ?

Je lui donne chaque fois le même conseil :

— Quitte cette ville et ce lieu. Quand un couple est en désaccord irrémédiable, que pourrait-il faire de mieux que se séparer ? Et toi, comme tu as trois femmes, tu aurais trois fois plus de raisons de foutre le camp.

La situation du comte Argobast, je la connais bien : il est devenu simple citoyen du fait d'une lente et inexorable dégradation de sa fortune ; sa femme et son fils unique disparus, ses biens grignotés par des affairistes sans scrupule (Ioulianos le premier), ses prérogatives peu à peu réduites à néant, il est tombé dans la pauvreté avec en plus le supplice quotidien que lui imposent les trois harpies qu'il se refuse à chasser.

— Les chasser ! gémit-il. Je n'arrive pas à me décider. Elles le savent et elles en profitent.

— Pourquoi les chasser ? Mieux vaudrait les vendre puisque ce ne sont après tout que des esclaves. Tu aurais ainsi la satisfaction de compenser les tourments qu'elles t'infligent.

Je ne crois pas un mot de ce que je conseille à Argobast. Comment trouver un acquéreur pour ces trois créatures dont ne voudrait pas le plus minable aubergiste trévire, s'il en existait encore ?

Hiva, Justina, Tvara... On les appelle par dérision les « Trois Grâces ». Ces affreuses mégères occupent l'essentiel de leur temps à se chamailler, à se battre, à s'enivrer de vin de Moselle : une trilogie infernale.

Il ne répond rien, se contente de secouer la tête et de balancer ses mains. Sa faiblesse est son vrai drame ; il est incapable de décider comment sortir de ce piège. Vendre ses esclaves ? Personne n'en voudrait. Les chasser ? Elles risqueraient de tomber entre les mains des Barbares. Partir lui-même ? Mais pour aller où, alors qu'il redoute la solitude comme le pire des maux ? Le jour, il parvient à leur échapper en flânant à travers la ville ; la nuit, il doit les satisfaire à tour de rôle et leurs ébats manquent tellement de discrétion qu'on en fait des gorges chaudes.

Un jour qu'il était ivre, ce qui lui arrive de plus en plus fréquemment, le comte Argobast s'est confié à moi sans réserve.

— Il faut me comprendre, Eudoxe. Ces trois femelles sont tout ce qui me rattache à mon passé. De tristes reliques, soit. Ce que j'ai pu soustraire à ma ruine : mes vaisselles, mes vases de Corinthe, mes armes, mes bijoux, même mes dieux lares auxquels je tenais tant, elles ont tout bradé, pièce à pièce. Quand je le leur reproche, elles m'accablent de griefs : c'était ça ou mourir de faim.

La famille d'Argobast, je l'ai connue au temps de sa splendeur. Le premier comte de Trèves, son père, ancien chef de tribu, était un personnage inquiétant, habité par la folie du pouvoir. Grand meneur d'hommes, il avait entraîné ses troupes à Rome et s'était fondu avec elles dans la garde palatine de Valentinien, puis de Constance. Par la brutalité de ses mœurs et son absence totale de scrupules, il avait acquis fortune et renommée, au point que Constance avait fini par prendre ombrage de sa puissance, à une époque où il suffisait du suffrage d'une armée pour faire un empereur.

Muté à Trèves avec un titre de comte, l'ancien officier de la garde palatine avait ruminé longtemps ses ambitions perdues tout en gardant à la « patrie » romaine une fidélité indéfectible qu'il avait léguée à son fils, personnage falot, trop imprégné de l'odeur du gynécée où sa mère l'avait longtemps confiné.

Le jeune Argobast avait grandi dans la compagnie des maîtres chargés de son éducation et de son instruction. A dix ans, il écrivait le latin à la perfection mais avec des affectations livresques héritées de ses professeurs nourris du culte d'Ausone. Il possédait tous les écrits de ce poète, et notamment le long poème sur la Moselle dont il me récitait parfois des passages.

Sa rencontre, qui est son titre de gloire essentiel, avec l'évêque d'Auvergne Sidoine Apollinaire remonte à une dizaine d'années, alors que le prélat, gendre de l'empereur gaulois Avitus, faisait construire l'une des plus belles villas de Gaule, près du lac d'Aydat, dans les montagnes auvergnates. Sidoine est considéré comme le plus grand écrivain de son temps et un infatigable épistolier, malgré son style amphigourique et sa pensée creuse. Argobast revint de cette rencontre ivre d'admiration et de gratitude pour son grand homme. Une correspondance épisodique s'était ensuivie. Aujourd'hui, l'évêque Sidoine, défenseur de la chrétienté et de la romanité, soutient un siège interminable contre les Wisigoths ariens.

La mort de son fils a été pour Argobast une épreuve terrible ; celle de sa mère faillit l'achever.

C'était peu de temps avant mon arrivée à Trèves.

Valio, fils d'Argobast, reste dans ma mémoire comme une de ces ombres pathétiques échouées parfois aux marges du sommeil.

Je l'ai rencontré peu avant sa mort, alors que j'étais occupé à soigner une des trois esclaves. Il se tenait au soleil au milieu de la cour du palais comtal, proche de la basilique de Constantin. Assis à l'ombre d'un portique pour observer la scène tout à loisir, je me demandais lequel était le plus admirable de lui ou du cheval qu'il était en train d'étriller. Jamais l'alliance de l'homme et du cheval ne m'avait été aussi sensible, au point que j'en avais la gorge nouée d'émotion. Pour cerner cette image de beauté, le vaste espace de la cour déployait un décor de théâtre entouré de portiques de marbre où jouait le soleil de septembre. Je regardais amoureusement ce spectacle comme si le moindre souffle d'air risquât de le dissiper.

Valio représentait le canon parfait de la beauté masculine. Cet adolescent blond et frisé, au visage un peu aigu, mettait de la grâce dans le moindre de ses mouvements et de ses gestes. Lorsqu'il se courbait pour examiner les jambes de l'animal, il découvrait ses cuisses minces et nerveuses et ses fesses parfaitement rondes. Son compagnon était un cheval d'Espagne que son père lui avait offert pour son anniversaire ; un de ces « equi cerrules sanguinis hispanis » rapides et souples qui valaient une fortune.

La toilette du cheval achevée, Valio l'enfourcha avec grâce et fit à cru quelques pas de danse en flattant l'encolure de l'animal. Il y avait entre eux une sorte d'amitié.

Les chevaux de course étaient la passion de Valio. Il s'y consacrait tout entier, avec plus d'attention qu'au commandement de l'escadron trévire, vestige d'une ancienne troupe, que son père lui avait confié pour lui donner, en vain, le goût des armes.

L'hippodrome situé près de l'amphithéâtre était abandonné, les notables et la population ayant renoncé à ces jeux comme à ceux du cirque dont ils réclamaient pourtant avec insistance le rétablissement. Valio s'y rendait seul, monté sur un petit char de course que son père avait fait confectionner à son intention par les meilleurs artisans gaulois. Ses seuls spectateurs étaient les enfants ; ils se tenaient en groupe sur les gradins, au milieu des ronces et des orties. Chaque jour, durant des heures, en observant de longues pauses, Valio lançait sa monture et son char sur la piste transformée en fondrière ou en désert poussiéreux. Il avait appris l'art de prendre les virages au plus serré, en pleine vitesse, et de maîtriser sa monture avec une maestria qu'auraient pu lui envier les vétérans des courses impériales de Rome, ne s'arrêtant que lorsqu'il sentait son cheval aux limites de l'épuisement. Il revenait au palais crotté ou couvert de poussière, mais radieux.

Un jour, il ne revint pas. Les enfants qui avaient assisté au drame se précipitèrent au palais pour annoncer la nouvelle. On retrouva le corps de Valio désarticulé, au pied d'une ancienne statue d'Apollon citharède, à l'extrême pointe de la « spina ». Allongé près du char dont une roue s'était détachée, le cheval agonisait.

C'est de ce jour que date la déchéance du comte Argobast. On a dû l'enfermer, fou de douleur, dans une chambre pour éviter qu'il aille se jeter dans la Moselle, comme il en avait manifesté l'intention.

Un grain de folie lui est resté de cette tragédie qui suivait de peu la mort de son épouse et de son père. Je le regarde, immobile, balançant entre ses jambes nues ses mains longues et maigres, aux ongles mal soignés. Il va me répéter qu'il doit prendre une décision, mais il ne la prendra jamais car il est incapable de vivre seul. Ses trois harpies, non seulement le rattachent à son passé mais l'aident à vivre ; sans elles, il sombrerait dans le renoncement, la folie et la mort.

Lentement il relève la tête. Ses rides semblent s'être creusées. A quarante ans, il en paraît soixante. Les yeux mi-clos me regardent fixement.

— J'ai surpris tout à l'heure, dit-il, une conversation entre Probus et Médéric. Il paraît que des troupes composées entre autres de Ripuaires et d'Alamans sont signalées dans les parages et convergent vers la ville.

— C'est possible, dis-je en bâillant. Mais après tout, aujourd'hui, demain ou dans une semaine, que nous importe ? Toi et moi, nous n'avons rien à perdre.

Argobast se redresse, pose ses mains sur les genoux et me regarde fixement.

— Moi, dit-il, cela m'importe, et plus que tu l'imagines. Je veux me battre, Eudoxe, me battre pour Rome.

Accompagné de Myia, je me suis approché de la rive de la Moselle, à un endroit voisin du pont à six arches qui enjambe le fleuve, surmonté d'étranges structures quadrangulaires aux montants coiffés de boules de bronze doré brillant au soleil.

Les derniers chariots sur lesquels les soldats affectés à la garde du fort situé sur la rive opposée, près du temple de Lenus-Mars, aujourd'hui en ruine, ont entassé leur bagage regagnent le centre de la ville. Le tablier de bois gronde sous les roues et le pas des bœufs et des chevaux de trait. Des souvenirs affluent à ma mémoire, des émotions oubliées creusent en moi comme un vide vertigineux : c'est le même bruit de tonnerre que faisaient les convois des Bagaudes lorsque, le pillage d'une bourgade achevé, ils passaient le pont pour gagner la campagne — les bruits de la guerre sont ceux que l'oreille et la mémoire oublient le moins facilement.

Que va-t-on faire du fort ? Le brûler comme on a fait de ces « castra » situés sur les grandes voies de Mayence, de Cologne et de Metz, pour que les Barbares n'y trouvent pas un refuge et un poste d'observation ? Mais ils ne sont à l'aise qu'en pleine campagne. Probus a donné l'ordre de mettre le feu à cette forteresse qui, par son architecture et la grisaille de son appareil, rappelle la Porte Noire. Une lumière de torche tremble à une fenêtre, vole à l'étage supérieur. Le tribun m'aurait-il caché l'imminence du danger ? Fait inquiétant, je ne l'ai pas aperçu tout à l'heure, lors de la distribution des vivres aux locataires de la Porte Noire, alors qu'il y assiste chaque matin.

Les derniers propos d'Argobast me reviennent en mémoire. Je le croyais à jamais perdu dans ses problèmes, et voilà qu'il m'annonce avec une souveraine assurance sa volonté de prendre les armes. Cela ne lui est pas venu soudain à l'esprit. Qui a pu le pousser à cette décision absurde ? Peut-être Mincius qui a l'éloquence facile des sots ? Sunno, que je surprends parfois en train de raconter aux enfants ses campagnes du Danube contre les Goths, mais qui n'est pas du genre à plaisanter ? Nymphius, qui se plaît à manipuler les esprits plus faibles que le sien ? Médéric, qui joue les bravaches en toute occasion ? Sûrement pas l'évêque Marus dont on peut attendre les pires violences verbales ou physiques, mais jamais d'incitations guerrières contre ces enfants de Dieu, promis au baptême, que sont les Barbares. Et si cette idée lui était venue d'elle-même, si elle avait germé dans cette tête folle, comme une graine oubliée ?

Il reste au milieu de la Moselle quelques écharpes de brume qui flottent sur des reflets de forêts et de vignes. Des barques chargées à couler bas de meubles et d'ustensiles divers traversent en hâte le fleuve. L'une d'elles, où l'on a installé deux vaches, des porcs et de la volaille comme sur l'arche de Noé des Chrétiens, dérive à vive allure vers le pilier central, le percute de plein fouet par son travers, s'y fracasse, et voilà la basse-cour projetée en plein courant. Les Barbares, en aval, récupéreront cette provende inespérée.

Tandis que s'éloignent les clameurs, je m'approche de la rive. Verte en son milieu, l'eau est au bord grise et sale. Derrière une frange d'orties géantes et d'herbes dorées, des rats couinent et s'ébattent au-dessus d'une masse grisâtre à demi immergée : un cadavre de bête, d'homme peut-être. L'odeur pestilentielle me fait battre en retraite et suscite en moi, par dérision, ces vers d'Ausone :

O naïade qui loges sur la rive de la Moselle
Montre-moi les troupeaux porteurs d'écailles
Décris-moi les légions qui nagent dans le sein transparent du fleuve azuré...

Ce poème : *Mosella,* Argobast le connaît par cœur. Il m'a souvent raconté, les yeux perdus dans le vague, un fil de salive au coin des lèvres, ses rendez-vous de jadis avec le fleuve. La Moselle a baigné toute sa vie. Il n'a rien oublié des baignades avec les gosses de son âge, fils d'officiers du palais comtal et bâtards de son père, les pêches dont ils revenaient porteurs de pleins paniers de « meuniers », de truites, d'ombles, mais surtout de ses promenades sur l'eau, aux temps où la paix et l'abondance régnaient sur le pays trévire. Il me disait :

— Nous partions en famille du petit port situé en aval du châtelet de la porte Inclyta, à bord d'une de ces grandes embarcations sur le pont desquelles on aurait pu installer une cohorte de cent hommes. Nous longions le fleuve sans forcer l'allure et nous pouvions entendre les rameurs plaisanter à l'étage inférieur. Lorsque le vent était favorable, nous hissions la grande voile carrée et le bateau s'envolait de lui-même sans effort. Installé à la poupe, sous le bec relevé que l'on avait orné de fleurs et de feuillages, je regardais les mouettes glisser dans le vent tiède de l'été, j'écoutais les musiciens jouer de la harpe et de la flûte, mon précepteur lyonnais réciter des strophes d'Ausone, tandis que ma mère, entourée de ses esclaves, somnolait sur des monceaux de coussins, à l'ombre de la « parada » tendue au-dessus du pont pour la protéger du soleil. Nous allions rendre visite aux officiers des « castra » riverains, aux comtes de Mayence ou de Cologne. Les jeux, les chansons, les festins duraient jusqu'à la nuit. Parfois, lorsque le temps était serein, nous repartions sous les étoiles, dans la tiédeur nocturne. J'étais jeune, mais je sentais mon cœur et mon ventre gonflés d'amour. Dans la clarté vacillante des torches et des chandelles, je suivais de l'œil, les évolutions des esclaves demi-nues qui apportaient aux voyageurs des fruits et des boissons fraîches. Ma mère venait alors me prendre par la main pour me reconduire à la cabine, mais je n'arrivais pas à m'endormir. Par une chaude nuit d'août, une jeune esclave se glissa près de ma couche pour me demander si je n'avais besoin de rien. Ce qui me manquait, je le lui fis comprendre et elle ne manifesta ni surprise ni réticence lorsque ma main glissa sous sa tunique. Ce soir-là, Eudoxe, l'enfant que j'étais a basculé dans une autre vie et dans un autre monde.

Les premières flammes ont jailli du châtelet : des bras de feu qui semblaient lancer des signaux de détresse. D'ici quelques heures, il ne restera du poste de la porte Inclyta qu'une énorme carcasse vide et noire.

J'avais raison de penser que Probus est plus inquiet qu'il veut bien le laisser paraître. C'est Sunno qui m'a éclairé, moi qui croyais être dans le secret des dieux. Un cavalier trévire lui a révélé l'événement de la matinée.

J'ai trouvé Sunno dans son jardinet situé sous les remparts, à la base d'une brèche où il a installé, de part et d'autre de la muraille, des échelles qui lui évitent de faire le tour par la porte Inclyta. Il est assis sur une souche, en train de croquer un oignon qu'il coupe en tranches fines et mange avec un mauvais pain.

Il m'apprend que Probus a envoyé en reconnaissance, dans l'arrière-pays, un officier et quelques hommes avec mission de capturer un « Teutshe » et de le ramener à Trèves pour qu'il y soit interrogé. Nous apprendrons peut-être ainsi ce qui se mijote.

— Tu crois qu'une attaque se prépare ? me dit Sunno.

— Tout le confirme. Il ne peut pas en être autrement.

Je m'assieds en face de lui. Il me tend un oignon et un quignon de pain rassis, que je repousse. En revanche, j'accepte la gourde de vieux vin.

Il y a six mois environ, j'ai assisté à l'arrivée de Sunno. Il remontait le fleuve avec sa famille sur une barque chargée des biens qu'il avait eu le temps d'emporter. Probus, qui le connaissait et appréciait sa fidélité à Rome, lui avait assigné la Porte Noire comme résidence, de préférence à l'amphithéâtre où ne logeaient que les gens de basse condition.

De ma loge, j'entendais les lamentations de Randa, son épouse : ils ont dû abandonner, dès que les premiers contingents de Barbares ont eu franchi le Rhin, leur bétail, leur mobilier et leur domesticité. Ils ont rendu leur liberté aux esclaves, fait brûler leurs meubles, leurs outils de travail, leur demeure et tué tous les animaux domestiques qu'ils ne pouvaient emmener avec eux.

— Le travail de dix années anéanti en quelques heures ! gémissait Randa.

La vie de Sunno, je la connais bien. Elle est exemplaire.

Cet ancien chef de tribu ripuaire a franchi le Rhin avec sa horde, poussé par une fringale de terre et de sédentarité, alors que, jeune encore, il venait d'épouser Randa. Arrêté dans son élan par la légion d'Aetius, il avait fait mettre bas les armes à ses sujets et demandé la paix, avec une requête : qu'on les laisse s'installer, lui et ses hommes, dans les parages de ce « limes » rhénan, à titre de « lètes » ou de « gentiles ». Sagement, le patrice leur avait accordé asile en leur faisant jurer qu'ils ne prendraient jamais les armes contre Rome et qu'ils défendraient l'Empire contre toute autre invasion.

Sa horde dispersée, Sunno avait trouvé asile dans un domaine d'une honnête superficie, situé sur la Moselle, près du château de l'Ours, ancien « castra » romain abandonné, au milieu d'une vallée perdue dans les vignobles redevenus sauvages et les forêts.

Il avait mené là, les premiers temps de son installation, une vie dure et austère, trimant comme un bœuf, économisant, trafiquant avec les colporteurs de peaux d'ours et de loups qu'il allait chasser en hiver dans les montagnes proches.

Superstitieux, Sunno avait procédé, sur les bornes limitant son domaine, à des libations rituelles destinées à lui procurer la prospérité à laquelle il aspirait. Fournisseur de vivres à la garnison romaine qui subsistait à Trèves, il avait été exempté de la conscription et se consacrait entièrement à l'exploitation de son « latifundium » avec les esclaves que des officiers romains allaient clandestinement capturer au-delà du Rhin pour les revendre.

Sunno s'était rapidement romanisé. A la place des cabanes de branchages et de tourbe où il logeait sa famille et ses domestiques, il avait fait construire des bâtiments d'habitation et d'exploitation dignes des plus riches domaines de la vallée. Il y vivait à la romaine, sans consentir pour autant à adopter la tenue vestimentaire des citoyens de l'Empire ni leurs mœurs dissolues ; en revanche, il avait imposé à son petit monde la langue latine et punissait ceux de sa famille ou de ses gens qui s'obstinaient à parler les idiomes barbares. Il avait renoncé à honorer les dieux de sa tribu sans pour autant adopter la religion officielle, qui lui paraissait impénétrable et sans rapport avec sa propre nature spirituelle. Aujourd'hui il se dit chrétien, mais par pur conformisme : il l'est de bouche, pas de cœur. S'il assiste aux offices de l'évêque, de temps à autre, il déteste Marus et son sectarisme outrancier. Son seul dieu, c'est celui, informel et anonyme, qui répand ses bienfaits dans les cœurs entreprenants et courageux.

Lorsque Sunno se lève, j'entends craquer ses vieux os. Il essuie la lame de son couteau contre ses braies terreuses et le pique dans la souche qui lui sert de siège. Il est plus grand que moi de toute la tête, et j'ai une taille respectable. Sous le sarrau de couleur indéfinissable on devine un corps noueux, aux articulations informes mais puissantes. Sous le chapeau de joncs tressés dont le bord s'effrange, se dissimule à demi un visage rugueux, encore très vif, envahi par une barbe d'une semaine. Il est beau, Sunno, d'une certaine manière, et je ne suis pas étonné de voir les trois concubines d'Argobast lui faire des avances qu'il repousse avec dédain. Dans son allure, sinon dans sa tenue, il a gardé quelques signes de la majesté brutale du chef ripuaire et du grand seigneur terrien qu'il a été : de ceux qui assurent la puissance d'une nation.

— Excuse-moi, dit Sunno, mon travail m'attend.

Il saisit deux seilles de bois, s'avance vers la berge, disparaît à demi derrière un bouquet d'herbes dorées qui crépitent au soleil, reparaît sur un minuscule ponton d'où il peut puiser l'eau sans se mouiller les pieds, remonte d'une allure un peu raide, en évitant de balancer les épaules. A l'aide d'un godet de bois, il donne à boire à ses légumes qui risquent de souffrir des ardeurs du soleil de septembre. Ce travail achevé, il replace les seilles et le godet dans la cabane en planches largement ouverte sur le fleuve où il a installé un grabat de fougères pour la sieste. En moins de trois mois, il a recréé en miniature son domaine du château de l'Ours et a retrouvé le cycle des saisons. Si la situation se stabilisait, si le danger de l'invasion s'estompait, il trouverait le moyen d'acheter quelques perches carrées de terre de part et d'autre de son jardin, puis, sur l'autre rive, des guérets et des vignes et il se retrouverait, au bout de quelques années, maître d'un nouveau domaine.

J'aime la ténacité, le courage, l'esprit d'entreprise de ces « lètes » ou de ces « gentiles » comme on les appelle, qui, renonçant à la vie nomade et aux expéditions guerrières, ont émigré, se sont accrochés au coin de terre qui leur a été concédé ou qu'ils se sont approprié les armes à la main, en promettant de respecter les lois de l'Empire. Ce n'est pas d'eux que viennent la décadence et la chute de Rome : ils ont rempli au mieux leur contrat et composé sans broncher avec l'administration squelettique mais encore en place, qui leur impose le respect et les rassure quant à l'avenir. Sans en porter le titre, ils sont devenus citoyens de Rome et sont demeurés fidèles et dévoués à la romanité. Parfois j'imagine le type idéal de civilisation qui aurait pu naître de la conjonction de ces deux puissances : l'une, statique mais d'une rigueur exemplaire malgré ses absurdités et ses travers (l'administration impériale) ; l'autre dynamique, animée par la passion du travail et de l'entreprise, solidaire de l'Empire jusqu'à la mort (la nébuleuse des Barbares romanisés).

La « décadence » de Rome… Cette expression dont les hommes d'Église, les philosophes et les écrivains se gargarisent, vient des Romains eux-mêmes ; ils n'ont pas su défendre leurs dernières richesses et leurs ultimes pouvoirs, entretenir au sein de leur peuple le mythe de la Patrie, l'ardeur pour les guerres défensives, interdire aux prosélytes du Christ de prêcher contre la violence, alors que le rabbin de Galilée lui-même apportait au monde un message de révolte.

Plus qu'à toute autre raison expliquant la prétendue « décadence », je crois à un insensible et profond renoncement face aux mouvements de l'histoire, à l'impuissance face à cet ouragan de peuples à demi sauvages qui se ruent sur les frontières de Constantinople et de Rome. J'y vois aussi le signe d'un « fatum » inéluctable contre lequel la moindre résistance serait illusoire. Que reste-t-il de la Rome d'Auguste, de cet empire qui touchait aux frontières du monde civilisé ? Un territoire réduit sur lequel un peuple de moutons broute l'herbe maigre échappée aux incendies. Le pouvoir est incarné par des caricatures d'empereurs que des forces incontrôlables hissent sur le pavois pour les en précipiter aussitôt. Qui fait la loi ? L'empereur ? Non : des capitaines de fortune, des patrices parvenus par la cautèle et le crime aux ultimes degrés de la puissance, comme ce barbare romanisé, le Suève Ricimer, qui a régné près de vingt ans sur les vestiges de l'Empire, faisant et défaisant à son gré les empereurs, les manipulant comme des marionnettes avant de les jeter dans la pénombre de l'histoire.

Ces derniers jours de Rome, que je respire et savoure, ont gardé l'odeur suave des gynécées ; ils laissent sur ma langue le goût de ces fruits trop mûrs, déjà attaqués par la pourriture, de ces pâtes trop sucrées que mâchent les matrones tissant leur toile sur le banc de leur jardin. Cela m'attriste et me réjouit à la fois. La vie est désormais pour moi un spectacle dont je suis le témoin immobile et désabusé mais attentif et passionné. Va donc me le reprocher, toi qui n'as pas vécu la centième partie de mes aventures !

Je regarde Sunno choisir un chou bien pommé et quelques carottes pour sa soupe de midi. Malgré toutes ces bouches à nourrir : sa femme, Randa, leurs six enfants et une vieille esclave gardée par pitié, Gaïsa, il ne manifeste jamais le moindre signe de découragement.

— Nous allons sûrement être attaqués dans les heures qui viennent, dis-je après une nouvelle gorgée de vin. Nous devrons nous défendre et nous n'aurons de secours à attendre que de nous-mêmes. Es-tu prêt ?

Il se redresse, pénètre dans sa cabane, fouille dans sa paillasse, décroche un outil. Revenu vers moi, il arbore d'un air de défi une houe au tranchant net comme un hachoir de cuisine, une épée dans son fourreau et un arc de Germanie, grossier mais puissant.

— Ça, dit-il en montrant l'outil, c'est pour faire vivre ma famille, et ça pour crever la panse des « Teutshes ».

Probus a commis une erreur en livrant aux flammes le fort qui commande l'entrée du pont sur la rive gauche, et, sur une vingtaine de pas, le tablier de bois. Le châtelet de la porte Inclyta aurait suffi à interdire aux Barbares l'entrée de la ville car il est presque aussi puissant et facile à défendre que la Porte Noire. A l'heure qu'il est, à la vue de l'incendie, la panique est en train de gagner la ville ; Nymphius, que je viens de croiser, prétend même que l'amphithéâtre est en ébullition.

— Suis-moi, dis-je au philosophe. Ces gens sont capables de se révolter et d'occasionner des troubles si la panique s'empare d'eux.

A pas rapides, nous nous dirigeons vers l'ancien palais impérial et le prétoire où le commandant de la place a installé son quartier général. Un cordon de soldats en armes en interdit l'entrée, face à quelques dizaines d'excités qui réclament à cor et à cri la présence de Probus : des hommes, des femmes, des enfants — ces derniers, les plus bruyants et les plus agressifs, vont narguer les sentinelles et pisser sur leurs jambières.

En jouant des coudes nous parvenons jusqu'à la porte principale qui fait face au parvis.

— Laisse-moi passer, dis-je à un officier. Tu me connais : je suis le médecin Eudoxe, et mon compagnon est le philosophe Nymphius. Nous sommes des amis du tribun Probus, et nous désirons lui dire deux mots.

L'officier secoue sa tête coiffée d'un casque à cimier verdâtre. Il est très pâle ; ses yeux observent fixement la foule.

— Je n'ai pas reçu d'ordre vous concernant, dit-il. Eloignez-vous et n'insistez pas.

Lorsque nous traversons de nouveau la foule, des gens qui m'ont reconnu s'accrochent à moi par les manches de ma tunique et me secouent les bras en vociférant :

— Est-ce vrai que les Barbares sont à nos portes ?

— Pourquoi a-t-on incendié le châtelet du pont ?

— Va-t-on nous donner des armes pour nous défendre ?

— Vous allez vous réfugier dans la Porte Noire, vous, les notables, et vous nous laisserez massacrer !

— Qu'on ouvre les portes et qu'on nous laisse partir ! Nous serons moins en danger dans la campagne.

Je bredouille quelques mots de réconfort et me retire précipitamment. Je ne tiens pas à être victime d'une émeute. Pas plus que moi Nymphius n'a cure de se sacrifier pour ce triste honneur. Je l'entraîne en le prenant par le bras vers un petit « fanum » païen dédié, me semble-t-il, à Diane. Nous nous y réfugions en semant les agresseurs sur notre route. Des lézards gris crépitent au soleil sur les dalles. Les vents ont poussé dans ce sanctuaire abandonné depuis des années des tapis superposés de feuilles mortes qui dégagent une entêtante odeur de pourriture. C'était jadis un joli petit temple plein de soleil, de parfums d'encens et de fleurs. Que sont devenues les effigies placées dans les niches et sur les socles, la grande statue de bronze de la déesse, les ornements de l'autel ? L'évêque Emerus, qui a précédé dans le diocèse métropolitain de Trèves mon voisin de la Porte Noire, a tout détruit ou pillé ; Marus n'a trouvé à exercer son zèle iconoclaste que sur des vestiges, se contentant de prélever dans l'enceinte sacrée les pierres nécessaires à la construction de sa future cathédrale. Désaffecté, le temple de Diane est devenu le refuge de prostituées qui opèrent la nuit venue, clandestinement, pour une poignée de grains ou une pièce de bronze.

Nymphus s'est laissé tomber à même le sol, le dos contre le mur, haletant comme s'il venait de se livrer à une partie de balles aux Thermes de César. Face à cette image de la panique, je me sens d'un calme olympien.

Bien que je déteste Nymphius, et pas seulement pour sa couardise, je le ménage par intérêt car il est le seul dans cette ville, à ma connaissance, à être informé de mes origines et de mes aventures passées, dont la révélation pourrait causer ma perte. Fine mouche, il n'a pas tardé à me percer à jour, à la suite de je ne sais quelle confidence maladroite de ma part. Il est vrai que, changeant de bord, j'aurais dû également abandonner mon ancien patronyme, mais, qu'au point où nous en sommes je n'ai plus à craindre la vindicte de quiconque.

Un coup d'œil en direction du palais impérial confirme mes appréhensions : la foule s'est accrue et la situation devient dangereuse. Des projectiles de toute sorte s'abattent sur le cordon de gardes, et les gueux qui assaillent le prétoire recommencent à scander avec fureur le nom de Probus.

— Une émeute, dis-je avec colère. Il ne manquait plus que ça ! Que fait le tribun ? Pourquoi ne se montre-t-il pas ?

— Il interviendra à son heure, et il y aura du sang versé. Ne restons pas là si nous ne voulons pas être confondus avec ces braillards lorsqu'ils se disperseront.

Il se lève. Je le force à se rasseoir et m'assieds près de lui.

— Reste, dis-je, je t'assure que nous ne risquons rien.

Paradoxalement, la présence de Nymphius me rassure ; sa peur me donne confiance en moi. Insensible à tout sentiment de supériorité, je me sens, à côté de cette chiffe, l'étoffe d'un héros. Lui aussi a confiance en moi, mais pas au point d'affronter en ma compagnie des situations périlleuses. Je ne l'aime guère, mais je dois convenir que la vie qu'il a menée ne l'a guère préparé à affronter ce genre d'événement.

Nymphius est un nom d'emprunt, plus élégant, plus romain que le sien qui sentait trop son gaulois de basse extraction. Il est né dans un « latifundium » proche d'Autun. Son père, intendant libre du domaine, possédait un certain talent pour pressurer les colons à son avantage et distraire pour son usage une partie des productions du domaine.

Du monde, jusqu'à l'âge adulte, Nymphius n'a connu que la grande carte de mosaïque qui représente l'Empire romain, placée sous un portique de l'école d'Autun. Après des études médiocres, il a trouvé sa voie comme écolâtre puis comme maître de grammaire. Il apprenait à ses élèves, fils de bourgeois et de notables, dont certains d'origine barbare, à lire, à écrire et à s'exprimer dans un latin convenable. A vingt-cinq ans, nommé à la classe supérieure comme maître de rhétorique, il n'avait pas son pareil pour expliquer ou commenter un texte d'Homère.

Ces modestes compétences devaient trouver une sanction imméritée le jour où un général romain, Litorius, lieutenant du patrice Aetius, lui proposa le poste de précepteur auprès de son fils, un cancre hermétique aux lettres et qui ne pouvait lire sans bâiller dix lignes d'Homère. Une vie errante commença pour le philosophe, dans le sillage de Litorius. Ballotté de garnisons en cantonnements, Nymphius découvrit les horizons de la Gaule, renonçant à enseigner à son élève d'autre discipline qu'une bonne tenue à table et la maîtrise de ses propos, fort vulgaires.

Par chance, Litorius, qui se piquait de littérature et de philosophie, avait amassé dans ses pérégrinations, par le pillage, de nombreux ouvrages dont le philosophe de la maison avait distrait subrepticement quelques volumes. Ces compagnons de route lui avaient permis de supporter la présence du jeune cancre et les incommodités des voyages.

Au retour d'une incursion en Auvergne à la tête d'auxiliaires hunniques (une longue suite de massacres et d'incendies), Litorius, estimant que l'enseignement du maître n'avait pas donné le moindre résultat, l'avait licencié aux marches de la Germanie où le général avait entrepris une campagne contre les Chamaves en rébellion.

Rejeté par la tempête sur cette plage perdue de l'Empire alors qu'il avait rêvé de finir ses jours à Rome, Nymphius s'était accroché à la première école venue : celle de Cologne, qui jouissait encore d'une certaine renommée.

— Ce fut la pire période de mon existence, me confia un jour Nymphius. Les rares élèves qui fréquentaient mes cours étaient des débris de la haute société, qui répugnaient aux contraintes et renonçaient très tôt à poursuivre leurs études.

Flairant le risque d'une invasion massive, Nymphius avait plié bagage, vendu pour subsister les quelques ouvrages qu'il avait pu conserver et ceux qu'il avait volés à la bibliothèque de l'école. Il s'était dirigé vers son pays natal dans l'intention d'y retrouver sa famille. En chemin, il s'était arrêté à Trèves et y était resté — une faiblesse qu'il doit se reprocher aujourd'hui amèrement.

Je regarde cette pauvre chose gluante d'angoisse et j'en ai presque pitié.

— Tu as trop lu Homère, et pas assez Zénon, Marc-Aurèle et les autres stoïciens.

Il me regarde comme si je venais de proférer une incongruité. Marc-Aurèle, il l'a lu, mais cette pluie de sagesse a glissé sur lui comme sur les ailes d'un oiseau, tant il est incapable de descendre profond dans une œuvre pour s'en imprégner. La culture dont son esprit est farci est morte en lui au fur et à mesure qu'il a tenté de l'assimiler ; elle n'est que boursouflure.

Debout devant lui, sans cesser d'observer ce qui se passe au-dehors, j'ébranle du pied cette masse gélatineuse, qui sue la peur. Ce n'est pas sur lui que nous pourrons compter lorsqu'il faudra défendre la Porte Noire ! Il se replie sur lui-même, les genoux remontés sous le menton, dans la position du fœtus.

— C'est vrai, dit-il, j'ai peur, et je n'ai aucun scrupule à l'avouer. Nous ne sommes pas faits de la même chair. Toi, rien ne semble t'émouvoir, comme si tu n'avais ni cœur ni conscience. Tu peux assister sans frémir aux pires drames, passer d'un camp à un autre sans le moindre remords. Que les Huns surgissent et tu rejoindras leurs rangs !

Je l'empoigne par le revers de sa tunique, le force à se relever. Il ne pèse rien : une outre gonflée de vent. Mon visage contre le sien, je murmure entre mes dents :

— Ne fais plus allusion à mon passage chez les Huns, qui s'est fait contre ma volonté, sinon il t'arrivera malheur !

Il esquisse un triste sourire, secoue la tête.

— Je ne te veux pas de mal, Eudoxe, tu le sais bien.

— Soit ! Mais souviens-toi que je déteste que l'on évoque devant moi cette époque de mon existence.

J'ai peur, soudain, une peur rédhibitoire qui me mouille les tempes. J'aurais pu tuer Nymphius, mais je me dis qu'il est déjà mort. A-t-il jamais été vivant, d'ailleurs ? Son existence n'a été qu'une longue successions d'échecs, de renoncements et de fuites.

— As-tu jamais aimé, Nymphius ? As-tu jamais donné à un être de l'amitié ou de l'amour ?

Ma question saugrenue le laisse désemparé. Sa réponse, je la connais : il a peur des femmes ; les rares expériences sentimentales ou sexuelles qu'il ait vécues lui ont laissé un goût d'insatisfaction et un terrible constat d'impuissance ; il a connu quelques aventures sans lendemain avec des élèves de son sexe. Ce personnage n'est qu'un aimable paravent qui ne cache rien.

Ah ! Nymphius, comme je peux te mépriser, toi qui eus pu faire de ta vie une épopée, la faire flamboyer, nourrir ton cœur et ton esprit de littérature et de vie, te raconter par l'écriture, faire de ton personnage un révélateur de l'événement, t'insérer vivant dans l'époque la plus dramatique et la plus passionnante de l'histoire de Rome ! Et qu'as-tu écrit, Nymphius ? Quelques pages d'un ouvrage sur Homère, dont tu ne viendras jamais à bout.

Du côté du prétoire, les choses semblent prendre mauvaise apparence.

L'émeute que je redoutais vient de tourner au tragique. Un groupe d'auxiliaires trévires et de fantassins chamaves lâchés par Probus a surgi afin de disperser la foule. De mon poste d'observation, je ne distingue qu'une vague énorme de populace d'où montent des clameurs pitoyables. Un homme court en se tenant le ventre à deux mains, trébuche et s'écroule. Une femme s'abat, un javelot planté entre les omoplates. Des enfants déboulent en trombe dans toutes les directions en hurlant. Quelques hommes qui tentent de résister aux soldats en formant des cercles pour protéger les femmes et les enfants, se font tuer sur place. J'ai compté une dizaine de morts et de blessés et chaque instant qui passe en accroît le nombre. Probus peut être fier de lui ! Si les routes étaient libres, il enverrait dès ce soir un courrier à Rome pour lui annoncer qu'il vient de mater le soulèvement de cette lie humaine ! Il vient de commencer un travail que les Barbares se feront une joie d'achever.

L'homme semble être mortellement frappé : un trait de javeline s'est fiché dans ses reins avant qu'il ait atteint le péribole du temple de Diane où il comptait peut-être trouver refuge. Je m'avance pour lui porter secours quand la voix aigre de Nymphius retentit dans mon dos :

— Ne sors pas, Eudoxe ! Tu vas nous faire repérer !

Le blessé gît à quatre pas de nous. Appuyé sur ses mains, il relève la tête, la bouche ouverte comme pour demander secours. Je l'examine rapidement : la lame est entrée profond dans les chairs mais semble être passée au-dessus du rein. Lorsque je tente de le soulever pour le mettre à l'abri, je lui arrache un hurlement.

— Nymphius, viens m'aider !

Lorsque je me retourne, Nymphius est déjà loin, en train de galoper, tunique retroussée, en direction de la Porte Noire. « Un jour, me dis-je, j'écraserai cette larve. » Je me penche vers le blessé.

— Ne crains rien. Décrispe-toi. Je vais tâcher de te sauver, mais il faut me laisser opérer.

Il hurle lorsque je tente une nouvelle fois de le soulever, mais il finit par se laisser traîner sur le ventre jusqu'au temple où je l'installe sur un matelas de feuilles mortes. C'est un adolescent, presque un enfant. La sueur a collé ses cheveux sur son front blême. J'appréhende comme un mauvais signe cette brume dans son regard, ce mouvement des prunelles qui divaguent, ce souffle précipité et rauque, mais peut-être, en opérant vite, pourrais-je le sauver.

Campé sur le parvis du temple, je hèle un fantassin chamave qui vient de déboucher dans le péribole. Il brandit sa lance vers moi, mais je lui crie dans sa langue que je suis médecin de Probus et je vois avec soulagement l'arme s'abaisser. Je lui explique que je dois me rendre à la Porte Noire chercher ma trousse et lui demande de veiller à la sécurité du blessé. Il hoche la tête, esquisse un sourire sous ses moustaches rousses.

Lorsque je suis de retour, le prisonnier gît sur le flanc. Il manque la tête. Quant au soldat il a disparu, reparti sans doute pour la chasse aux émeutiers.

L'espace entre le prétoire et le temple est maintenant presque désert. Quelques auxiliaires retournent les cadavres, les examinent, les fouillent, arrachent les bijoux et achèvent les blessés.

Revenu vers l'officier au cimier verdâtre, je réitère ma demande : il faut que je rencontre Probus, tout de suite. L'estafette qu'il envoie au prétoire revient aussitôt. Probus m'attend.

— Tu peux être fier de toi, dis-je. Quelle mouche t'a piqué ? Tes Trévires et tes Chamaves ont fait du beau travail ! Une vingtaine de victimes ! Donne l'ordre à tes hommes de se retirer avant qu'ils aient achevé les blessés !

Le teint cireux, les tempes humides de sueur, possédé de nouveau par un accès de fièvre, il reste assis, immobile, à sa table de travail, le regard perdu dans les volutes qui montent du brûle-parfum. Soudain il se renverse contre le dossier de son fauteuil, se gratte la poitrine en claquant des dents.

Furieux, je poursuis :

— Réponds-moi ! Es-tu devenu fou ? Les Barbares sont pour ainsi dire à nos portes et tu massacres les habitants de cette ville qui demandaient simplement à te voir et à t'entendre. En vertu de quel motif ?

D'une voix très calme, il répond :

— De l'ordre. J'ai toujours eu les rébellions en horreur. Si je n'avais pas maté celle-ci, la ville entière aurait suivi le mouvement et nous aurions un ennemi de plus à combattre, à l'intérieur. Le maintien de l'ordre est de mon ressort. Contente-toi de soigner les blessés.

— C'est ce que je compte faire, à condition qu'il ne reste pas que des cadavres. Donne l'ordre que j'attends !

Avec une feinte indolence, réprimant mal le tremblement de tout son corps, il lance un ordre à son aide de camp, Statius, et se retourne vers moi pour me dire sans colère :

— Maintenant, tu peux opérer. Nous reprendrons un peu plus tard cet entretien passionnant, quand cette foutue fièvre, contre laquelle ta science ne peut rien, aura passé.

Quelques femmes de la Porte Noire, que j'ai prévenues en allant chercher ma trousse, sont venues me prêter main-forte. Elles se sont courageusement interposées pour faire cesser le massacre. Grâce à elles, j'ai pu sauver cinq blessés.

Mon œuvre achevée, la fureur me remonte au visage en songeant à la conduite de Nymphius. De retour à la Porte Noire, je me mets à sa recherche. Il n'est pas dans sa loge ni dans la mienne. Je finis par le dénicher en compagnie de l'évêque Marus, en train de boire du vin et de raconter les événements dont il a été le témoin.

— Suis-moi, dis-je. J'ai deux mots à te dire.

Il se lève lentement, le visage de nouveau blême, et me suit sans protester.

— Tu as agi comme un lâche, dis-je en réprimant ma colère. Maintenant, tu vas payer. Ce garçon que j'aurais pu sauver est mort par ta faute. Tu vas mourir aussi.

Avant qu'il ait pu proférer la moindre protestation, je l'ai fait se retourner pour l'empoigner par le col de sa tunique et le fond de ses braies. Il se débat, hurle, s'accroche à la bordure de la baie donnant sur la cour intérieure de la bâtisse. Sa voix mue étrangement, se métamorphose en plainte, puis en gémissement lorsque je le fais basculer à mi-corps dans le vide. A cinquante pas en dessous, des soldats s'écartent pour éviter la chute du corps. J'entends dans mon dos la voix de l'évêque.

— Tu es devenu fou, Eudoxe ! Par le Seigneur, arrête !

Deux bras robustes me saisissent par-derrière.

— Laissez-moi, dis-je en lâchant Nymphius, plus mort que vif. Je voulais simplement lui faire peur. A présent, il a son compte.

De nouveau sur pied, les yeux révulsés, Nymphius s'agrippe à moi et vomit contre ma tunique.

— Eh bien, te voilà propre ! s'exclame Randa. Donne-moi ton vêtement. Je vais te le nettoyer.

En langue franque elle glisse quelques mots dans le creux de mon oreille :

— Tu as failli le tuer mais, entre nous, personne ne l'aurait regretté.

J'aurais pu tuer Nymphius. J'étais sur le point de le lâcher dans le vide lorsque les gardes du corps de l'évêque se sont interposés. D'en bas les soldats me regardent et m'invectivent tandis qu'autour de moi se propage un concert de clameurs auxquels Myia, affolée, mêle ses gémissements. Pourquoi cette soudaine poussée de haine contre cette larve qui n'a commis qu'une faute : prendre la fuite devant le danger, comme si m'importaient l'égoïsme et la lâcheté de cet être méprisable ? Ma fureur passée, je ne ressens qu'un tiède dédain contre le « philosophe ».

Tandis qu'on s'active autour du malheureux, qu'on lui fait boire du vin, qu'on lui mouille les tempes, qu'on le cajole, je reste debout, appuyé des deux mains au rebord de la baie qui donne sur le puits central, cette cheminée noire où tourbillonnent les derniers pigeons échappés à notre quête de subsistance.

Sur la galerie qui me fait face, à l'étage inférieur, la fille de Ioulianos, Sigen, me regarde fixement. Je lui souris mais son visage reste de marbre et son regard de pierre. Sigen. Sigen la silencieuse. Nous avons fait l'amour ensemble cette nuit et maintenant elle me regarde comme si je venais de tomber d'une planète perdue.

Je descends jusqu'à elle en longeant la galerie dont les loges libèrent des odeurs et des grésillements de viande et de poisson. Sigen a disparu. J'écarte le rideau de la loge de Ioulianos. Le vieillard lève un regard chassieux au-dessus d'une pile de feuillets entassés sur la table bancale où il se livre toute la journée et parfois une partie de la nuit, avec son boulier, à des comptes interminables.

— Bonne journée à toi, Ioulianos. Sais-tu où es ta fille ?

Il tend la pointe de son calame vers la cellule de toile qui constitue la chambre de Sigen, séparée de celle de ses parents par un grand tapis de Perse décoloré, mangé aux mites, qui déploie ses antiques splendeurs dans un rayon de soleil.

Sigen est à demi allongée sur sa paillasse, le buste droit, appuyée sur les coudes. « Surtout, me dis-je, il ne faut pas l'effrayer. » Après l'algarade dont elle a été le témoin, elle doit s'imaginer que je vais déverser sur elle ce qui reste en moi de colère. Assis près d'elle, je lui entoure les épaules de mes bras et l'attire contre ma poitrine. Sigen ne dira rien ; pas un reproche, pas une interrogation ne sortiront de ses lèvres. Dans le voyage de la vie elle a laissé une part de sa raison aux rives de son enfance. Folle ? Non. Idiote ? Pas davantage. Les événements comme les sentiments pénètrent profond en elle, la troublent mais se perdent dans du sable et n'éveillent en elle, la première émotion passée, aucun écho. Il n'y a que dans l'amour qu'elle semble prendre conscience de son corps et du plaisir qu'il lui donne ; elle me surprend par son ardeur, ses initiatives, ses inventions ; elle semble habitée par une perversité qui est peut-être le fond de sa nature.

Sa mère, Dorcas, m'a expliqué les raisons de son état.

— Sigen est pour ainsi dire muette. Elle s'est refermée sur elle-même du jour où elle a été violée par des potiers ivres, près des thermes Barbara, alors qu'elle n'avait que douze ans. Elle en a vingt aujourd'hui et nous désespérons, son père et moi, de la voir retrouver la parole.

Le corps de Sigen tremble contre le mien. Une tiédeur de larmes me mouille le cou. Je répète inlassablement :

— N'aie pas peur. Je n'ai pas voulu tuer Nymphius, mais simplement lui donner une leçon. Tu me comprends ?

Elle hoche la tête ; son bras glisse dans mon dos, cherche mon aisselle pour y blottir sa main. Son museau cherche dans mon cou, sur ma nuque, derrière les cheveux que je porte longs par négligence plus que par coquetterie, l'odeur qu'elle aime.

— Sigen, tu n'es pas fâchée contre moi ?

Elle secoue violemment la tête ; une onde d'odeurs légères échappée de son opulente chevelure brune palpite autour de son visage. Il ne faut pas attendre davantage. A l'origine de nos rapports, elle a consenti à articuler quelques mots, sans effort apparent, peut-être pour me faire plaisir. Lorsque je lui ai demandé de sourire en me livrant à un ridicule jeu de grimaces pour l'y inciter, elle n'a pas compris ou n'a pas voulu comprendre. Jamais je n'ai pu surprendre un sourire sur ses lèvres.

Depuis que je connais Sigen, elle a sensiblement évolué, ce qui a incité Dorcas, réticente au début, à accepter nos relations. Peu à peu j'ai réussi à la faire échapper à ses interminables prostrations. J'ai obtenu, sinon qu'elle exprime des idées, du moins qu'elle dise « oui » et « non », et aussi « Eudoxe ». Lorsque je m'absente, elle attend mon retour, assise sur la même pierre, devant la porte ouvrant du côté de la ville, insensible aux moqueries des soldats. Dès qu'elle me voit paraître, une expression de joie semble illuminer son visage.

Depuis peu je sais que Sigen ne m'est pas fidèle. Parfois, à mon insu, elle fait l'amour avec Médéric ; il est plus jeune que moi et plus ardent, mais elle n'y est pas attachée. Je ne lui en veux pas et ne lui ai rien interdit. La notion de fidélité n'a aucun sens pour elle et elle ignore ce mot.

A plusieurs reprises, depuis mon installation à la Porte Noire dont je fus le premier occupant, j'ai tenté d'entrer en contact avec Ioulianos, mais en vain. Cet homme n'a de rapports qu'avec son boulier qu'il manie de ses doigts secs, avec une vélocité surprenante (clac ! clac ! clac !). Il baigne dans un monde de contrats, de procédures, de chiffres d'où les pires événements, dans sa famille même, ne sauraient le distraire.

Je soupçonne Ioulianos de s'être affublé d'un patronyme grec pour dissimuler ses origines : juives, syriennes, cypriotes ou carthaginoises — levantines, de toute évidence. Tous ou presque, dans cette forteresse de fin du monde, portent des noms d'emprunt, comme des masques destinés à une fête sinistre. Sa religion ? Incertaine. D'aucuns prétendent l'avoir vu pénétrer dans la synagogue de Trèves ; l'évêque Marus l'accuse ouvertement de pélagianisme, de donatisme, d'arianisme, sans savoir au juste auquel de ces cultes démoniaques sacrifie Ioulianos ; Probus affirme que ce cloporte ne peut ramper que devant les autels d'Astarté... En fait, Ioulianos n'adore que l'argent ; l'autel auquel il apporte ses dévotions n'est autre que le mystérieux coffre de grandes dimensions, cloûté de bronze, fermé par une serrure d'une complexité diabolique, dont il porte toujours la clé sur lui, de nuit comme de jour. Que range-t-il dans ce meuble ? Ses documents les plus précieux, son or, ses bijoux ? Même Dorcas l'ignore.

Je ne méprise pas Ioulianos. Il vit en conformité avec sa nature et ses convictions, en proie à une telle passion qu'elle mérite le respect.

Il se ferait tuer sur son coffre plutôt que d'en livrer la clé. Il est, dit-on, de ces avares dont on prétend qu'ils ramasseraient un quart de sou dans la boue avec leurs lèvres.

Chaque fois que je pénètre dans la loge qui lui sert de lieu de travail et qui pue le pipi de chat, ce cloporte lève un œil au-dessus de ses paperasses et m'observe d'un regard suspicieux, comme si j'allais lui demander d'ouvrir son coffre. Je me contente de lui servir des banalités :

— Beau temps, aujourd'hui, maître Ioulianos, et excellent pour la vigne. Nous aurons de belles vendanges cette année.

Il se trémousse sur son escabeau comme si un morpion lui mordait les fesses, fait grincer un rire rouillé, rattrape par un sifflement la salive jaune qui coule dans sa barbe et, piquant du nez sur la feuille, il replonge au tréfonds de ses spéculations et de sa solitude dans le tourbillon de chiffres qui est toute sa vie. A quelques coudées près, il connaît la superficie de tous ses domaines et, comme la moitié de la province lui appartient, il n'a pas assez de tout son temps à leur consacrer.

A peine ai-je le dos tourné, le boulier se remet à cliqueter : clac ! clac ! clac !

— Ioulianos est un rusé personnage, m'a confié Dorcas. Il a si bien spéculé qu'il est incapable de savoir à combien se montent sa fortune et ses biens.

Chaque fois qu'un propriétaire terrien, chassé par la menace d'invasion, se réfugie dans la ville, il le fait convoquer par son factotum, l'esclave Secundus, lui rachète son bien foncier contre une somme misérable, payable par tempérament. Il compte sur une invasion pour envoyer ses débiteurs au royaume des ombres et accroître son patrimoine dans les meilleures conditions. En fait, c'est un mauvais calcul : les Barbares une fois maîtres du pays se moqueront de ses titres de propriété et, d'autre part, rien ne dit qu'il réchappera du massacre. Il se peut aussi que Ioulianos soit de ces personnages doués du génie de la spéculation, qui traversent les tempêtes accrochés à leur passion et se tirent toujours à leur avantage des plus mauvais pas.

Par son épouse, Dorcas, j'ai appris que son existence a été une suite d'aléas, parfois tragiques.

Chassé de Marseille où sa famille avait fait de mauvaises affaires dans le trafic du vin, Ioulianos, l'aîné de quatorze enfants, a battu la campagne avec un maigre pécule en poche mais une ambition démesurée. C'était il y a environ quarante ans. Tibato, le « roi » des Bagaudes, venait de mourir à la tête de ses hordes. Ayant rassemblé les restes de cette armée de miséreux, je battais en retraite vers le Rhin. Peu après, Attila, fils du khan des Huns, Mourdzouk, succédait à son frère Bléda, qu'il avait fait assassiner. J'aurais pu rencontrer Ioulianos dans le triangle que Trèves forme avec Cologne et Mayence. Il a toujours eu, comme moi, un flair d'oiseau de proie pour les lieux où se déroulent les grandes tragédies de l'histoire. Il est vrai que le sang et l'or coulent souvent dans le même lit.

Durant des années, il a vécu dans cet espace propice aux affaires, du fait d'une concentration de troupes et de la proximité du fleuve. Propriétaire d'une embarcation aménagée en boutique et en maison d'habitation, il a sillonné le Rhin et la Moselle avec, sur le pont de son embarcation, un éventaire de produits licites et, dans les cales, des articles de contrebande et des esclaves susceptibles de dépanner quelques « lètes » ou « gentiles » au temps des grands travaux de la terre. Dépouillé à plusieurs reprises par les Barbares, il s'est chaque fois repris et, fort des expériences acquises au cours de ses pérégrinations, il est parvenu à reconstituer son négoce et à le faire fructifier.

Sans renoncer à ses courses sur fleuve et rivières jusqu'au pays des Pémans [1], il a installé, à proximité des « mansiones », des entrepôts dont il a confié la direction à des esclaves sûrs et compétents.

Trèves était son port d'attache favori. On y rencontrait alors une foule de notables, d'officiers de tout grade, de trafiquants de toutes nations, de fonctionnaires véreux. En pansant les plaies laissées par quatre invasions, la capitale du Nord vivait encore intensément et brillait des derniers feux de sa renommée.

Alors qu'il songeait à rompre avec sa vie errante et dangereuse, à s'établir, il avait rencontré Dorcas, l'avait épousée et avait eu de cette servante d'auberge d'origine suève deux fils qu'il avait lancés de bonne heure dans les affaires, avec cette consigne : respecter en toute circonstance une marge de légalité pour ne pas attirer l'attention des fonctionnaires du trésor, et notamment des féroces décurions à qui Rome avait confié la collecte des impôts sous leur responsabilité ; ne pas étaler une aisance trop ostensible ; ne faire confiance a priori à personne.

1. Le Luxembourg.

A Trèves, l'entrepôt principal de Ioulianos se situait sur les vastes espaces intra-muros qui s'étendent au sud-ouest de la Porte Noire, dans le voisinage rassurant des « horea », ces magasins militaires de la place, à deux pas du port. Le tiers du trafic de la province passait par ces bâtiments. Une chiourme d'une cinquantaine d'esclaves d'outre-Rhin, mâles et femelles, ramenés d'incursions clandestines dans les provinces germaniques, s'entassaient dans un local souterrain. Le bâtiment principal abritait toutes sortes de marchandises : peaux de Germanie, armes franques plus robustes que celles de Rome, ambre de la Baltique, cheveux de femmes barbares dont raffolent les matrones d'Italie, bois du pays des Pémans et jusqu'à des oies amenées à pleins chariots du territoire des Ménapes et des Morins, au nord de la Gaule.

Devenu, par goût plus que par nécessité, prêteur sur gages et marchand de biens, Ioulianos, la cinquantaine venue, était à la tête de la plus grosse fortune du pays trévire.

De cette richesse tangible, que reste-t-il aujourd'hui ? Pour le savoir, il faudrait le forcer à avouer les secrets de son coffre. Certains s'y sont essayés sans succès, par la persuasion ou la menace, alors qu'il habitait une demeure confortable sans être luxueuse. Il n'a pas attendu que le contingent chargé de la défense de la province ait fondu, que les notables se soient retirés sous des cieux moins orageux, que les propriétaires aient abandonné leurs « latifundia » pour mesurer l'avantage qu'il pourrait retirer du drame qui se préparait. Peu intelligent au demeurant, Ioulianos manifeste une prescience animale pour les séismes de l'histoire et une notion du caractère cyclique de certains événements : il est notamment persuadé que le flot des Barbares passera une nouvelle fois sur Trèves sans s'y attarder et que, battus comme ils le sont toujours ou presque, par des généraux comme Syagrius, Ecditius et quelques autres qui tiennent encore fermement les légions palatines de l'intérieur de la Gaule, ils reflueront vers leur territoire d'origine en laissant la place vide pour de nouvelles spéculations fructueuses.

L'évêque Marus, qui pourtant n'aime guère Ioulianos qu'il n'est pas parvenu à convertir, m'a dit récemment :

— C'est sa manière à lui de lutter pour la grandeur de Rome. Elle est moins méprisable que certains l'imaginent.

Aujourd'hui, le goût de Ioulianos pour la spéculation s'exerce dans le cadre de son nouveau domicile de la Porte Noire.

Il a acquis pour des sommes dérisoires les immeubles que l'évêque possédait en ville, racheté le domaine de Sunno, la bibliothèque (ou ce qui en restait) de Nymphius, les derniers bijoux d'Argobast, les bronzes de Mincius, et je ne suis pas sûr qu'il n'ait pas pris une option sur le porc de Basile... Il n'y a guère que moi à qui il n'ait rien pu arracher car je ne possède que ma chienne Myia. L'intendant Secundus veille sur ces trésors avec une vigilance de molosse : ils sont enfouis quelque part en ville, au fond d'une cave ou d'un silo abandonné où ses deux fils, à supposer qu'ils soient encore en vie, pourront peut-être les retrouver.

Ce que Ioulianos pense de mes rapports avec sa fille m'importe peu, à supposer qu'il s'y intéresse. Au début de l'été, il m'a fait présenter un contrat de mariage par un « notarius » de sa connaissance : il me réclamait une somme importante que je ne possède pas et que je n'ai jamais possédée. J'ai mis ce document en pièces sous ses yeux, ce qui me valut d'assister, imperturbable, à une colère qui lui donnait l'apparence d'un rat qui a la queue prise dans un piège.

Dois-je dire que je n'aime pas Sigen ? Sa présence m'est agréable, le temps d'une étreinte, mais elle devient très vite pesante. Ce bel animal m'exonère de la peur de vieillir ; elle entretient en moi un ultime feu de jeunesse, fait refleurir des émotions et des sensations que je croyais enfouies à jamais. Sigen est la borne radieuse qui marque la fin de mon existence. Sans elle, j'en serais réduit à demander leurs faveurs vénales aux putains de l'amphithéâtre.

Je caresse l'opulente chevelure brune à reflets bleutés de Sigen, son visage un peu lourd mais rayonnant de jeunesse sous son teint mat, sa peau de fruit, ses cuisses dont le seul contact suscite une érection. Je la touche, je la respire, et je songe : comment fait-elle pour conserver, au milieu de la puanteur de la sentine familiale, ces senteurs « sui generis » qui valent pour moi tous les parfums d'Arabie ?

La journée sera belle et chaude. Les dernières brumes se sont dissipées au-dessus de la Moselle et il ne subsiste sur les vignobles qui bordent sa rive que des bourrelets de laine éblouissante suspendus aux franges d'un ciel profond. Du deuxième étage de la tour, j'aperçois la longue coulée verte au-dessus des remparts et des « horea » militaires. *« O Moselle,* chantait Ausone, *tu découvres l'éclat de ton front de taureau ; tu fais traîner à travers les champs tes ondes calmes et sinueuses jusqu'aux portes de la Germanie... »*

Quel spectacle autre que celui d'un fleuve donne mieux l'impression de la paix éternelle ? Cet espace de calme qui contraste avec l'agitation humaine m'a toujours fasciné. On a fait des fleuves et des rivières des frontières hérissées de haine ; on a construit sur leurs bords des forteresses ; on y a concentré des armées ; les guerres et les révolutions ont fait courir des traînées de sang et de feu sur leurs rives. Il en sera ainsi jusqu'à la fin des temps, mais rien ne peut troubler la sérénité de ce cours immuable depuis l'origine du monde.

J'aime le Rhin, mais je lui préfère la Moselle. Les poètes grecs auraient fait de ces cours d'eau deux divinités différentes : l'une, mâle, puissante et grise ; l'autre tendrement femelle, aux membres sinueux, créée pour l'amour et la fécondité. Leur embouchure, dans les parages de Coblence, ressemble à un coït vertigineux, conjonction de sexes dans un même lit ; ils se perdent l'un dans l'autre, confondent leurs substances, ne font qu'un.

— Eudoxe, quand renonceras-tu à vivre dans le péché ?

Je me retourne. L'évêque Marus est debout derrière moi, ombre grisâtre contre la chair de brique rouge qui pend du mur écorché. Il vient de célébrer l'office sur le petit autel de pierre blanche, seul en face des quatre moines qui l'ont accompagné dans sa retraite. Sans l'énorme bague à cabochon et le collier orné d'une croix qu'il a réussi à soustraire, avec quelques vases sacrés, à l'avidité de Ioulianos, rien dans son apparence ne révélerait sa qualité.

Il y a longtemps qu'il n'a pas cherché à provoquer un tête-à-tête entre nous, et j'évite ce vieux rabâcheur qui m'importune par ses conseils de morale et ses sermons. Comment pourrais-je oublier que les fidèles zélateurs du rabbin de Galilée sont pour une bonne part responsables de l'effondrement de l'Empire ? Probus, qui reste fidèle au culte de Mithra, enrage contre certains de ses hommes qui, convertis à la religion du Christ, passent plus de temps en prière qu'à l'exercice et ne rêvent que d'accueillir les Barbares dans le sein de leur Eglise pour en faire de purs chrétiens.

Je sais à quoi Marus fait allusion. Mes rapports avec Sigen lui apparaissent comme une monstruosité. C'est vrai, je vis dans le péché, mais j'y suis bien ; mon âge est trop avancé pour que je renonce aux plaisirs qui se présentent, et je ne crois pas à la vie éternelle.

— Le jour est arrivé, poursuit sentencieusement Marus. Dieu nous observe, et rien ni personne ne peut échapper à sa vigilance. Ce soir sa colère fondra sur nous. *Dies irae !* Les tribus de Gog et de Magog sont à nos portes. Nous allons connaître la mort par le fer et le feu. Oserais-tu te présenter devant Dieu dans ta tunique d'iniquité ?

Je regarde cette ombre sur laquelle flotte encore une odeur d'encens, ce long visage osseux, ces yeux gris et perçants affligés d'un léger strabisme ; j'écoute cette voix qui semble monter d'une crypte, et je sens un malaise m'envahir. Marus est en train de jouer un rôle minable dans une mauvaise pièce, et je ne puis dire si, moi, je suis acteur ou spectateur car je ne me sens pas de plain-pied avec ce personnage et, quoi que je réponde, cela sonnera faux et m'enfoncera encore davantage dans l'équivoque et le ridicule.

J'ai envie de lui répondre que cette accusation n'est aussi directe que parce que lui-même a une certaine pratique du péché — on lui connaissait, avant son installation à la Porte Noire, au moins trois concubines et il a mené la vie si difficile à sa femme qu'elle est devenue folle — mais je répugne à employer ces arguments. A chacun le choix des armes. Afin de marquer les limites des distances qui nous séparent, je réponds sans acrimonie :

— De quel droit me fais-tu ce genre de reproche ?

Il n'a pas bougé d'un pouce, son regard planté dans le mien.

— Je suis le représentant de Dieu dans cette cité et dans cette province, dit-il. Je m'exprime au nom de mes prédécesseurs, les apôtres. Un privilège m'a été accordé : celui de parler seul à seul — et j'ajoute d'égal à égal — avec l'Empereur, un droit dont j'ai usé jadis, à Ravenne, avec Valentinien. Et toi, le plus misérable des pécheurs, tu refuserais de m'écouter ?

Cette fois, je sursaute et réplique vertement :

— Quand ai-je refusé de t'écouter ? Contrairement au tien, mon esprit est ouvert, alors que tu demeures hermétique à toute vérité autre que celle dont tu t'es fait le défenseur.

Marus me foudroie du regard d'un militaire bafoué dans son honneur et qui va répondre à l'insulte par l'épée. Il a servi jadis dans les légions de Rome, au temps de l'empereur Johannès. C'est à cette époque, alors qu'il commandait un corps de vélites dans la Garde palatine, qu'il épousa la fille d'un « clarissime », sénateur de Ravenne, qui lui apporta en dot de vastes domaines dans la plaine du Pô. Touché par la grâce, il renonça en même temps au service de l'armée et à celui de son épouse dont, d'ailleurs, il ne se sépara qu'à la mort de cette dernière, après qu'elle lui eut donné trois enfants.

Le glaive dont Marus devait user désormais était celui dont les Evangiles ont armé le Christ. Son modèle était saint Martin ; il avait lu l'histoire de sa vie édifiante dans l'œuvre d'un hagiographe porté sur le panégyrique inconditionnel : Sulpice Sévère. Aidé de quelques acolytes musclés sous l'habit des moines, il s'était adonné à la sainte mission dans laquelle Martin de Marmoutier avait excellé : la destruction des « idoles » et de leurs temples. Rossé, lapidé, expulsé, laissé pour mort à plusieurs reprises, il avait toujours repris sa tâche avec acharnement, jurant qu'il ne quitterait pas ce monde avant d'avoir chassé les faux dieux de son diocèse.

C'est celui de Trèves qui lui échut, après la mort d'Emerus, lequel lui avait facilité la tâche. Les racines de l'idolâtrie étaient profondes et diverses, et Marus remercia le Ciel que ses prédécesseurs, Jamblicus puis Emerus, lui eussent laissé de l'ouvrage.

Où il eût fallu, pour répandre la religion du Christ, souplesse et patience, Marus employa la brutalité et la hâte. Il se heurta aux notables qui n'entendaient pas que cet « athlète de Dieu », comme il aimait se faire nommer, prétendît leur interdire de célébrer les cultes de Rome.

C'est le tribun militaire Probus qui lui donna le plus de fil à retordre. Non seulement il résista à tous les assauts de l'évêque qui souhaitait ardemment le convertir, mais, le jour où les sbires de Marus s'en prirent manu militari au Père du culte de Mithra, qui officiait dans un sanctuaire souterrain, creusé sous les vignes, il fit saisir les assaillants et arracha à l'évêque la promesse qu'il renoncerait aux violences. Dès lors on n'eut plus à regretter que la destruction, par des groupes de fanatiques, de quelques petits temples rustiques des environs.

Marus fait un pas vers moi, l'index pointé comme un fer de lance dans ma direction et s'écrie :

— Au nom du vrai Dieu, Eudoxe, je te somme d'épouser Sigen ou de renoncer à elle. Tu es au bord de la tombe et l'enfer commence à chauffer tes orteils. Bientôt tu brûleras comme une torche et je ne pourrai plus rien pour sauver ton âme pécheresse. J'en ai maté de plus têtus que toi. A genoux ! Repens-toi !

Impavide, je reste les bras croisés, bien décidé à n'obtempérer à aucun prix et même, si cet énergumène persiste dans ses menaces, à lui faire subir l'épreuve que j'ai infligée à Nymphius tout à l'heure, sauf que l'évêque est plus robuste que le philosophe. Dans ses injonctions, je retrouve le ton des invectives que l'ascète fou qui vit, nu et solitaire en compagnie de son porc, sur la terrasse de la plus haute tour, déverse sur nous dans ses moments d'exaltation inspirée.

— Tu perds ton temps, dis-je. Je n'obéis qu'à mon bon plaisir et à ma conscience. Si je dois mourir aujourd'hui, ce sera dans les bras de Sigen. Je préfère son odeur à la tienne, vieux bouc !

L'évêque s'arrache les cheveux, entame une sorte de pyrrhique endiablée, comme si un essaim de frelons venait de forcer sa tunique crasseuse. Des mots crépitants de colère se bousculent entre ses dents noires : « Hérétique... Satan... Damnation éternelle... » Le spectacle est si cocasse que je laisse libre cours à ma joie. Assis sur l'appui de la baie, je me libère par hoquets de mes inquiétudes, de mes peurs, de ma haine, et je lui crie : « Viva ! » et je le presse de poursuivre, d'en faire plus, et je bats des mains, sans me rendre compte que notre altercation vient d'attirer de nombreux spectateurs, parmi lesquels les moines qui se rassemblent autour de moi, menaçants, retroussant leurs manches sur leurs bras athlétiques, leurs yeux jetant des lueurs mauvaises sous leur crâne rasé.

— Il insulte le représentant de Dieu ! glapit Marus. Il attire la malédiction sur nous ! Satan ! Satan ! Jetez-le dehors ! Débarrassez-nous de ce mécréant !

Les quatre moines n'attendaient que cet ordre. Ils m'empoignent par les jambes, me soulèvent comme un fétu, détachent à coups de pieds mes mains qui s'accrochent aux montants de la baie. Le paysage bascule et je me retrouve suspendu au-dessus du vide, dans un envol de pigeons. Soudain, le mouvement qui m'avait éjecté me ramène sur le bord de la baie. Médéric me recueille entre ses bras et me dépose avec précaution contre le mur.

— Tu l'as échappé belle, dit-il. Si je n'étais pas arrivé, tu serais mort. Tu me dois une fière chandelle, Vieille-Peau, mais je me contenterai d'un « conjius » de pinard, et pas de la bibine, s'il te plaît !

Il se redresse, menaçant.

— Qu'est-ce que vous avez tous, aujourd'hui ? Dispersez-vous ! Je vous préviens que nous sommes en état de siège. Si je surprends un zigoto en train de semer le trouble, je le coffre. Regardez, bande de débiles ! Nous avons de la visite. Alors planquez-vous dans vos loges et calmez-vous !

Il n'a pas tourné le dos qu'un autre tumulte se produit, du côté de la haute tour de l'ouest. Le cochon de Basile s'est échappé ; dévalant l'escalier, il se rue sous la galerie. Myia s'en mêle et pousse des aboiements lamentables en tirant sur sa chaîne. Comme pour mettre un comble à la panique, la voix puissante de Basile nous parvient. Tiré de sa torpeur contemplative par le tumulte, il se lance dans une avalanche d'invectives inspirées, semble-t-il, de lectures mal digérées de l'Ancien Testament, qu'il laisse pleuvoir sur nos têtes comme ces tablettes d'imprécation que les anciens glissaient dans les tombes pour provoquer la colère des morts contre les forces du mal.

Ecartant le groupe des curieux, je rejoins Médéric qui vient de lancer trois de ses hommes à la poursuite du goret.

— Qu'est-ce que tu entends au juste en disant : « Nous avons de la visite ? »

— Tu as très bien compris, Eudoxe. Les Barbares sont là.

3.

LE PIÈGE À « TEUTSHES »

En cette saison, il vient parfois, des lointains de la Germanie, des pluies sauvages. Des nuées drapées d'étoffes noires, dressées à la verticale du fleuve, dessinent des formes vertigineuses sur un ciel uniformément gris, suscitant des images de divinités infernales ; elles peuvent rester des heures à traîner les franges de leurs draperies funèbres sur les collines, à noyer les plateaux infinis de l'est dans une lumière de cendres, à tourner au-dessus de la ville.

Ces pluies-là, les vignerons les connaissent et les redoutent ; pour les conjurer, ils enterrent trois poules vivantes près du confluent de la Moselle et de la Sour, font brûler trois torches, jettent trois brindilles dans un remous de la rivière (chez ces gens, le chiffre trois est chargé de magie, comme chez les Egyptiens qui avaient doté Osiris de trois phallus), mais ces superstitions ne servent qu'à dissiper des craintes qui renaissent et se transforment en désolation dès que les furies déchaînées font dévaler les terres des vignobles le long des pentes.

Ainsi de l'invasion qui vient d'arriver devant Trèves.

Elle a menacé et l'on a tenté de la conjurer ; elle s'est précisée et l'on s'est dit qu'elle allait épargner la ville ; elle est là et l'on attend le premier sang pour y croire tout à fait. Si j'avais pu parler aux gens de Trèves, je leur aurais dit : « Qu'attendez-vous pour fuir ? Quelle digue dérisoire comptez-vous opposer à cet océan de peuples qui se sont mis en marche ? Votre ville sera noyée comme les îles des Bataves au temps des grandes marées d'équinoxe ! » Et j'aurais dit à Probus : « Les gens qui nous gouvernent encore se moquent que Trèves résiste ou se rende. Tu vas faire massacrer en pure perte des milliers d'hommes et de femmes, et la gloire de Rome n'y gagnera rien car plus personne ne sera là, lorsque le flot se sera écoulé, pour témoigner d'un héroïsme inutile. Que cherches-tu ? A gagner la place de choix réservée aux héros dans l'au-delà ? Illusion ! La fameuse lumière de Mithra ne rayonne pas plus loin que les chandelles que vous faites brûler dans vos caves. Puisqu'il en est temps, retire-toi avec tes hommes et oblige la population à t'imiter... » J'ai failli lui donner ce conseil il y a une semaine, alors que des rumeurs inquiétantes nous arrivaient des « castra » des bords du Rhin et de ces fantômes de villes : Cologne, Coblence, Mayence. Aujourd'hui il est trop tard et d'ailleurs, si je lui disais cela, Probus Gros-Cul serait capable de m'égorger.

En vérité, ce simple mouvement de logique qui se manifeste en moi n'est sensible qu'en surface ; dans ma ténèbre intérieure où s'élaborent parfois des idées ou des propos monstrueux, je souhaite que, lorsque le drame éclatera, tous les acteurs soient en place : non seulement Probus et tous les locataires de la Porte Noire, mais toute la population qui s'accroche encore à cette ville morte comme si elle était pour elle l'île des Certitudes et le havre du Salut. Ces gens portent en eux ces reliques sacrées : l'image de Rome protectrice de son Empire. Les temps sont loin où le moindre viol de frontière par les Barbares déclenchait une riposte immédiate et sanglante de la part des légions. L'ère des grands empereurs est révolue ; l'Empire achève de se décomposer autour de cet enfant doux et triste qui joue dans les jardins de Ravenne et contemple l'horizon radieux des grands marécages et de la mer lointaine.

Le courage est admirable, mais le ridicule peut revêtir une certaine grandeur. Les gens de cette ville vont mourir, mais ils refusent l'idée de la catastrophe finale, qui éclate à l'évidence ; on dirait qu'il leur plaît de poursuivre leur vie misérable dans ce champ de ruines, d'ordures, de morts qu'on ne prend plus la peine d'enterrer, qu'on livre aux chiens ou qu'on jette dans des puits abandonnés ou des cryptes désaffectées ; ils s'accrochent avec une telle obstination aux espoirs qui s'effritent sous eux comme la roche pourrie de la montagne sous les orteils de Sisyphe, que je les crois animés d'une sorte de consentement collectif, inconscient et informulé, à quelque grand sacrifice dédié au Moloch de l'histoire. Je les respecte, tant ils sont attendrissants de naïveté. Reste à savoir quel sera leur comportement lorsque les armées barbares encercleront la cité.

Je ferme les yeux avec un frisson sur cette vision intérieure et je les rouvre sur une image atroce.

L'homme est assis sur un escabeau, au milieu de la salle d'audience du prétoire. Il a le visage tuméfié, les vêtements en lambeaux et il semble avoir perdu une telle quantité de sang qu'il faut deux hommes pour lui maintenir le buste droit.

— Notre premier Barbare ! s'exclame triomphalement Probus. Tu arrives à point pour nous aider à l'interroger, toi qui connais quelques idiomes d'au-delà du Rhin.

Il éclate de rire.

— Tu te souviens que, ce matin, j'ai envoyé une patrouille avec mission de nous ramener un « Teutshe ». Ces imbéciles sont rentrés bredouilles. Ils doivent avoir de la merde dans les yeux car on les voit d'ici, les sauvages. Tu en as plein les vignes et la plaine. Et voilà que les gens de l'amphithéâtre nous amènent celui-ci qu'ils viennent de capturer.

D'un mouvement de menton méprisant il montre le « Teutshe », rit nerveusement.

— Cet enfoiré était en train de chier derrière un cep de vigne quand il a été surpris par des gosses de l'amphithéâtre. Avant qu'il ait pu se torcher le cul, ils lui ont piqué ses armes et l'ont ramené en triomphe à leur domicile. Le temps de nous faire prévenir, ils s'en sont amusés comme un chat d'une souris. Tu vois le résultat : le gars est inconscient. Tu penses qu'on pourra l'interroger ? Je veux connaître les effectifs approximatifs de la horde et ce que leurs chefs ont l'intention de faire.

Probus parle de la « horde » comme jadis, alors qu'aujourd'hui les armées barbares sont aussi disciplinées que les nôtres et savent mieux se battre.

Je m'approche du « Teutshe », soulève les cheveux poissés de sang sur la nuque ; elle est rasée : c'est donc un soldat franc comme la tunique et les braies serrées le confirment. Sans doute un Salien des rives de l'Yssel ou peut-être un Ripuaire originaire des tribus établies entre Bonn et Cologne, où j'ai vécu jadis. La tenue est trop soignée, malgré les souillures de sang et de terre, pour qu'il s'agisse d'un Chamave ou d'un Chatte. D'ailleurs la manière d'attacher le baudrier confirme ma première impression. Si je pouvais voir le bouclier... Probus s'impatiente.

— Demande-lui à quel peuple il appartient, ce sera plus simple.

— Tu vois bien qu'il est incapable d'articuler un mot. Si je parviens à le ranimer, ce sera un miracle.

— Vois ce que tu peux en tirer. Vite !

Le soldat allongé à terre, je l'examine. Il respire encore, mais le pouls est très faible. J'aurai beaucoup de chance si je parviens à lui faire ouvrir les yeux. Je verse quelques gouttes de liqueur entre ses dents serrées, puis une rasade qui ruisselle sur le menton. La brûlure, le dégoût lui tordent la bouche ; les Barbares ne sont pas habitués aux liqueurs fortes et s'en méfient car elles affaiblissent leurs ardeurs guerrières et amoureuses. Il ouvre les yeux. Je murmure à son oreille :

— Es-tu Salien ou Ripuaire ? Quel est ton nom et celui de ton chef ?

Il souffle un mot : c'est un Salien. La suite de ma question reste sans réponse. Il prononce seulement un mot qui veut dire « eau ». Je réclame de l'eau et de quoi laver les plaies de son visage. Probus trépigne d'impatience, campé devant la perspective du forum comme s'il s'attendait à voir surgir les lances barbares et les boucliers bariolés. Ses mains battent dans son dos ; Probus est inquiet ; Probus a peur et cela me procure un sentiment de plaisir un peu pervers. On a dû lapider le prisonnier car le crâne et le visage portent des contusions et des cicatrices. Revenant à lui, il commence à gémir.

— Que dit-il ? s'informe Probus.

— Il fait comme tous les soldats qui vont mourir : il appelle sa mère. C'est un jeune : il a moins de vingt ans et une seule victime à son actif, car il n'a qu'un scalp à son baudrier.

En quelques instants, le Barbare a tout révélé de ce que Probus souhaitait apprendre : les « Teutshes » sont des milliers (il montre trois doigts), sûrement la plus forte armée d'invasion que le pays trévire ait connue depuis celle des Cimbres et des Teutons, deux siècles auparavant. Les Francs Saliens et Ripuaires ne sont qu'en petit nombre, mais ils encadrent une tourbe de tribus accourues pour la curée de toute la Germanie occidentale. Je traduis :

— Ils comptent attaquer Trèves avant ce soir et ne repartiront pas avant d'avoir pris la ville. Ils ont appris à être patients et ils mettront le temps qu'il faudra.

Si le prisonnier s'est confié si facilement à moi c'est que je m'adresse à lui dans sa langue et que je lui inspire confiance. Il me prend la main, remonte le long de mon bras, m'implore du regard.

— Ne le torture pas, dis-je à Probus. Tu n'en tireras rien de plus. Que vas-tu en faire ?

Du plat de la main, Probus fait le geste de se trancher la gorge. Après tout, au point où en est le blessé...

— Emportez-le, dit-il à ses hommes. Quant à toi, Vieille-Peau, si tu veux récupérer cette charogne pour la faire empailler, je t'en fais cadeau !

Sunno a déposé devant ma loge quelques salades encore fraîches de la nuit, avec un cœur bien pommé. Assis sur mon grabat, la tête de ma chienne entre mes genoux, ses yeux lourds de tendresse fixant mon visage, j'écoute la rumeur de la Porte Noire.

C'est une curieuse bâtisse, à la fois sinistre et rassurante, puissante mais délicate. Cette forteresse, aucun empereur n'y a attaché son nom ; elle semble vieille comme Rome elle-même et tout aussi pitoyable avec sa patine cendreuse et ses plaies à vif : les traces des boulets de balistes qui ont écorné les arêtes et les angles des murailles, les excavations laissées par les Barbares qui, au cours des temps, ont arraché les scellements de plomb de la maçonnerie, les léchures de suie des incendies... Trèves pourra sombrer dans les tempêtes de l'histoire, ses monuments et ses remparts disparaître, la forteresse se dressera toujours, montagne de pierre noire, vieille dentelle de cendres froides, pour témoigner de la puissance, de l'orgueil et de la splendeur de Rome.

Nous qui habitons la margelle de cette sorte de puits quadrangulaire, nous qui sommes incrustés avec notre mode de vie et nos habitudes dans cette gigantesque carcasse comme si nous devions nous y momifier pour l'éternité, nous sommes devenus insensibles à cette subtile odeur que dégagent les monuments ayant souffert par la faute des hommes : celle des vieilles maladies que je connais bien, moi, le médecin des corps. A force d'avoir sous les yeux, à toute heure de chaque jour, cette décrépitude et ces plaies, nous ne les voyons plus. Nous sommes embarqués dans cette grande nef sombre comme la mort, immobile en apparence au milieu de la mobilité permanente de l'histoire, et nous en venons à oublier que le monde bouge et que notre relative innocence, à nous qui ne sommes pas des soldats, ne nous protège pas.

Je regarde les salades de Sunno, je les caresse de l'œil et de la main comme s'il venait de déposer à ma porte les trésors de Golconde : elles sont fragiles et belles comme la vie. Je songe au petit potager, à l'aimable bicoque, au sentier qui descend vers la Moselle, damé par les pas du jardinier, et je me dis que, peut-être avant la tombée de la nuit, cet endroit marqué par le travail et la paix sera pillé, piétiné, ravagé par les Barbares, comme la Gaule elle-même le sera bientôt.

Là-haut, sur la terrasse de la tour occidentale, Basile dégoise à grand bruit ses tirades obscures, ses crépitantes invectives contre les péchés de Trèves qui ont attiré sur nous la fureur des Barbares et la vindicte de Dieu. Il doit se prendre pour un saint, notre stylite ! Jadis on a dû l'arracher de force à la solitude torride du désert de Moab où il avait choisi de vivre à l'ombre d'un buisson d'épines en se nourrissant de rats, de reptiles et de fruits à goût de poivre.

Après un séjour dans un couvent en marge du désert, cloîtré dans une cellule, refusant de voir un seul de ces visages qui portent les reflets du péché, il s'est enfoncé de nouveau, pour trouver la solitude en Dieu, dans les forêts de Germanie, avant de consentir à s'intégrer à une communauté d'ascètes installée à Trèves, dans le quartier des sanctuaires païens. L'évêque Marus, que je soupçonne d'aspirer lui aussi à la sainteté, l'a retenu presque de force après la dispersion de la communauté qui était un objet de scandale. « Je reste, lui a dit Basile, mais tu seras le premier à t'en repentir ! Je suis l'œil et la bouche de Dieu et je te vois couvert de péchés des pieds à la tête comme une putain de Babylone. Tu devras te séparer de tes concubines, de tes gitons, de ta meute, de tes musiciens. Tu entreras en pénitence comme le moine que tu aurais dû rester. Sinon, gare à ton âme ! » Les événéments se sont chargés de dépouiller Marus de ses richesses. Ces propos, les seuls que Basile ait proférés d'homme à homme depuis son installation à la Porte Noire, l'évêque les porte en lui comme une blessure ; ils traversent ses cauchemars ; ils le rongent. Basile s'est juché sur son perchoir depuis plus d'un an et n'en est jamais redescendu ; il a pour seul compagnon ce goret, comme saint Antoine au cœur de ses tentations ; ils dorment ensemble dans une cage à claire-voie, et Basile le fustige chaque matin en l'accablant de tous les péchés du monde ; ils subsistent grâce aux reliefs des repas que Marus lui fait monter chaque jour par ses moines.

Avec sa barbe fluviale et ses cheveux hirsutes, ses ongles en forme de serres, son corps squelettique, Basile a l'apparence d'un gros insecte qui aurait été lâché sur ce sommet par une nuée orageuse jaillie de l'Apocalypse de Jean. D'un des clercs qui veillent sur l'évêque, j'ai appris que le solitaire, certain d'être sur la voie du salut et de la sainteté, refuse de laisser retourner au néant ce que distille son corps ; il collectionne ses excréments en petits tas, persuadé peut-être que les chrétiens des temps nouveaux pourront tailler des reliques dans ce gâteau nauséabond.

L'hiver dernier, alors que le pays trévire était pris comme dans une banquise par un froid intense, il a fallu descendre Basile de son perchoir. Quand on me l'a amené, j'ai cru qu'il était mort ; longuement, j'ai frotté ses membres raides comme du bois, son corps décharné, persuadé de perdre mon temps et ma peine, mais, peu à peu, j'ai senti son pouls s'animer, son souffle filtrer entre ses lèvres violacées. De mes mains grasses de son suint, je l'ai entortillé dans des couvertures après lui avoir fait boire une écuelle de lait brûlant.

Le matin, lorsque la maudite cloche de la chapelle m'a réveillé, Basile avait disparu. Je l'ai retrouvé couché dans la cage avec son compagnon, sous une couverture qu'il avait emportée dans sa retraite. Je n'oublierai jamais son sourire noir de haine et le geste menaçant de son bras décharné.

Ces criailleries sont celles de la triade infernale Hiva-Justina-Tvara aux prises avec ce pauvre Argobast, coupable de n'avoir pas rapporté au foyer la nourriture nécessaire et le vin dont elles font une telle consommation que certains jours, ivres mortes, elles renoncent à le tourmenter.

Sigen est assise sur l'appui de la baie et chantonne, les yeux perdus dans le soleil vert et or qui baigne les vignes de l'automne. Un enfant pleure dans la loge de Sunno ; la voix aigre de Gaïnas chante pour l'apaiser.

Remis de ses émotions après notre altercation, le « philosophe » Nymphius, mon voisin, ronfle au creux de sa paillasse pour tromper sa faim. Il est allongé près de Mincius qui, dans l'attente du retour de son fils, le petit Minuo, et de son esclave, fait grincer le calame à poèmes sur un vieux parchemin.

Une sèche rafale sonore me parvient : Ioulianos fait crépiter son boulier comme un chant de victoire sur la malédiction qui nous accable (il se moque que les Barbares soient à nos portes ; son univers est protégé par un infranchissable rideau de passion).

Ce que nous parvenons le plus difficilement à retrancher de notre vie, ce sont nos comportements et nos habitudes. Il m'arrive de retrouver, le matin surtout, certains automatismes de ma vie passée. Par exemple lorsque, mes ablutions achevées dans le brand baquet de la cour, recouvert d'une pellicule de crasse, dans lequel s'ébroue toute la colonie de la Porte Noire, je regagne ma loge. Il m'arrive alors, l'esprit distrait, de chercher ma trousse de médecin, comme jadis, à Nantes, lorsque j'en effectuais l'inventaire avant la visite à mes malades.

Un matin d'il y a plus de vingt ans, ce sont des cris qui m'éveillèrent en sursaut. Il devait s'agir d'un accident : une voiture de maraîcher qui avait peut-être renversé un piéton. De ma fenêtre, dans la pénombre j'aperçus un groupe confus et j'entendis des coups violents frappés à ma porte. Ma femme, Gloria, se précipita pour ouvrir. Je perçus dans l'entrée de ma demeure des rumeurs, des piétinements et des voix pressantes qui prononçaient mon nom.

Quelques instants plus tard, faisait irruption dans ma chambre où j'achevais de me vêtir un groupe d'une dizaine de gueux mal fagottés, brandissant des armes hétéroclites. L'un d'eux, qui portait un bandeau rouge au-dessus des sourcils, me dit :

— C'est bien toi, Eudoxe, le médecin ? Habille-toi et suis-nous. Tu ne risques rien.

Je protestai que l'heure était bien matinale, mais l'homme insista, menaçant. Après avoir vérifié le contenu de ma trousse, j'embrassai ma femme. Je ne devais pas la revoir, pas plus que nos enfants.

En chemin, je compris les raisons de cette intrusion. Avant l'aube, une horde de Bagaudes avait forcé une porte de la ville. Après une courte bataille, ils s'étaient emparés des fonctionnaires du fisc, en avaient égorgé une partie, notamment le décurion nommé par Rome pour l'établissement du cens et la perception des impôts ; ils avaient traîné le corps à travers les rues jusqu'au fleuve où ils l'avaient jeté.

Ce que les anciens Celtes appelaient « bagad » (un groupe de combattants) était devenu la Bagaude : une rébellion généralisée contre les exactions des fonctionnaires de l'Empire. A ce jour, les troupes misérables qui la composaient s'étaient contentées de piller les « latifundia » et les caravanes de marchands. C'étaient pour l'essentiel des paysans spoliés, des artisans réduits à la mendicité, des fonctionnaires impuissants à tenir leurs engagements envers l'administration, des soldats déserteurs, des esclaves insoumis, des débiteurs en fuite, ainsi que des vagabonds, des bergers, des moines, vrais ou faux...

L'absence de force armée régulière, sur ces confins de l'Empire proches de la sauvage Armorique, avait favorisé leurs ambitions ; ils régnaient sur le pays, accroissant leur puissance, redoublant d'audace, au point que la moindre course hors des murs de Nantes devenait pour les habitants une aventure. Le seul refuge contre eux était naguère la ville ; ce n'était plus vrai.

On me conduisit, encadré par des « soldats », jusqu'au châtelet d'entrée de la porte principale, à travers une ville en effervescence. Un homme était allongé dans la lumière d'une lampe à graisse, au milieu d'une salle d'armes où je me rendais parfois pour jouer aux dés avec des officiers de ma connaissance. Le blessé était un chef de Bagaudes nommé Tibato, un homme tout jeune qui avait pris la tête de la horde la plus importante de la région et commandait à des centaines d'hommes.

Au moment de l'assaut, Tibato avait reçu un coup de lance au côté droit. Personne n'avait osé retirer le fer de crainte de provoquer une hémorragie ; on s'était contenté de scier le bois le plus près possible du corps.

— Il paraît que tu es le meilleur médecin du pays, dit l'homme au bandeau rouge. Alors, tâche de faire vite et bien. Tu réponds de ta vie sur la sienne.

La chirurgie n'est pas mon fort, mais je me sentis soudain les qualités requises, avec la volonté de sauver ma peau. Le patient, qui semblait mort, n'était qu'inconscient. A la position du fer de lance et à ses dimensions, j'estimai qu'aucun organe vital n'était atteint.

Je sauvai Tibato de la mort, mais je n'en recouvrai pas ma liberté pour autant.

Pour plus de sûreté, on conduisit le blessé dans un bosquet proche de la Loire ; on l'installa dans une cabane de pêcheur, au fond d'une barque désaffectée qui servait de lit, tandis qu'une dizaine d'hommes surveillaient le refuge du dehors.

L'homme au bandeau rouge ne se montrait guère loquace avec moi ; comme je suis curieux de nature, je questionnai l'entourage du chef et j'appris ainsi le nom de ce dernier et ses intentions : il comptait, après le massacre des fonctionnaires, quitter le pays. Pour aller où ?

— Tu es trop curieux, me dit un des lieutenants de Tibato, et tu as appris trop de choses sur nous pour que nous nous séparions de toi. Nous allons satisfaire ta curiosité au-delà de tes espérances. Désormais le « roi » Tibato et toi êtes inséparables.

La permission de retourner à mon domicile, même sous escorte, pour faire mes adieux à ma famille, me fut évidemment refusée. Tout ce que je pus obtenir, c'est que l'on me ramenât ma femme, mes enfants, les ouvrages de médecine et mon matériel. On me donna satisfaction, mais seulement pour les livres et le matériel. J'eus beau protester : rien n'y fit. Par vengeance, je déclarai que je refusais de donner des soins au « roi », mais on m'y força sous la menace. Je m'évadai trois fois ; on me reprit et je subis le supplice du fouet, à la romaine. Ce traitement me laissa plusieurs jours inconscient, sans autres soins que ceux d'une vieille puante qui reniflait mes plaies comme un chien une charogne, au creux d'un chariot qui me conduisait je ne savais où. Un matin où je me hasardai à mettre le nez dehors, je reçus au visage le choc d'un bois de lance, si violent que j'en porte encore la marque.

Notre errance dura une semaine, ponctuée par des coups de mains dont je suivais les péripéties du fond de mon chariot, et qui suscitaient en moi l'espoir d'une délivrance. Gloria et nos enfants me manquaient et, à la pensée que je ne les reverrais jamais, des accès de larmes et de rage me prenaient.

Un soir, les pans de ma maison de peau s'écartèrent. Deux « soldats » m'en firent sortir pour me conduire au « roi » Tibato. La horde avait établi son campement dans une clairière, les chariots groupés en rond autour d'un grand feu sur lequel cuisaient des viandes dont l'odeur me fit défaillir, car je n'avais été sustenté que d'infâmes bouillies et de pain moisi. Je cherchai des yeux le trône du « roi » : ce n'était qu'une souche sur laquelle était assis un rustre en train de dépiauter au couteau un os de belles dimensions.

— Sers-toi, dit Tibato en pointant la lame de son couteau vers l'étalage de viandes grillées.

J'arrachai à la braise une portion juteuse et dorée. Pris de vertige, je dus m'asseoir dans l'herbe. Le « roi » me regardait d'un œil amusé, échangeant des sourires et des moqueries avec ses lieutenants. Sa barbe laissait à découvert des pommettes osseuses, un nez puissant, des yeux profonds et sombres. Il m'indiqua un coin d'herbe, près de lui.

— Tu m'as sauvé la vie, Eudoxe, et je ne l'oublierai jamais, bien que, somme toute, tu n'aies fait qu'accomplir ton devoir de médecin.

— Où est ma famille ? dis-je.

Il fit un geste vague de la main.

— Disparue... Il vaut mieux pour toi que tu l'oublies. Nous vivons une époque où le renoncement aux biens de ce monde, quels qu'ils soient, est la sagesse suprême. Si tu veux une compagne, nous t'en trouverons une.

Il parlait un latin correct mais avec des intonations singulières. Son nom trahissait une origine franque mais certaines caractéristiques de son visage dénonçaient plutôt une origine alaine, peut-être sarmate. Je devais apprendre, par recoupements, qu'à la suite de mauvais traitements qu'on lui avait infligés (la flagellation avec un cep de vigne réservée aux soldats des légions), le centurion auxiliaire Tibato avait déserté. Il s'était joint peu après à une Bagaude et l'aventure avait commencé. Quelques années plus tard, affrontant en bataille rangée une troupe commandée par Aelianus et Amandus, il avait été capturé mais avait réussi à s'enfuir une nouvelle fois. C'était au temps où régnait l'empereur Maximien, dit « Hercule ». Ses exploits audacieux lui avaient valu le titre de chef puis de « roi ».

— Ne te fais pas d'illusions, dit-il. La vraie liberté sera peut-être pour plus tard. Pour le moment, tu restes attaché à mon service à titre de médecin. Tu ne manqueras de rien. Tu pourras aller et venir à ta guise, mais toute nouvelle tentative de nous fausser compagnie sera punie de mort.

Il coupa lui-même les cordes qui entravaient mes pieds. Après avoir bu quelques gorgées de vin dans une coupe de bronze ciselé, il me tendit le récipient que je vidai d'un trait.

— Ce vin est fameux, dit-il en clignant de l'œil. Tu en auras besoin dans un moment.

Ce n'est qu'en retournant seul, titubant, à mon chariot, que je compris le sens de ces dernières paroles. Une fille m'attendait, nue sous la couverture. Je la possédai dans l'ombre, sans un mot, sans même avoir vu son visage. Sa peau avait une odeur singulière, discrètement opiacée. Tout le temps que je la pénétrai, elle ne cessa de pousser des gémissements aigus qui ajoutaient à mon plaisir.

Le matin seulement je découvris son visage et son corps dans la lumière grise de l'aube, alors qu'elle dormait encore. A son faciès plat, large, triangulaire, aux petits yeux bridés, aux pommettes hautes et délicates, je reconnus une Asiate ; elle était assez belle de corps comme de visage, malgré des cuisses un peu lourdes et ses dents précocement gâtées. Basika était originaire des rives du Danube occupées par les Huns.

Par la suite, j'ai connu et possédé bien des filles de ce peuple. Ce sont de bonnes compagnes, sans que l'on puisse attendre d'elles d'autres agréments que le plaisir des chevauchées (ce sont d'excellentes cavalières), une fidélité provisoire mais irréprochable le temps que dure leur liaison, une soumission totale aux désirs du mâle, bien qu'en cette matière elles soient loin d'égaler la vivacité, la science et l'esprit d'invention des femmes de la Gaule.

Tibato me révéla qu'il l'avait capturée, ainsi que quelques autres, à la suite d'un engagement avec une horde errante de Huns égarée au milieu des collines d'Autun, dans les parages de l'antique oppidum de Bibracte.

Le paysage resplendissait dans le matin. Au-dessus de la forêt d'où montaient des fumées de charbonniers s'épanouissait une frange de montagnes bleues et violettes. La fraîcheur de l'air me rappela que l'automne était proche. J'emplis mes yeux de cette image d'espace et de liberté, la première de ma nouvelle existence dont je respirais déjà la richesse et la violence. On me confia les rênes du chariot. Ma compagne, Basika, chevauchait à ma hauteur un petit cheval trapu et ne s'éloignait que pour donner à sa monture un peu d'exercice sur les landes qui déroulaient leur tapis rêche à perte de vue sous un crépitement d'alouettes, jusqu'aux vallées profondes où, parfois, s'étalait l'espace doré d'une éteule d'orge ou de blé.

Afin de fuir les grands froids, nous émigrions vers le sud avec comme compagnons, haut dans le ciel brumeux, des vols d'oiseaux sauvages.

C'était, lorsque je parvenais à oublier mes épreuves et l'absence des miens, une sorte de bonheur.

Lorsque Mincius s'interpose entre moi et le soleil, j'ai l'impression de voir par transparence à travers son corps. Dans sa jeunesse il a dû ressembler à ces créatures mythiques descendues du ciel sur un souffle de vent, blondes, diaphanes, aériennes, filles du soleil et de l'air, suscitées pour hanter les pentes de l'Olympe plus que les rues puantes de nos cités. Jadis les femmes devaient mendier ses attentions, le caresser du regard comme une idole, rêver de se fondre dans ses bras de marbre blond.

Aujourd'hui, que reste-t-il de cette créature éthérée suspendue entre le monde des dieux et celui des hommes ? Un assemblage disgracieux de cartilage et de chitine qui le fait ressembler à un gros insecte fatigué. Plus aucune femme ne se retourne sur son passage ; d'ailleurs il est impuissant. Pour qu'une femme oubliât ce qu'est devenu Mincius et ne vît, à travers les émouvants vestiges de sa beauté, que ce qu'il avait été, il aurait fallu qu'il fût un dieu réincarné, mais la femme de notre temps ne sait plus rêver : il lui faut des réalités et des plaisirs concrets et immédiats.

Depuis combien de temps Mincius est-il assis là, sur l'appui de la baie donnant sur la campagne ? Comme d'habitude, il est entré de son pas feutré, de son allure glissante, soucieux de ne rien déranger, de ne pas répandre son parfum musqué de vieille putain, de ne pas troubler mes lectures ou mes réflexions. Il est fait pour s'entendre avec Nymphius ; ils ont eu jadis des rapports tendres, puis orageux, avant de rompre avec la violence propre aux invertis, et de se rabibocher. Maintenant, c'est à moi qu'il s'est attaché. Va savoir pourquoi !

Tant que je n'aurai pas bougé, il ne dira rien. Il contemple les pentes de vignobles où le soleil fait ruisseler l'or vert et roux de l'automne ; il suit de l'œil le vol des mouettes sur la Moselle, le mouvement paisible d'un nuage au-dessus d'une colline, vers le pays des Pémans. Il peut rester ainsi des heures.

— Ne t'expose pas trop, dis-je. On a vite fait de recevoir une flèche ou une javeline.

— C'est donc vrai, ce qu'on dit ?

— Tu le sauras bien assez tôt.

— Ça m'est égal de mourir, Eudoxe, à condition de ne pas souffrir, mais je regretterai de n'avoir pu terminer mes *Chants de la Moselle.*

Lorsque je lui demande comment lui est venue cette passion sincère de la poésie, Mincius ouvre ses yeux d'un bleu délavé et fait palpiter ses paupières mauves. Il doit être né dans le bosquet des muses, quelque part en Grèce où il a dû téter la poésie avec le lait de ses nourrices ou de quelque Amalthée. Je n'ai rien pu en tirer d'autre que ce jeu pipé de légende dont il orne des origines modestes. Nul mieux que lui n'a le talent de retrancher de son existence ce qui la banalise ; il a oublié sa carrière de décurion pour ne songer qu'à sa vie éternelle, près de Virgile dont il prétend être la réincarnation.

Mincius n'est pas son vrai nom. C'est un déserteur de l'administration romaine.

L'ambition de sa famille l'a poussé vers la carrière administrative où il n'a réussi que médiocrement pour y être entré sans conviction. Nommé décurion à Cologne, chargé de l'établissement du cens et de la collecte des impôts, il s'est trouvé pris au piège du fait de son incompétence et des exigences impitoyables de Rome qui enfermait ses fonctionnaires provinciaux entre deux obligations : assurer la rentrée des impôts ou payer de leur poche. Pris à la gorge, ruiné, Mincius n'a eu d'autre alternative que la prison ou la fuite. Il a choisi cette dernière.

Changeant de nom, il a acquis à Trèves un fonds de librairie au temps où le pays trévire ne vivait pas encore sous la menace des Barbares ; il s'est ainsi maintenu dans une honnête aisance avec son fils unique, Minuo, avant de se replier, la menace d'une nouvelle invasion se précisant, sur la Porte Noire.

— Ah ! Virgile... Virgile... Il aurait aimé ce paysage et cet automne. J'ai commencé ce matin un poème qui lui sera dédié, mais aurai-je le temps de l'achever ? J'hésite entre les vers asclépiades et les senaires iambiques, mais en fin de compte je pencherai pour les tétramètres trocaïques catalectiques. Qu'en penses-tu ?

J'ai peine à comprimer le rire qui monte en moi.

— Tu devrais plutôt écrire un poème héroïque sur les derniers jours de Rome. Pour t'inspirer, tu n'aurais qu'à ouvrir les yeux.

D'un mouvement léger mais vif Mincius se laisse glisser sur le sol. Il paraît soudain très agité.

— Par les dieux, Eudoxe, regarde ce qui arrive !

Avant qu'il ait manifesté sa surprise, j'ai entendu la trompette de la tour orientale et le grincement des cordes qui laissent retomber les herses donnant sur la route de Cologne.

Ils sont une trentaine, en bas, en train de brandir leurs armes, comme tombés du ciel. Aux motifs figurant sur leurs boucliers je reconnais cette race exécrable : les Chamaves. Certains exhibent à la pointe de leurs lances et de leurs arcs des chevelures fraîchement arrachées. Je me mets à hurler :

— Eloignez-vous des fenêtres ! Rabattez les volets de bois !

Je bondis chez Ioulianos où Sigen est en train de contempler le spectacle en frappant dans ses mains. Je crie à l'intention de Ioulianos, qui n'a pas cessé de faire cliqueter son boulier :

— Espèce de vieille momie, tu te fous que ces chiens prennent ta fille pour cible ! Dorcas ! Secundus ! Mettez les volets ! Les flèches vont pleuvoir.

Dans la cour intérieure, c'est le branle-bas. La voix du centurion Médéric fait crépiter des échos dans tout l'espace de cette citerne vide. Des hommes courent aux remparts. Soudain je songe à cette lézarde que Probus a négligé de faire obturer.

Probus ! Il faut le faire prévenir tout de suite. Je dégringole en trombe l'escalier, me heurte à des soldats qui montent vers la première galerie et roule quelques marches avant de me retrouver, les reins meurtris, étourdi, au milieu de la cour. Dans la grande voie rectiligne qui, à travers la cité, conduit au prétoire, tout est calme, l'alerte générale n'ayant pas encore sonné. Au-dessus de l'amphithéâtre, comme chaque jour, à la même heure, montent de paisibles fumées de cuisine. A plusieurs reprises, je dois m'arrêter pour reprendre mon souffle.

Sur l'esplanade, des soldats me reconnaissent et me laissent passer. Des officiers courent à travers la bâtisse en faisant claquer leurs semelles sur le marbre où jadis traînaient les franges des tuniques à laticlave et les souliers rouges des sénateurs de la curie.

— Tu ne peux pas entrer, me dit le factionnaire. Ordre du tribun. Il est en conférence.

Je bouscule cet imbécile, traverse en courant l'antichambre, pousse la porte du cabinet de travail. Personne. Attiré par un bruit de voix et de rires, je me dirige vers la pièce du fond où d'ordinaire Probus se retire pour prendre un peu de repos et boire avec ses officiers, sous le buste de l'empereur Probus, retrouvé dans les thermes Barbara. Sans prévenir, j'ouvre la porte et, surpris du spectacle qui s'offre à ma vue, je m'apprête à la refermer quand la voix de Probus me parvient :

— Entre donc, Vieille-Peau ! Ne fais pas de manières. Tu dois avoir des choses importantes à me révéler pour me déranger.

J'entre avec réticence, comme si dix mains puissantes me retenaient par le fond de la tunique.

Probus Gros-Cul est allongé sur le lit bas, à demi dissimulé sous une vague de chair blonde qui ondule avec grâce au-dessus de lui. Un visage consterné de femme, rejetant dans le dos sa crinière rousse, se tourne vers moi. Depuis qu'elle a dû renoncer à combattre les fauves dans l'arène, Bibula l'« essedaria » se consacre au dressage de cet autre fauve qu'est Probus, mais avec des armes et des méthodes différentes.

Le tribun se dresse sur ses coudes, le visage en sueur.

— Continue, dit-il à Bibula. Ce n'est que mon médecin, le vieil Eudoxe. Tu le connais.

Tourné vers moi, il s'écrie :

— Eh bien, quoi ! Parle ! Ce n'est pas la première fois que tu vois une bête à deux dos.

— Les Barbares, dis-je.

— Eh bien, quoi, les Barbares ? Ils sont arrivés, je le sais.

— Ils vont attaquer la Porte Noire. Un groupe d'une trentaine. Des Chamaves.

— Doucement, ma belle, halète Probus. Ne t'affole pas. Nous avons tout notre temps. C'est peut-être la dernière fois, alors ne gâtons pas notre plaisir. Oui, Eudoxe, j'ai entendu la trompette. Une simple alerte. Ce ne sont pas une trentaine de pouilleux de « barbatus » qui vont prendre la Porte Noire !

Il plaque ses mains sur les fesses pommelées de l'« essedaria », les écarte, les rapproche pour entrer en elle plus profond. J'ai plein les yeux de son gros sexe humide, de ses couilles velues et des fesses frémissantes de Bibula, ombrées de roux, qui gémit et presse le mouvement, sans doute pour en avoir plus vite fini.

Probus gigote un bon coup, pousse un gémissement de bête, quelques plaintes saccadées et se renverse sur le lit, les bras écartés. Lorsque Bibula se détache de lui, je me détourne pudiquement. En passant près de moi, elle me décoche un regard éperdu de honte. Probus se redresse lentement, la désigne d'un mouvement du menton.

— Si tu en as envie, tu as ma permission.

— J'ai d'autres soucis, tribun. Tu ne sembles pas te rendre compte de la gravité de la situation. En venant, j'ai vu plusieurs soldats en train de flâner, le nez au vent, au lieu de se porter aux remparts.

— Ferme ta grande gueule et occupe-toi de tes médecines. Je prendrai la situation au sérieux quand le moment sera venu. Par la bite de Priape, ça me stimule de baiser avant d'aller me battre.

Il se lève nonchalamment, tire de sous le lit une bassine pleine d'eau, s'y assied et se lave en regardant le plafond d'un air absorbé. Soudain j'éclate de rire. C'est Probus qui a raison : s'il ne nous reste que quelques heures de rémission, autant les vivre intensément. Pour la sieste — le meilleur moment de la journée à mon goût — je ferai l'amour à Sigen. A cette pensée, je sens mon sexe gonfler mes braies. Si cette vieille peau qui m'enveloppe doit être jetée au grand dépotoir, autant satisfaire tous ses désirs afin de ne pas emporter dans la mort l'ombre d'un regret.

— Pardonne-moi, dis-je. C'est toi qui as raison.

Les jambes écartées au-dessus de la bassine, il s'essuie posément.

— Je suis dans une forme étonnante. Cette Bibula fait l'amour comme Vénus en personne. A présent je me sens d'humeur et de taille à affronter un cent de ces sauvages.

— Crois-tu que nous ayons une chance de leur résister efficacement ? Ils sont des milliers.

— Aucune. Il y a trois jours j'ai envoyé un courrier pour réclamer des renforts, mais je ne me fais aucune illusion : il n'y a pas d'armée de secours. Nous sommes seuls, mon vieil Eudoxe. Seuls sur une île, au milieu d'un océan démonté. Tu sais ce qui va se passer ? Les « barbatus » sont en train de faire des rondes d'observation autour de la ville. Ils prennent leur temps, les salauds ! Fatalement, ils trouveront l'endroit le plus favorable pour un assaut et, comme nous sommes trop peu nombreux, s'ils attaquent en plusieurs points, nous seront débordés.

— Pourquoi ne pas négocier ?

— Négocier, c'est trahir. Et moi, Probus, je n'ai jamais trahi. Tu me vois en train de lécher ces culs mal lavés ? Rome n'est plus qu'une charogne pourrie, mais je suis payé pour la défendre. J'en ai fait le serment. Dans ma putain d'existence j'ai commis bien des saloperies, mais personne ne peut prétendre m'avoir vu baisser mes braies pour me faire enculer par l'ennemi. J'ai connu la même situation au fond de cette Egypte de merde, face à des nuées de sauvages emplumés, mais j'ai gardé à Rome un poste frontière intact. Ce n'est pas aujourd'hui, même si nos chances sont nulles, que je vais mouiller mes braies face à ces enfoirés ! Ma coquetterie à moi, c'est l'honneur et là, tu peux dire que Rome n'a pas affaire à un ingrat.

Nous buvons ensemble un vin léger. Probus se dirige vers la fenêtre.

— Quand je vois ces vignobles abandonnés, ces grappes qui vont pourrir sur pied...

— Les Barbares ne détruiront pas tout, dis-je. L'automne prochain, il y aura une nouvelle récolte, et ainsi jusqu'à la fin des temps. Il y a trop d'amitié et d'amour entre la vigne et les hommes.

— Bien dit, Eudoxe ! Ce soir, si Mithra nous prête vie, nous donnerons un grand festin à la Porte Noire. Auparavant, j'assisterai au dernier culte de Mithra. J'aimerais que tu sois présent. Tu n'y es pas autorisé, en principe, mais au point où nous en sommes, il ferait beau voir que le Pater t'interdise l'entrée.

— La Porte Noire, dis-je, il faut à tout prix la défendre. Si elle tombe, la ville sera prise à coup sûr.

A cette pensée un frisson me passe dans le dos. J'imagine les « barbatus » escaladant les escaliers de pierre, pillant les loges, s'amusant de Sigen et de Minuo, égorgeant tous les habitants. Pour les avoir vus à l'œuvre, je sais ce dont ils sont capables ; leur vernis de civilité calqué sur les mœurs romaines ne résiste pas à une action de pillage ; ils n'écoutent plus les chefs ; ce sont des fauves déchaînés.

La Porte Noire occupée, c'est la fin d'une civilisation, la fin d'un monde, la fin de tout. Et cet holocauste déboucherait sur quoi ? Ce n'est pas le petit royaume que Syagrius, fils d'Aegidius, maintient dans l'est de la Gaule, avec Soissons comme capitale, où il vit entouré de troupes hétéroclites et plus qu'à demi barbares, qui pourrait arrêter le raz de marée. La Porte Noire est le dernier rempart de Rome dans l'extrémité orientale de la Gaule et Syagrius, après Probus, sera le dernier des Romains à porter les armes.

Probus finit de boucler la ceinture de ses braies. Ostensiblement, pour bien montrer que rien désormais ne presse, puisque le moment tant attendu est venu et qu'il ne servirait à rien de vouloir s'opposer à l'inéluctable, il renonce à revêtir sa tenue de parade : squamata aux écailles de bronze, tunique courte, jambières et casque à cimier ; intentionnellement il restera en négligé, comme si les Barbares étaient à cent lieues de là, mais, pas plus que le temps, la distance n'a d'importance. Il bâille, s'étire, tarde à me répondre, va lutiner Bibula dans la pièce voisine où elle se rhabille, revient de son pas lent et balancé d'ours en se grattant la poitrine.

— Que disais-tu, Eudoxe ? Ah oui... La Porte Noire. Rassure-toi :

elle est bien défendue. Médéric connaît son affaire et a une vingtaine d'hommes sous ses ordres. C'est plus qu'il n'en faut pour contenir cette horde de braillards.

Il se tourne brusquement vers moi.

— Les herses ! Est-ce qu'on les a baissées ?

— Dès que les premiers « Teutshes » sont apparus.

— Il faut les relever, laisser ces Barbares entrer dans la forteresse.

Comme je proteste en me demandant si le vin lui est monté à la tête, il me prend par le bras et m'entraîne en criant :

— Bibula ! Mets un peu d'ordre dans ce foutoir. Que tout soit propre et bien rangé à mon retour, sinon gare à tes fesses !

Probus... Sa passion de l'ordre et de la propreté, issue de l'expérience de plus de vingt années de vie militaire aux quatre coins de l'Empire, face au désordre, à la crasse des nuées de peuples auxquelles il a été affronté... Aujourd'hui comme jadis, la force de Rome réside dans ces vertus.

Lui devant, nous nous acheminons vers la Porte Noire. Un concert de vociférations et de cris de terreur monte de cette grosse marmite en ébullition.

— Qu'est-ce que c'est que ce merdier, Médéric ? demande Probus.

Il regarde à travers une des herses et hausse les épaules. Tout ce bruit pour une trentaine de sauvages excités... Lorsqu'il donne l'ordre de lever les herses, de barrer les portes pleines donnant sur l'intérieur de la ville et celles qui ferment l'escalier des galeries, le centurion ouvre des yeux effrayés.

— Suis mon raisonnement, dit Probus. Les herses levées, ces sauvages n'auront rien de plus pressé que de s'engouffrer dans la cour. Nous laissons retomber les herses et les voilà pris comme des rats. Après, tu vois ce qui nous reste à faire...

— Trente sauvages en moins ! s'exclame Médéric, radieux. Sans aucun risque. Tu es un grand stratège, tribun. Un nouveau César.

— Exécution ! dit Probus. Fais durer le plaisir. Ce qu'il faut c'est qu'on entende gueuler les « Teutshes » à une lieue à la ronde. Eudoxe, quelle est leur nationalité ?

Gêné, je me gratte la barbe, hésite à répondre.

— Des Saliens, des Alamans... surtout des Chamaves.

Il me regarde sans s'émouvoir. Que lui importe, au fond, qu'il s'agisse de tel ou tel peuple. Sa mère chamave, il l'a oubliée. Il défend Rome et il la défendrait contre sa propre famille si elle se dressait contre lui.

Rien n'a été plus facile. On a ouvert la porte et ils se sont engouffrés dans la place. Parmi eux une sorte de chef ou de « roi » (on devient facilement « roi » chez les peuples de Germanie) paré de cheveux teints en rouge sous le casque représentant une hure de sanglier. Ils se sont rués contre les portes de la ville, cognant à coups de haches, de pieds et de mains dans l'espoir, s'ils parvenaient à franchir cet obstacle, que la ville serait à eux. Les lourds battant de chêne résonnent mais ne bougent pas.

Lorsque les herses sont tombées dans leur dos, ils ont compris. Et la tempête s'est déchaînée.

— Surtout, dis-je à Sigen, ne te penche pas sur la cour. Tu risquerais de recevoir une flèche.

A son regard de défi je comprends qu'il serait vain de prétendre lui interdire ce spectacle, d'autant que les autres locataires de la Porte Noire sont installés contre l'appui des baies, et même ma chienne Myia qui s'est dressée sur ses pattes postérieures pour respirer l'odeur étrange qui monte de la souricière en folie.

Médéric rapplique avec une dizaine d'hommes armés d'arcs et de javelots qu'il poste dans les baies ouvrant sur le puits sombre au fond duquel grouillent des larves humaines affolées. Il envoie les spectateurs à l'étage supérieur des galeries. Nous l'entendons crier :

— Les flèches d'abord ! Ensuite les javelots. Tâchez de bien viser, les gars, sinon il faudra travailler au corps à corps.

Il caresse les fesses de Sigen en passant près d'elle, lui fait un signe de la main, joue les héros. A l'étage supérieur, le dernier avant l'exhaussement de la tour occidentale, nous retrouvons l'évêque Marus entouré de ses sbires en habits de moines, le poète Mincius, gris comme une vieille serpillière et suant la terreur par tous ses pores.

Lorsque je demande à Marus des nouvelles de Basile, il se contente de montrer de l'index le sommet de la tour. J'y cours. Basile est debout sur son perchoir, près du soldat chargé de surveiller les alentours. Il danse sur ses tibias squelettiques en riant de sa bouche édentée, pétrit lentement des paquets de fiente extraits de la cage où dort encore son compagnon, en fait des balles qu'il lance en direction des quelques Barbares qui grouillent encore à l'extérieur. Des flèches fatiguées volent autour de lui. Je crie :

— Espèce de vieux fou, vas-tu rentrer dans ta cage ? Soldat, dis à cet imbécile de se protéger !

Ayant évité de justesse la boule de fiente qui disparaît au-dessus de ma tête dans l'escalier, je plonge sur ses jambes, le fais basculer à terre. Il se débat, cogne de ses poings secs comme du bois, hurlant des invectives où il me compare à je ne sais quel démon biblique. Malgré ses privations il est encore robuste et je dois lutter à la limite de mes forces pour lui imposer ma volonté. Aidé par le soldat qui s'amuse de notre pugilat, je le jette dans sa cage et rabats le couvercle à claire-voie que je ferme avec la cheville.

Le massacre vient de commencer lorsque je retrouve à l'étage inférieur les habitants de la Porte Noire. Ils sont tous là, penchés par grappes au-dessus du vide. Tous, sauf Marus qui, agenouillé devant son autel, réclame la clémence du Ciel pour les agneaux de Dieu promis au baptême ; il n'aura pas une prière pour nous, païens, mécréants, hérétiques ni pour la population de cette ville qui sera peut-être anéantie avant la fin du jour.

Les flèches ont commencé à pleuvoir de la galerie du premier étage où Médéric a installé ses hommes. Chacune fait mouche ; les soldats s'amusent comme des fous, rigolent, se tapent dans le dos, plaisantent :

— Le gros, au fond, à droite, laisse-le-moi !

— Ce grand emplumé, chiche que je le touche du premier coup !

Au fond du puits, le silence a succédé à la tempête. Des hurlements et des plaintes jaillissent encore lorsque des hommes sont touchés. Ils se replient vers les encoignures en se faisant une carapace de leurs boucliers.

Au premier étage, je croise Probus qui gesticule.

— Par la bite de Priape, ces pouacres nous ont eus ! Nous aurons épuisé nos traits avant qu'ils soient exterminés, et je voudrais épargner le corps à corps à nos soldats : ils ne tiendraient pas en face de ces enragés.

— Il y a un moyen d'en venir à bout sans armes, dis-je, saisi d'une révélation subite : les écraser. Regarde ce tas de moellons dont tes maçons devaient se servir pour réparer les corniches.

— C'est un trait de génie ! s'écrie Probus. Nous allons faire de la bouillie de ces gueux !

Peu fier de moi, la gorge sèche, les dents serrées, j'assiste à la pluie meurtrière des moellons. A chaque bloc qui percute la masse humaine succède un concert de cris. Des guerriers désarticulés se traînent de tous côtés, tâtonnent pour s'agripper à la muraille comme des insectes à une paroi de verre. Sous la carapace des boucliers le sang gicle, ruisselle sur les dalles, dégage une buée sauvage.

On me tape dans le dos, on me félicite, on me tend un moellon afin que je participe à la fête, alors que c'est à peine si je puis supporter la vue de ce massacre que Probus, avec une certaine perversité, j'en jurerais, me force à contempler. L'horreur me sort de la peau, à moi qui ai assisté à tant de combats, qui ai vu passer entre mes mains de médecin toutes les misères du monde.

Accrochée à l'embrasure d'une baie, Sigen exulte, visage de furie hurlant des mots dépourvus de sens, ce langage étrange que j'entends parfois dans l'amour. La mort, l'amour : même volupté.

La guerre a été ma compagne quotidienne, mais je ne l'ai jamais aimée ; parfois elle m'a ému par sa sombre beauté, mais elle ne m'a jamais arraché le moindre plaisir. Certes, j'ai été contraint de tuer pour me défendre, mais toujours avec un irrépressible sentiment de répulsion et parfois de pitié ; en recevant les blessures dont les traces sont encore visibles sur mon corps, je n'ai jamais éprouvé un sentiment de haine ou de vindicte. Tuer est la loi inéluctable de l'existence dans ce siècle de fer, mais j'ai toujours gardé mes distances avec ces nécessités qui n'ont jamais revêtu pour moi l'aspect d'un divertissement.

La boucherie va son train. La carapace de boucliers palpite encore, spasmodiquement, libère des corps démantibulés, des gerbes de sang, des paquets de chair sanguinolente et d'os broyés. Devenus fous de terreur, les survivants s'agrippent désespérément aux structures à claire-voie des herses, escaladent quelques degrés, dégringolent avec une flèche ou un javelot dans les reins.

Derrière la herse, quelques groupes de Barbares de toutes nationalités se sont regroupés à l'abri de leurs boucliers, hurlent des noms, gémissent et pleurent. Probus a détaché un petit groupe d'archers qui les accablent de traits sans parvenir à les éloigner.

— Le dernier, dit Probus, sera pour moi.

Il ordonne d'arrêter le tir. Après avoir ajusté son baudrier où pend le glaive, il fait ouvrir la porte aux panneaux cloutés qui débouche sur la cour centrale.

— Sois prudent, dit Médéric en lui tendant son bouclier. Cet homme, sachant qu'il mourra, va se défendre comme un damné, d'autant qu'il se sent observé par ses congénères qui le regardent à travers les herses. Fatigue-le. Ne te découvre jamais par bravade.

— Je sais ce que j'ai à faire ! grogne Probus.

Plus grand que son adversaire de toute la tête, le survivant, jeune chef salien à la chevelure de feu, teinte comme le sont celles de nombreux guerriers de ce peuple, porte une courte cuirasse d'écailles, des culottes de peau gluantes de sang ; sur ses avant-bras puissants s'étagent des bracelets d'or et de bronze ; des chevelures ornent sa ceinture ; il s'abrite derrière un bouclier démantibulé d'où pend un umbo de bronze à demi arraché.

Face à face, enjambant morts et blessés pour se rapprocher l'un de l'autre, les deux adversaires restent quelques instants à se regarder intensément, au milieu d'un silence que trouble seul un son de cloche perdu dans le vent.

C'est le Barbare qui porte le premier coup, de son épée au fer long et large. Le choc de la lame contre l'umbo fait jaillir des étincelles et déclenche des clameurs. Probus chancelle, porte la pointe de son glaive en arrière, genoux fléchis, pour se maintenir debout. D'un saut pesant il se dégage, mais ne parvient pas à éviter le deuxième coup d'épée qui fend le haut de son bouclier. Le Barbare s'étant découvert dans l'effort qu'il fait pour retirer le fer de l'entame, Probus en profite pour lui porter un coup de pointe à la cuisse. Le guerrier recule avec un petit saut de danse, le visage crispé par la douleur.

Assis sur les marches qui dominent la scène, Médéric et moi ne perdons rien du spectacle.

— Ce fou de Probus ! marmonne le centurion. S'il croit s'en tirer facilement, il se trompe. Ces enfoirés de « Teutshes » sont de fameux bretteurs.

Médéric, comme Probus, semble avoir oublié qu'il est lui aussi un « Teutshe », et de la même nation que celui qui est en train de se battre sous ses yeux. La notion de ses origines s'est dissoute sous la cuirasse romaine. Ce chef, après tout, est peut-être un membre de sa famille, un homme de sa tribu ; il s'en moque. Il est romain et tout ce qui n'est pas romain lui est ennemi.

Je me dis à mon tour que Probus a commis une folie qui risque de précipiter les événements. S'il succombe dans ce duel, la garnison mettra bas les armes, mais tenter de l'arrêter aurait été aussi vain que d'essayer de maîtriser un taureau sauvage.

Habilement, le Barbare manœuvre pour attirer son adversaire près des herses et l'exposer ainsi aux traits venus de l'extérieur. Médéric crie pour le mettre en garde, mais trop tard. Une flèche tirée presque à bout portant a pénétré dans les fesses de Probus. Furieux, il se ramasse, bondit, bouscule le colosse, le fait basculer contre un tas de cadavres puis, rompant le combat, il brise le bois de la flèche et se met de nouveau en garde.

Il était temps ! Le Barbare fonce sur lui en hurlant, l'épée moulinant au-dessus de son casque. Genoux pliés, la jambe droite tendue en avant, Probus soutient l'assaut ; l'épée dévie sur son casque et ses épaulières tandis que du choc des boucliers affrontés jaillit un bruit qui se répercute en écho dans la Porte Noire.

— Viva ! s'écrie Médéric. Il tient bon, notre héros ! N'attaque pas. Fatigue-le. Il est à toi !

Comme s'il avait perçu cet appel, Probus ne met guère de hâte à reprendre le combat. Il a dû, comme nous, observer une certaine mollesse dans les attaques de son adversaire ; il s'attachera à éviter le contact. Effectivement, le chef salien semble épuisé ; il souffle, piétine d'impatience, porte un œil inquiet sur sa blessure, mais ses coups sont encore redoutables et Probus, ébranlé, doit battre en retraite ; toute la force qui lui reste il l'utilise pour des esquives adroites mais dangereuses.

L'intensité avec laquelle je fixe la scène finit par brouiller ma vue ; les images se dédoublent comme dans l'ivresse. J'ai mal perçu l'événement qui vient de susciter des hurlements et des imprécations répercutés aux quatre coins de la forteresse. La main de Médéric se crispe sur mon bras. Probus est dans une mauvaise passe. Un blessé étendu sur les dalles est parvenu à emprisonner entre ses bras les jambes de Probus qui, chancelant, déséquilibré, ne peut parer l'assaut du Salien. Bouclier contre bouclier, ils roulent à terre et luttent férocement. Probus n'est ni le plus fort ni le plus ardent. Débarrassés de leur bouclier, les deux adversaires luttent désormais au corps à corps, peau contre peau, et j'entends leur souffle rauque et leurs plaintes aiguës.

Au-dessus de nos têtes la tempête de cris et d'injures n'est plus qu'un murmure haletant.

Le corps du Barbare a recouvert celui de Probus. Ecartelés, tenant encore chacun leur arme, ils restent immobiles, tendus, l'un pour se libérer de l'étreinte qui l'oppresse, l'autre pour maintenir sa pression.

Je n'ai pas vu bouger le bras gauche de Probus, mais j'ai compris qu'il avait gagné la partie lorsque j'ai vu le corps du grand Barbare se cambrer, tête relevée, bouche ouverte dans un long cri muet, et que j'ai vu distinctement cette fois-ci la main de Probus dégager lentement la lame du poignard arrachée à la ceinture de l'adversaire pour la lui planter dans le flanc.

Soudain une voix puissante, incongrue :

— Alors, les gars, vous venez me dégager, oui ou merde ?

Ils ont dû s'y mettre à plusieurs pour détacher les mains du Barbare, accrochées à la tunique de son adversaire. Il était temps : Probus est à bout de force et sa blessure lui arrache des grimaces de douleur. Ses hommes doivent le soutenir pour l'entraîner jusqu'à l'escalier. Debout sur les premiers degrés, il ordonne :

— Achevez les blessés et récupérez leurs armes. Nous en aurons besoin. Je veux la tête de ce pouacre. Tranchez-la pour l'apporter au prétoire. Et dégagez cette porte, bordel !

— Que faisons-nous des corps ? demande Médéric.

— Retour à l'envoyeur ! C'est excellent pour le moral des troupes.

Il se tourne vers moi, s'appuie à mon épaule.

— Toi, le médicastre, tu me rejoins au prétoire avec tes instruments de torture. Tu vas extraire cette flèche vite fait. Décidément, à force de le soigner, tu connaîtras mon cul mieux que ma gueule.

Quelle différence entre une peur véritable et une fausse assurance ? Elle est infime ; un simple espace d'illusion les sépare.

J'ai quitté mes voisins de palier au bord de la panique ; je les retrouve baignant dans une atmosphère de fête et prêts à prendre les armes. Il a suffi, pour faire des loups de ces brebis, de ce massacre dont je suis en partie responsable. Le choc des événements est souvent imprévisible. Ces gens qui me prenaient pour un lâche font de moi un héros.

Ils sont venus vers moi, s'accrochant à mes vêtements, me pressant contre eux. Pour Argobast, je suis le génie protecteur de son ultime retraite ; pour Sunno, qui a vu sans s'émouvoir massacrer ses frères de race, j'ai l'étoffe d'un stratège astucieux ; Mincius a prononcé le mot « sauveur » qui grince encore à mon oreille. J'ai dû suivre les trois concubines d'Argobast : Hiva, Justina, Tvara, pour vider une coupe de vin. En revanche, Nymphius, plein de morgue, s'est détourné de moi. Ioulianos n'a pas quitté sa loge, mais son épouse, Dorcas, a enlevé de sa maigre poitrine le talisman constitué par une améthyste enchâssée dans des poils de singe et des plumes d'hirondelle afin que les dieux (lesquels ?) me donnent la force et le courage de persévérer dans la protection de la communauté. Très pâle, Minuo me regarde d'un air admiratif, comme si l'orage vengeur que je viens de déclencher était le fait d'un être surnaturel.

Avant de nous quitter, Probus m'a dit :

— Ton idée était vraiment géniale ! Si tu faisais partie de la XXXVIe Légion, tu aurais droit à une montée en grade et à une médaille. Dorénavant, tu seras mon conseiller. Du moins jusqu'à ce soir, parce que, demain...

— Si tu permets, ai-je répondu, je me contenterai d'être ton médecin.

Après m'être pourvu de ma trousse, j'ai suivi le cortège triomphal qui a accompagné le tribun militaire allongé dans une civière jusqu'au prétoire. En tête, marchait un manipule portant au bout de sa lance la tête du chef salien.

On a allongé Probus sur le lit où, tout à l'heure, il se livrait avec Bibula à des ébats amoureux. Il gît sur le ventre, les dents serrées, promenant autour de lui des yeux mouillés d'inquiétude.

— Je n'ai pas d'opium pour calmer la douleur, dis-je avec appréhension. Tu vas souffrir. Je te conseille de boire une liqueur forte. Bibula, trouve un morceau de bois tendre pour lui mettre entre les mâchoires. Vous, attachez-le solidement aux montants du lit.

— Le premier qui approche, hurle Probus, je lui fends le crâne !

— Ne joue pas les héros une nouvelle fois, dis-je. Si tu refuses de te laisser attacher, je dois renoncer, moi, à t'opérer, et tu resteras avec cette flèche dans le cul.

Il finit par consentir à se laisser entraver après que Bibula lui eut fait avaler la moitié d'un cruchon d'eau-de-vie et lui eut bloqué la mâchoire avec un taquet de bois. La blessure n'est pas belle : la flèche est enfoncée profond dans le gras de la fesse et le pugilat a contribué à la faire pénétrer plus avant. L'extraction se révèle délicate ; si le fer est barbelé, je ne suis pas au bout de mes peines.

Une ruade ébranle le lit lorsque l'alcool coule sur la plaie.

— Par la bite de Priape, gémit Probus, finis-en vite !

Il perd connaissance ; je sens son corps se relâcher insensiblement. Voilà qui va faciliter ma tâche. Je l'interroge ; il ne répond pas. L'écume mousse aux commissures de ses lèvres ; la sueur qui perle à ses tempes ruisselle sur ses joues ; dans un long hoquet il vomit, de chaque côté du taquet de bois, un liquide brunâtre, puis il gémit comme un enfant qui s'endort.

Je n'ai jamais exercé la chirurgie qu'à contrecœur. Le corps humain me fascine et me déroute ; c'est un nœud de mystères imbriqués dans lequel je n'ai jamais mis les mains sans ressentir un sentiment de profanation et d'angoisse, comme si je violais quelque sanctuaire sacré en risquant d'attirer la colère des dieux. La chair ouverte, je suis comme devant la carte d'un continent mystérieux, inconnu, truffé de pièges. Ce tissu vivant, irrigué de tant de veines, d'artères, de nerfs, composé de tant d'organes aux fonctions mystérieuses, aux réactions imprévisibles sous le scalpel ou la pince, m'occasionne un tel trouble que mes mains tremblent et que ma vue se brouille.

Le fer est barbelé. D'un revers de poignet, j'essuie la sueur qui dégouline de mon front, puis j'élargis la plaie, tire doucement sur la pointe en éprouvant une résistance. Je dois sans cesse, aidé de Bibula, éponger le sang, fouiller au scalpel, toujours plus profond, dans la chair palpitante. Bibula m'interroge d'un regard anxieux ; je souris pour la rassurer.

— Je vais avoir beaucoup de mal à extraire le fer, dis-je, mais, si Probus était resté conscient, ç'aurait été impossible.

La lame mord la chair, entame les tissus. Je tire violemment et la flèche se dégage en entraînant des lambeaux sanguinolents. Radieux, je montre l'arme à Bibula qui ferme les yeux et sourit. J'arrose la plaie à l'alcool, en avale une gorgée et tend ce qui reste dans le cruchon à Bibula. Elle le vide d'un trait et me regarde intensément.

— Tu es un maître, Eudoxe. J'ai toujours eu envie de faire l'amour avec toi. Maintenant, plus que jamais.

— Le moment est mal choisi, dis-je.

J'ai toujours eu, moi aussi, envie de cette grande fille. Probus, ignorant tout sentiment de jalousie, me l'a parfois proposée sans que je me décide, par timidité et parce que je n'aime que les étreintes mutuellement consenties. Inconsciemment, j'attendais un signe spontané, et je l'espérais ardemment. J'ai vu combattre, il y a longtemps, dans l'arène, cette fille à la crinière ardente, aux reins souples et puissants, demi-nue comme une Amazone, au milieu d'un cercle de compagnons de Probus, et je la désirais sans oser lui adresser le moindre signe. Avec les femmes, je ne fais jamais la première démarche ; pour me décider, il me faut l'encouragement d'une parole ou d'un geste, parfois simplement d'un regard et, dès lors, plus rien ne me retient. Le plaisir a toujours gouverné ma vie ; je ne l'ai jamais repoussé, en vertu d'une notion de la précarité du destin qui constitue la pièce maîtresse de ma philosophie et donne du sel à mon existence.

Tandis que je me lave les mains, une rumeur me fait dresser l'oreille. Encore une émeute, comme ce matin ? Par la fenêtre ouverte sur le soleil moite de midi, j'aperçois des groupes de soldats, presque tous des auxiliaires trévires, brandissant leurs armes et réclamant Probus pour l'acclamer.

— Publius, dis-je, qu'est-ce que cette chienlit ? Si Probus se réveille, ça risque de mal tourner, une fois de plus. Dis à ces braillards de se disperser. Le tribun n'est pas en état de les haranguer. Le triomphe sera pour plus tard.

Bibula a commencé à poser le pansement. En guidant ses mains je lis dans son regard une profonde tendresse.

— Ces émotions m'ont creusé, dis-je. C'est l'heure du « prandium ». As-tu de quoi manger ?

Les soldats ont commencé à évacuer le parvis du prétoire ; la rumeur s'éloigne en direction du forum. Probus ronfle avec des soubresauts. Nous nous installons, Bibula et moi, à une table débarrassée des paperasses qui l'encombraient, vestiges de l'envahissante bureaucratie romaine : autant de feuilles mortes arrachées à l'arbre secoué par la tempête de l'histoire. Bibula a disposé à même le bois des viandes froides, de la charcuterie, des pommes et du fromage, ainsi qu'une boule de pain frais et deux cruchons de vin.

— Je crois que je suis un peu ivre, dit-elle.

— Je le suis aussi. C'est ce qui me permet de te dire que j'ai toujours eu envie de toi sans te l'avouer. Je suis si vieux...

— L'âge ne fait rien à la chose. Moi aussi j'ai envie de toi, et depuis longtemps, mais je te croyais attaché à cette fille, Sigen. Cette pauvre demeurée, que t'apporte-t-elle ?

— L'impression d'être toujours vivant.

Sigen m'apporte beaucoup plus. Son silence d'abord. Je supporte mal le bavardage qui trouble la lente et profonde élaboration de ma vie intérieure, ma seule et vraie richesse, par des banalités. La gratitude et l'admiration muettes que voue Sigen à ce personnage pétri d'orgueil et de vanité que je suis, sa docilité dans l'acte d'amour, qui me permet de modeler ma jouissance à ma guise sans me heurter à ces caprices ou à ces exigences qui rendent certaines femmes détestables, font que cette « demeurée » m'est précieuse. Sa disponibilité permanente me permet de prolonger la vie de mes sens et de croire à un regain de jeunesse.

Tout cela, j'aimerais le confier à Bibula. J'ajouterais, ce qu'elle comprendrait mal, que mon attachement à cette épave vient pour une large part du mystère qui l'enveloppe et me fascine comme un cas clinique exceptionnel, qui requiert ma vigilance de praticien des corps et des âmes et me convie au spectacle d'un mystère. Sigen, c'est vrai, m'apporte beaucoup, quoi qu'en pense Bibula, mais ma présence lui est bénéfique. Avant notre rencontre, c'était une fille taciturne, autoritaire, capricieuse ; marquée par les symptômes de la folie, elle rendait la vie difficile à son entourage. En éveillant sa vie sexuelle, je lui ai fait prendre conscience de sensations nouvelles et aussi — j'ose le mot — de sentiments. J'ai découvert avec ravissement qu'il m'était possible, à la longue, avec délicatesse et patience, sinon de la guérir de sa prostration, du moins de lui donner quelque apparence de normalité dans son comportement et une existence relativement épanouie.

— Sigen, dis-je mystérieusement, n'est pas pour moi une maîtresse banale. Elle est beaucoup plus.

Bibula ouvre des yeux chargés d'anxiété.

— Comment t'expliquer ? dis-je. J'ai moi-même du mal à comprendre ce qui m'attache à elle.

Bibula se contente de cette explication. D'ailleurs elle se moque de Sigen. Elle se lève, va dans la pièce voisine, revient à pas feutrés, ferme la porte derrière elle et me dit doucement :

— Probus dort comme un enfant. Laissons-le tranquille. Il nous donnera bien assez de soucis quand il se réveillera.

Ses hanches bougent harmonieusement sous la tunique légère dont elle a dénoué la ceinture. Je ferme les yeux pour emprisonner en moi le désir qui me brûle le ventre. Nous allons faire l'amour, je le sais, et il serait absurde de refuser ce plaisir. Le petit cabinet baigne dans la chaleur de midi et le silence de la ville. Je savoure la perspective d'une sieste après l'amour, avec ce fruit de chair entre mes bras, allongé sur les rivages du sommeil.

Bibula me tend la main par-dessus la table.

— Tu veux ? dit-elle d'une voix rauque. Maintenant ?

Je fais un signe de consentement. Elle plonge dans un débarras, en ramène une paillasse qu'elle déploie près de la table, dans un rayon de soleil, et commence à se déshabiller en silence. Elle porte à la cuisse droite, rattaché à la hanche par un joli baudrier de cuir doré, un petit poignard sans gaine que je lui demande de ne pas ôter. Cette arme de demoiselle me fascine ; autour de ce simple objet j'imagine les évolutions de Bibula, l'« essedaria », dans l'arène.

Le corps de Bibula allie la puissance et la grâce. Une orée de soleil tendre cerne les hanches, le ventre écussonné d'une toison généreuse, dont les vagues frisées viennent mourir dans les plis de l'aine. Les blessures qu'elle porte ici et là ne déparent pas cet édifice de chair blonde, tirant sur le vieil ivoire ; elles pourraient raconter ses combats.

Son père était un petit chef de tribu alémanique marié à une captive d'origine inconnue, issue d'une de ces peuplades venues d'Asie à la recherche d'une terre d'élection et d'une vie sédentaire. Il trafiquait d'animaux sauvages, d'ours notamment, avec des officiers romains, les « ursarii », qui revendaient aux autorités trévires les animaux destinés aux jeux du cirque. Il avait acquis une honnête aisance avant de crever de misère et d'ennui dans une sentine de l'amphithéâtre désaffecté. Aujourd'hui Bibula vit avec sa mère, ses frères et ses sœurs dans ce gigantesque caravansérail ; elle pourvoit tant bien que mal à leur entretien grâce aux libéralités de Probus et de quelques officiers.

Probus m'a souvent parlé d'elle. Lorsque je lui demande s'il tient à cette fille, il répond :

— Pour sûr que j'y tiens. Je l'ai dressée, en la battant un peu. Maintenant elle fait l'amour comme les plus habiles courtisanes de Rome.

Il se vante, Probus. Très douée de nature, Bibula n'avait nul besoin des leçons de ce rustre ni de ses corrections, mais il lui plaisait de laisser croire à son maître qu'il était une sorte de Pygmalion.

Bibula me tend de nouveau la main et je me lève pour la suivre. Nu, agenouillé sur la paillasse, je promène mes lèvres sur cette statue vivante, sur les cuisses fermes, le ventre souple, la toison irradiant une senteur sauvage. Elle écarte ses jambes, laisse ma langue chercher la source chaude de son sexe, s'en imprégner, tandis que ses mains jouent sur ma nuque à peigner mes boucles grises.

Elle s'agenouille en face de moi, me regarde longuement comme si elle me découvrait, avec dans le regard une tendresse qui me bouleverse, alors que j'attendais un élan sauvage qui me balaierait, un incendie qui me consumerait.

Nous faisons l'amour sans hâte, avec application, soucieux de nous découvrir parcelle après parcelle, de nous définir l'un par rapport à l'autre, d'échanger nos émotions. Eraflé par la pointe du poignard, je geins ; elle se penche sur ma cuisse, lèche la plaie, aspire le sang et sourit en m'embrassant sur les lèvres.

— Il y a longtemps que je n'avais pas fait couler le sang d'un homme. Ce sera sûrement la dernière fois.

Renversée sur la paillasse, elle ajoute :

— Maintenant, tous les deux ensemble, tu veux ?

La dernière étreinte est intense mais brève et nous crions notre plaisir d'une même voix. Le soleil chauffe mes reins encore animés du rythme de l'amour, m'enveloppe d'une moiteur de sieste. Je me laisse dériver dans une légère somnolence et me réveille seul. J'appelle Bibula, m'habille en hâte. Elle surgit sur le seuil.

— Probus vient de se réveiller. Occupe-toi de lui pendant que je fais un peu de rangement.

Probus me regarde avec un regard de dogue.

— Cette flèche, Eudoxe, tu as réussi à l'extirper ?

— Elle m'a donné du mal, mais c'est fait. Repose-toi encore. Si tu bouges, tu risques une poussée de fièvre.

— La fièvre, ça me connaît et ça ne me fait plus peur. Détache-moi : il faut que je me lève.

Je prends le fer de flèche pour le lui montrer.

— Merde ! dit-il, elle était barbelée. Je l'ai eue dans le cul, c'est le cas de le dire. Ces salauds de pouacres me paieront ça. Donne-moi de l'eau. J'ai la bouche sèche.

— Tu boiras si tu promets de te tenir tranquille. Ce serait une folie de te lever. D'ailleurs tu ne tiendrais pas debout.

— Je te le promets ! dit-il d'un air excédé.

Après avoir dénoué ses entraves, je le fais boire. Il se redresse lentement, s'agenouille, les fesses à l'air, fait la grimace, pousse des gémissements aigus. Je le surveille du coin de l'œil sans oser intervenir de crainte d'une rebuffade. Il crie :

— Bibula ! Viens m'aider. Toi, salaud, ne me touche pas ! Tu m'as charcuté et saigné comme un porc. J'ai mal...

— Tu m'avais promis...

— Boucle-la ! Si tu crois que je vais me prélasser, tu te trompes. Bibula, aide-moi à me rhabiller.

Le sachant superstitieux, je lui passe au cou le talisman de Dorcas. Il le prend entre ses grosses pattes, le renifle, me décoche un regard soupçonneux.

— Ce talisman te portera chance, dis-je. Il est souverain contre le mauvais sort.

En revêtant son baudrier, il nous regarde, l'un puis l'autre, et dit avec un sourire :

— Inutile de vous observer longtemps pour comprendre que vous venez de faire l'amour ensemble. Heureusement, je ne suis pas jaloux. Vous avez bien fait d'en profiter. Demain, il sera trop tard.

Je viens de voir de nouveau Minuo, précédé de son esclave, sur la grande artère droite qui mène de la Porte Noire au forum. L'esclave somnole en marchant dans la chaleur de l'après-midi. Minuo avance très droit, indifférent aux rumeurs qui montent des quatre coins de la ville, aux odeurs de putréfaction que répandent les charniers ; il faudrait le tuer ou l'emprisonner pour qu'il renonce à se rendre chez le vieux maître qui lui enseigne l'histoire romaine. Lorsqu'ils sont ensemble, Sinisser et son élève baignent dans le soleil de Rome, cette lumière qui a cessé de nous apporter la chaleur et la vie.

L'idée me vient de le suivre. Je fais demi-tour et lui emboîte le pas.

Arrivé à mi-chemin de l'artère centrale, il tourne à gauche en direction de la basilique de Constantin, plonge dans une venelle, vers une « insula » puant le rat crevé, disparaît dans une cour. C'est un quartier de bouchers, abandonné depuis longtemps. Par un escalier branlant je grimpe jusqu'à l'étage et débouche sous une galerie aux planches pourries.

— Tu peux entrer, dit une voix égrottante.

Je m'efface pour laisser repartir l'esclave. Dans la pénombre, un vieillard est assis dans un fauteuil à haut dossier monté sur des roulettes. Sinisser est tout blanc de visage, de barbe et de cheveux, enveloppé dans une tunique d'hiver en laine grise.

— Pardonne-moi de t'accueillir sans façon, dit-il. Mes jambes ne me portent plus. Comme on disait jadis, je suis « plus glacé qu'une chèvre des Gaules ». Va savoir à quoi rime cette expression !

— J'ai entendu parler de toi dans les meilleurs termes, dis-je en m'approchant, et j'ai souvent désiré te rencontrer, mais je n'osais pas. Ta renommée m'impressionne et je craignais de te déranger.

Aujourd'hui je n'ai pu résister, car demain les Barbares seront là. Pourquoi n'as-tu pas quitté cette ville quand il en était encore temps ?

— Je ne regrette pas d'être resté, Eudoxe. Nous vivons une époque terrible mais passionnante : les derniers jours de l'Empire romain ! Où aurais-je pu les vivre mieux qu'ici, dans ce cadre, dans cette ville que j'ai toujours habitée ?

— Tu aurais dû accepter de te replier à la Porte Noire. Tu y serais plus en sécurité qu'ici et tu ne manquerais de rien.

— Je manquerais de l'essentiel : mes livres qui sont ma seule consolation, mon seul lien avec le passé. Voici mon univers. J'y suis bien. Cet ouvrage que tu vois me vient de mon maître, Ursulus, élève d'Ausone, que j'ai connu dans ma jeunesse. Celui-là est un cadeau d'Harmonius, qui m'a enseigné la rhétorique. Ce sont des noms que je vénère. Quant à la sécurité dont tu parles, elle ne serait qu'illusoire. Lorsque les Barbares prendront la ville, je serai plus à l'aise chez moi qu'à la Porte Noire. D'ailleurs j'ai bien assez vécu et l'idée de la mort ne me tracasse pas. J'ai lu les stoïciens et même, par précaution, le traité de Tertullien qui enseigne comment supporter la torture.

Le premier livre que me tend le vieil historien est un codex sommairement relié : un ouvrage de Rutilus Namatianus, ancien « magister officiorum » de l'empereur Honorius, intitulé : « Sur son retour », où il chante les splendeurs retrouvées de la Gaule romanisée. J'ai lu jadis un extrait de cet ouvrage, l'« Adieu à Rome », et pourrais en réciter par cœur quelques passages. L'autre est l'austère « Eucharisticos », de Paulin de Pella, petit-fils d'Ausone et inventeur de cet instrument de torture : la cloche !

— Je parle de moi, dit en riant Sinisser, comme si ma vie était de quelque importance. La tienne, en revanche, a été bien remplie. Ta réputation rayonne sur tout le pays trévire.

— Si ma modeste science peut te soulager, maître...

— Non, non, non ! Ce n'est pas à mes maux que je pensais, et d'ailleurs ta science, soit dit sans vouloir t'offenser, serait impuissante à me remettre sur pied. Si, pour ma modeste part, je puis t'être de quelque secours...

— Je t'en remercie. Si je suis là, c'est parce que je désirais te parler. Voilà qui est fait. Je vais te laisser à ton élève, en m'excusant d'avoir troublé ton cours.

— Ne t'excuse pas, Eudoxe. J'aime les gens curieux lorsqu'ils ne sont pas mus par des intentions ironiques ou hostiles. Aujourd'hui, les gens ne pensent qu'à leur sécurité et à leur survie. Au lieu de se passionner pour l'histoire en train de se faire autour d'eux, ils ne sont préoccupés que d'échapper à la misère et à la mort. Ils ramènent les événements à des conceptions égoïstes et mesquines. Peut-on leur en vouloir ? Ils n'ont pas eu, comme mon petit Minuo, un maître qui leur apprenne la transcendance et l'insertion des événements dans l'histoire.

Minuo s'est assis, les jambes croisées, devant son maître, sa planchette sur les genoux. Il a débouché son encrier, vérifié le pointu de son calame, lissé du plat de la main la feuille poncée. Il attend avec patience, sans rien perdre de notre entretien.

— Cher petit Minuo ! dit le vieil homme. Il est, avec mes livres, le seul lien qui me rattache à la vie. Grâce à lui, j'ai l'impression de survivre dans un monde à l'agonie, d'échapper sur une embarcation à la tempête qui approche.

Il s'éclaircit la voix pour dissimuler son émotion.

— Je regrette que tu ne sois pas venu plus tôt. Reviens quand tu voudras, si les dieux épargnent notre cité.

Malgré l'écheveau de nuages qui s'effiloche devant le soleil, la chaleur est encore sensible. Un miel de lumière blonde ruisselle sur les vignes, dore les vieilles toitures de tuile où saxifrages et pariétaires ont poussé comme autant de petits jardins suspendus où nichent des étourneaux qui, le soir venu, donneront un concert.

La ville paraît déserte. Ce qui reste de la population a dû se masser aux remparts pour narguer les Barbares. Des rumeurs lointaines me le confirment ; elles arrivent par bouffées avec l'odeur de plus en plus âpre de la putréfaction, comme si la ville elle-même commençait à se décomposer. Si le siège doit durer plus que nous le prévoyons, des épidémies risquent de se déclencher, et que pourrai-je faire pour y remédier, moi, le seul médecin de la ville ?

En revenant à pied vers la Porte Noire, je songe à ce que m'a dit Sinisser. Il me connaît ; il a appris mon odyssée dans les Bagaudes de Tibato. A ma manière, je suis donc une célébrité. Eudoxe, « roi » des Bagaudes ! Qui sait si mon nom ne restera pas attaché aux exploits de ces bandes qui ont ébranlé les possessions occidentales de l'Empire ? J'ai le triste honneur d'avoir été l'un des derniers chefs de l'insurrection. Aujourd'hui, cette révolte jaillie du plus profond de la misère, aussi brutale que l'oppression qui l'avait suscitée, est morte, mais j'en garde le souvenir d'une aventure dangereuse et exaltante.

Aux yeux des Romains nous étions des hors-la-loi qui osaient s'élever contre l'appareil bureaucratique et militaire de l'Empire. En vérité, nous étions bien autre chose, ainsi que l'a décrit l'écrivain Salvien. Les vrais responsables de ces troubles, ce sont les Romains.

Une troupe de Bagaudes comme celle dont Tibato m'avait confié le commandement après plusieurs années de mise à l'épreuve est un microcosme de la société gallo-romaine. Les véritables malfaiteurs, ceux qui ont le crime dans le sang, étaient chez nous en nombre limité et nous les éliminions sans pitié à la moindre faute grave.

Tibato me répétait :

— Il y a deux sortes de gens dont nous devons nous méfier : les criminels et les Barbares non romanisés. Il faut retrancher les premiers de nos effectifs et éviter les seconds.

Ses griefs ne portaient pas contre l'Empire lui-même, dont il admirait et vénérait la puissance. D'ailleurs, bien que d'origine barbare, il se sentait profondément romain. En revanche, il vouait une haine implacable aux agents du fisc, aux militaires trop zélés, aux collecteurs d'impôts qui saignaient à blanc le peuple et les notables.

A première vue, une troupe de Bagaudes n'avait rien pour susciter la confiance. C'étaient des gueux mal vêtus, équipés d'armes et de tenues hétéroclites, volés aux soldats romains ou aux auxiliaires. Peu d'entre eux possédaient un cheval.

Je ne tardai pas à comprendre que, sous les défroques misérables du soldat des Bagaudes se cachait souvent un citoyen honnête, frustré de son honneur et de ses biens. D'ailleurs les gens du peuple nous aimaient et nous protégeaient ; rares furent les dénonciations et les actes d'hostilité de leur part ; nous représentions à leurs yeux une image de justiciers dressés contre les spoliateurs. Tibato se référait en permanence à un code moral naïf et sommaire, qu'il ne permettait à personne de contester ou d'enfreindre. Il interdisait les cruautés inutiles et le pillage, dans la mesure où il n'était pas nécessaire pour notre survie ; l'obéissance et le respect étaients dus aux chefs et à leurs lieutenants. Comme les Francs, il avait institué un système de pénalités proportionnel à la faute.

Parfois le « roi » Tibato rêvait tout haut. Il me disait :

— Tu verras, Eudoxe, comme le monde sera beau lorsque nous

l'aurons purgé de tous les parasites qui vivent de la misère des pauvres. Il y aura du pain et du travail pour tous. Tu deviendras un grand médecin et moi un officier de Rome. La Gaule vivra dans la paix, la prospérité et la tolérance. Ce monde sera notre œuvre.

Ses convictions religieuses étaient le fruit d'un étrange syncrétisme dans lequel, au nom de la tolérance, il avait bien du mal à découvrir une cohérence. Il aurait aimé adorer un Dieu qui résumât tous les dieux. Celui des chrétiens le tentait, mais il abhorrait les excès des religieux et leur fanatisme aveugle. Il partageait en partie mes convictions : l'homme est maître de sa destinée et il y a de la lâcheté à la placer sur l'autel de douteuses et irresponsables entités.

J'ignore ce qu'est devenu Tibato. Après les défaites sanglantes qui lui furent infligées par Maximien et Aetius, il a disparu. Mort ? Prisonnier, quelque part dans les prisons de Rome ? Qui sait ?

Moi, Eudoxe, je vis. La mort n'a pas voulu de ma modeste personne, et pourtant ce n'est pas faute de l'avoir provoquée. Certains êtres ont une sorte de talent, plus ou moins conscient, pour jouer avec elle un jeu de provocation et de dérobade.

Maître d'un corps de Bagaudes d'une centaine d'hommes parmi lesquels deux décurions, un jeune sénateur, trois officiers déserteurs des légions, je me suis conduit comme un chef de guerre et non comme un meneur de horde. La discipline était mon souci essentiel ; je l'appliquais dans un sentiment de justice mais avec sévérité et je n'ai eu qu'en de rares occasions à faire tomber sous la hache des têtes rebelles à notre loi.

J'échappais prudemment aux rêveries de Tibato. Avant tout, que souhaitions-nous ? Vivre, respirer l'air de la liberté. Tout esclave qui se présentait à notre troupe était affranchi d'office et intégré — c'étaient d'ailleurs les plus fidèles de nos soldats car on peut demander beaucoup à un homme qui vient de reconquérir sa liberté. Notre revanche débutait par un sentiment de compensation. J'ai vu des hommes éperdus de bonheur pleurer lorsqu'ils ont eu les mains libres. Ceux-là se seraient fait tuer pour moi.

La présence de Basika, cette fille que Tibato m'avait confiée comme compagne, m'était précieuse, le jour comme la nuit. Elle était imprégnée de l'instinct des gens de sa race pour les avantages et les inconvénients de la vie errante. La prescience d'une aubaine ou d'un danger était chez elle une seconde nature : elle les respirait dans l'air des chevauchées.

Durant les quelques années que nous vécûmes ensemble, elle me donna deux enfants qui lui ressemblaient ; elle les éleva à sa façon, qui était celle de son peuple, sans tendresse mais sans sévérité excessive. Comme Tibato, Basika s'est effacée de ma vie, de même que nos enfants.

J'aurais aimé raconter à Sinisser mon odyssée dans les Bagaudes, ensuite chez les Huns, puis en Germanie. Lui qui se passionne pour l'histoire et qui tente de faire partager cette passion à son élève, il s'y intéresserait certainement et en tirerait de précieux enseignements, l'histoire de Rome et celle des Barbares étant aujourd'hui confondues.

Je pourrais lui raconter l'événement qui a fait du chef de Bagaudes que j'étais, un misérable vagabond. Les moindres détails de cette évolution sont inscrits dans ma mémoire.

C'était deux ans avant la grande ruée des Huns sur la Gaule et la bataille des Champs catalauniques, alors qu'Attila régnait sur ce peuple.

Nous opérions dans les parages de Troyes. J'avais des intelligences dans cette bourgade et rien de ce qui s'y passait, des personnages qui y pénétraient ou s'y installaient ne m'échappait. Le cantonnement de la Bagaude se situait, par mesure de sécurité, hors des murs, au cœur de la forêt d'Orient.

J'aime ces terres qui repoussent l'horizon jusqu'à l'infini, sous un ciel immense traversé de nuages qui mettent parfois une journée pour naviguer d'un bout à l'autre du pays, modelés par les lourdes caresses du vent. Les hivers étaient rudes ; nous avions parfois l'impression, dans notre solitude de forêt, non loin de la grande voie de Germanie désertée par les légions et les corps de police, d'être les seuls survivants d'un monde pris dans une banquise et plongé dans un sommeil éternel. Si je n'avais pas eu les livres dérobés dans la bibliothèque d'un notable, je serais mort d'ennui.

Il m'aurait plus d'entraîner ma Bagaude vers le sud de la Gaule, mais nous risquions de nous heurter à d'autres Bagaudes déjà implantées sur ces territoires, par exemple en Aquitaine où, deux ans auparavant, avec un contingent de cavaliers barbares, le patrice

Aetius avait écrasé une de nos armées. Aetius avait cessé pour un temps d'être dangereux : il faisait campagne contre le « roi » salien Chlodion qui l'attendait, campé dans les plaines d'Artois, à Vicus Helena, autant qu'il m'en souvienne.

C'est une trahison qui fut la cause de notre dispersion.

J'avais confiance en Goar. Ce chef d'un corps de cavaliers alains auquel Rome avait donné la permission de s'installer sur les rives de la Loire, était venu se joindre à nous avec quelques-uns de ses hommes, à la suite d'une altercation avec un supérieur. Il était originaire des territoires situés entre la Volga et le Tanaïs d'où il avait fui, avec tout son peuple, devant les Asiates qui venaient de franchir l'Oural.

Goar parlait un latin presque parfait, vivait à la romaine, se piquait même de philosophie, mais prenait pour de la profondeur de pensée ce qui n'était chez lui que confuse subtilité orientale. Sa conversation était agréable mais légère. J'avais mis du temps à me laisser conquérir, méfiant comme je le suis avec les gens originaires de l'Orient et qui n'ont, sur le chapitre de l'amitié, que des notions instables.

Chargé de me renseigner sur les événements qui se déroulaient dans la bourgade voisine et de visiter les vigiles que j'avais placés aux abords de la voie orientale, il s'acquittait avec zèle de ses missions dont il me rendait compte ponctuellement.

Un soir de printemps, alors que nous nous retirions sous nos tentes de peau, au milieu de la forêt encore enneigée, Basika m'avertit qu'un danger nous menaçait. De quelle sorte ? Elle fut incapable de le préciser. Les feux éteints, elle s'enveloppa d'une fourrure et, profitant de mon premier sommeil, s'éloigna. Peu après, elle me secouait l'épaule.

— Réveille-toi. La tente de Goar est vide. Il ne s'absente jamais la nuit. Nous devons nous préparer à une surprise.

Je m'habillai dans l'ombre en maugréant et sortis avec Basika pour écouter la nuit. Ma compagne tendait l'oreille, respirait longuement les effluves de la forêt, scrutait l'ombre vaguement éclairée par le ciel luminescent et les espaces de neige.

— « Ils » ne sont pas loin, dit-elle. Je sens des odeurs d'hommes qui ne sont pas des nôtres.

Nous passâmes de tente en tente pour réveiller nos soldats, leur donner l'ordre de s'armer et d'attendre sans bouger.

A peine revenu à ma tente, « ils » surgissaient à l'orée de la clairière, masse confuse dans la clarté de la neige. Mon coup de sifflet fit sortir mes hommes de leur refuge. Il fut inutile de leur expliquer ce qu'ils avaient à faire. Leurs flèches semèrent un début de panique parmi les assaillants, surpris de cette riposte déclenchée avant qu'ils eussent manifesté leurs intentions. Je criai :

— Goar, traître ! Montre-toi si tu l'oses !

Ce n'est pas la voix de Goar qui me répondit mais une rumeur, composée à l'estime de plusieurs dizaines de voix furieuses. Soudain, je me souvins que Goar m'avait prévenu, trois jours avant, de l'installation à Troyes d'un corps d'auxiliaires alains et sarmates ; il ne paraissait guère préoccupé de l'événement et moi-même je n'y attachai que peu d'importance. Il nous avait trahis à leur profit.

Basika surgit près de moi.

— Les chevaux sont près de la source où je les ai conduits tout à l'heure. C'est la seule piste libre.

Je fis passer par mes lieutenants l'ordre de vider les carquois sur l'assaillant de manière à le forcer à l'expectative, puis de se replier au plus vite vers la source. Les bordées de flèches eurent l'effet escompté ; les hurlements des blessés répondaient au ronflement des arcs débandés ; comme des ombres, mes hommes se fondirent dans la nuit avec la consigne, une fois parvenus à la fontaine, de se disperser et de se retrouver en un lieu que je leur indiquai.

A peine avions-nous amorcé notre repli, des ombres surgissaient de tous les points de la forêt, l'umbo de bronze des cavaliers sarmates et alains luisant comme des prunelles de chat à travers les broussailles dépouillées.

Basika portait ses deux enfants dans son dos et, de plus, un bagage pesant, mais son allure était si rapide que j'avais peine à la suivre, d'autant que je devais écarter les soldats qui surgissaient et nous menaçaient de leur lance.

Nous arrivâmes les premiers à la source où Basika avait amené nos chevaux. Les lointains de la forêt grouillaient d'ombres menaçantes qui semblaient approcher rapidement. Pour leur échapper, nous louvoyâmes à travers la futaie, si bien que Basika elle-même ignorait où nous nous trouvions.

Il nous fallut une partie de la nuit avant de découvrir sous les sabots de nos montures le dallage de la grande voie. Elle paraissait déserte.

Nous nous y engageâmes au galop et ce n'est que lorsque nos chevaux trop chargés donnèrent des signes d'épuisement que nous nous arrêtâmes.

— Nous sommes dans la bonne direction, dit Basika. Nous atteindrons avant le jour le point de rassemblement.

Une fois de plus, Basika m'avait sauvé la vie. Je le lui dis ; elle se contenta de hausser les épaules, comme si cela allait de soi.

— Repose-toi, dit-elle en me tendant une couverture. Je veillerai.

La chaleur sur Trèves est toujours aussi lourde et brumeuse. A une centaine de pas, la Porte Noire dresse sa silhouette funèbre de mausolée sur le lointain vert-doré des vignobles embués d'une vapeur légère. Sur les barrières dérisoires des remparts qui apparaissent au fond des enfilades rectilignes des rues, des soldats courent en brandissant leurs armes.

Du plus loin qu'il m'aperçoit, le comte Argobast lève le bras et m'apostrophe.

— Où étais-tu passé ? On vient de transporter Probus à la Basilique. Il est dans un piteux état.

Les jambes molles de fatigue et d'angoisse, je cours derrière Argobast vers la vaste nef de briques roses qui s'érige entre des « insulae » désertes. Je n'ose l'avouer à Argobast, mais je crains le pire. Probus mort ou simplement inconscient, la panique risque de s'emparer de la garnison.

Dès lors, tout serait possible.

Ils m'attendaient : un groupe d'officiers à la mine grise, aux sourcils froncés, rassemblés autour de Probus allongé, pitoyable, à même le sol, sur une couverture. Il me regarde approcher, les yeux rouges, le visage en sueur, les membres agités de frissons. La fièvre. Sans résine d'opium, sans médicaments efficaces, que puis-je pour le soulager ?

La fièvre, je la connais bien. C'est la plus fidèle compagne de ma vie de médicaste. J'en ai soigné de toutes sortes. Celle dont souffre Probus est banale mais dangereuse, et ce n'est pas en une heure que je parviendrai à la juguler.

Tandis que j'ausculte le patient, que je le fais se tourner sur le ventre pour renouveler son pansement souillé par une hémorragie, me revient en mémoire le texte d'Asclépiade de Bithynie : *« Notre santé dépend avant tout de la bonne évacuation des atomes qui composent notre corps... »* Ce ne sont pas les atomes de l'âme, « lisses, ronds et fins » que Probus doit évacuer — d'ailleurs il se défend, lui, l'hérétique, d'avoir une âme. Ce sont ceux du corps qui, selon le savant de Bithynie, sont « carrés, ovales ou triangulaires ». Voilà qui arrange bien mes affaires ! L'évidence, c'est que, si l'évacuation des atomes pernicieux se fait mal, s'il y a obstruction, la fièvre surgit, les pores se resserrent, ce qui provoque le phénomène bien connu du « status strictus ». Me voilà bien avancé...

Il faudrait, pour apaiser la souffrance de Probus, de cette résine d'opium que je faisais venir en temps ordinaire de Soissons ; j'en suis totalement dépourvu. La thériaque, qui contient de l'opium en faible quantité, soulage tous les maux, mais il ne m'en reste qu'un résidu au fond de ma sacoche. Je tends le sachet à l'aide de camp Statius pour qu'il prépare une décoction ; il transmet l'ordre à un subalterne. Soudain je me souviens d'un vieux remède.

— Toi, dis-je à Argobast, cours chez Sunno et ramène-moi quelques oignons. Fais vite !

Par chance, le tribun semble incapable d'une réaction brutale. Il suit mes gestes d'un œil éteint, semble quémander une explication et un réconfort.

— Tu as fait preuve d'imprudence, dis-je. D'abord en affrontant ce grand sauvage, ensuite en te levant après les premiers soins malgré mes recommandations. Que cherches-tu à démontrer ? Que tu es un héros ignoré de l'*Iliade* ?

Pour le rassurer sur son état, je cite Rufus, un autre médecin, selon lequel la fièvre est salutaire et passagère.

— Ça veut dire que tu seras demain sur pied, grâce en partie au talisman que je t'ai offert.

Une onde de frissons le secoue des pieds à la tête. Quand elle s'est apaisée, il tourne vers moi un regard menaçant.

— Si je ne suis pas debout dans une heure, je te fais avaler ton talisman et pendre par les couilles !

— Tu reprends vie ! C'est bien. Ne t'impatiente pas. Ton pouls est très agité. Je vais te faire boire une décoction qui te soulagera. En attendant, cesse de te contorsionner, sinon je ne réponds plus de rien.

Je n'aime pas cette buée dans son regard, cette bouche tordue qui parvient difficilement à articuler :

— Fumier… Par les couilles… la tête en bas…

Il se met à chantonner à voix basse un refrain de corps de garde, son succès dans les festins :

Légionnaire, mon copain
Prends garde à la vé…
Prends garde à la ro…
Prends garde à la vérole…

Voilà qu'il se met à délirer ! On se presse autour de moi, on m'interroge, on me somme de faire un miracle. De petites croix apparaissent entre les mains des soldats chrétiens.

— Nous n'avons rien dit à nos hommes, me confie un jeune primipile trévire, qui porte une peau de léopard à la manière d'une chlamyde par-dessus sa cuirasse à lamelles. Si Probus ne se montre pas d'ici une heure ou deux, ils auront des soupçons. S'ils apprennent la vérité, ils mettront bas les armes.

— Je vais faire mon possible, mais je ne suis pas un magicien.

Probus nage en plein délire. Il s'imagine être sur le Champ de Mars, en train de commander à l'exercice. J'ai de la peine à garder mon sérieux lorsque je l'entends aboyer :

— A plat ventre, tas de vérolés ! Rampez, bordel ! Le nez dans la merde ! Toi, là-bas, cesse de mettre ton cul en pompe sinon je vais te le botter ! Plus vite, tas de crapauds malades !

On m'amène la décoction. Pour la faire boire au patient, je dois requérir l'aide de Publius et de Statius qui le maîtrisent tandis qu'une ordonnance lui soulève la tête. Il avale le liquide brûlant, le recrache, fait : « Gloup... Heuk... Baft », tourne vers moi un regard affolé, comme si je cherchais à l'empoisonner. En m'excusant de n'avoir pas de miel, je le fais boire de nouveau. Il avale sagement, gémit, fait la grimace. La chaleur du liquide provoque une exsudation brutale.

— Cela va déjà mieux, Probus. Les oignons finiront de te remettre sur pied.

Il grogne. Les oignons, il les a en horreur ! Je le rassure : il n'est pas question de les lui faire avaler.

Voilà justement le comte qui revient en compagnie d'une de ses esclaves, Tvara, qui a la réputation d'être un peu sorcière. Je lui ordonne de réduire les oignons en bouillie, de les envelopper dans un linge. Elle s'exécute sans broncher, écrase la pulpe juteuse avec le pommeau d'un glaive emprunté au primipile, déchire un pan de sa tunique et en enveloppe la bouillie. J'explique :

— C'est un remède vieux comme le monde. Les Grecs le connaissaient avant nous. On prétend qu'il faut plaquer cette mixture sur les pieds du malade, mais je crois plus efficace de la placer sur le front.

Tandis que j'opère, Tvara ouvre jusqu'au nombril la chemise de Probus, dévoilant une peau humide, couleur de brique, où palpitent des tatouages ; elle y promène ses mains en marmonnant des invocations dans une langue qui doit être celle des anciens Germains, ceux du « long hiver », des temps où ces Barbares taillaient leurs armes dans le silex. Profitant d'une accalmie, je rattache au cou du patient le talisman qu'il avait arraché dans un geste de fureur — je ne crois guère à son pouvoir mais on ne prend jamais assez de précautions...

La thériaque commence à faire son effet, semble-t-il. Probus se détend, une moue de bébé aux lèvres, ses mains encore agitées de contractions.

— Il faut le laisser en paix, dis-je, et veiller à ce qu'il garde cet emplâtre sur le front. S'il se réveille, faites-lui boire ce qui reste de décoction. S'il manifeste l'intention de se lever, maintenez-le immobile. Je reviens dans un moment : il faut que je trouve Bibula.

L'amphithéâtre n'est pas très éloigné de la basilique de Constantin, mais j'emprunte, pour aller plus vite, le cheval du primipile.

Il y a des mois que je ne suis pas venu dans cet endroit mal famé. Jamais je ne m'y rends pour mon plaisir mais pour les nécessités de ma profession, et sans attendre le moindre honoraire tant ces gens sont impécunieux. Les pentes d'herbe jaune et rare sont encombrés de déchets de toutes sortes : les ordures des ordures prélevées dans les dépotoirs de la garnison. Une excavation creusée à même le sol révèle un charnier humain recouvert d'une pellicule de terre, qui dégage une odeur pestilentielle. Des gosses dépenaillés me regardent approcher sans aménité, lorgnent la selle et les éperons du primipile en supputant un possible larcin.

— Où est Bibula, l'« essedaria » ? Menez-moi auprès d'elle.

Ils me tendent leurs mains crasseuses. Je leur jette une poignée de menue monnaie de bronze et ils se battent dans la poussière pour se disputer les piécettes. Le plus fort me remercie d'un geste de la main, prend mon cheval par le mors comme un véritable valet de monte et me fait franchir la grande entrée surmontée d'une façade de trois rangées de colonnades, entre des murs fleuris dans leurs interstices de graminées. D'un air faraud, mon guide me conduit, en traversant l'arène encombrée de tentes crasseuses et mal rafistolées, jusqu'à l'extrémité des gradins. Des feux de cuisine fument encore sous les trépieds et les broches ; des vieilles grattent les cendres chaudes pour y découvrir des rogatons. Par familles entières, les gens sortent des tentes, des loges à fauves, des souterrains, pour regarder passer l'intrus. Mon guide, sans lequel il m'eût été difficile et dangereux de m'aventurer jusqu'à ces lieux, les salue avec une fierté hautaine, comme s'il conduisait le cheval d'un gouverneur ; il disperse une ribambelle de gosses à coups de pied, bouscule des vieux en train de se chauffer au soleil et donne de la voix pour qu'on lui laisse le passage.

La demeure de Bibula se situe sous les gradins. C'est une des quinze loges où jadis, au temps des jeux du cirque, on installait les fauves destinés aux combats. Des traces sont encore visibles le long des murailles intérieures vertes de salpêtre. Du fond du réduit où elle sommeillait, une femme sans âge se dirige vers moi en se frottant les yeux. Sans aménité elle me demande ce que je veux. Quand je lui annonce que je veux voir Bibula, elle me considère d'un regard haineux, comme si j'étais un officier des vigiles en tournée d'inspection.

— Qu'est-ce que tu lui veux ?

— Je dois la conduire auprès du tribun Probus. Il a besoin d'elle. Je suis le médecin Eudoxe.

Elle repousse les gosses agrippés à sa tunique graisseuse, tend un bras décharné vers le versant oriental des gradins au sommet desquels s'anime une frise d'hommes et de femmes menant grand tapage. Depuis qu'il est désaffecté, l'amphithéâtre constitue à la fois un gigantesque caravansérail de la misère, réservé aux réfugiés, et une forteresse incluse dans les remparts, presque aussi difficile à investir que la Porte Noire.

— Tu la trouveras là-haut, dit-elle.

Je reprends la bride de mon cheval et demande au gamin d'aller chercher Bibula. Il part au galop après m'avoir fait un impeccable salut militaire. Je l'entends hurler le nom de l'« essedaria » en escaladant les blocs de maçonnerie. Quelques instants plus tard, elle est devant moi, revêtue d'une étonnante défroque, moitié fourrure, moitié métal, équipée de pied en cap d'armes volées sans doute aux auxiliaires de la garnison.

— Pressons-nous, dis-je. Probus ne va pas bien. Je crains qu'il soit immobilisé toute cette journée et la nuit prochaine. Toi seule peux l'assister efficacement. Laisse ton attirail ici et monte sur ce cheval.

Elle monte en croupe, ses bras m'entourant la taille.

— Les « barbatus » ont tenté une attaque, dit-elle. Nous en avons tué une dizaine et fait quelques prisonniers que nous avons abandonnés aux enfants. Il faut bien qu'ils s'amusent. C'est fou ce qu'ils peuvent inventer, ces gosses ! Je te suis, mais je ne resterai pas longtemps. Ma place est ici et non auprès d'un malade. Pour ces gens je suis une sorte de chef ; ils m'adorent et se feraient tuer pour moi. Ils n'ont à défendre que cet espace de misère mais ils feront le sacrifice de leur vie pour le disputer aux assaillants.

— Mais ils n'ont rien pour se défendre ?

— Crois-tu ? Je les ai conduits tout à l'heure au magasin où sont entreposés les armes et le matériel. Ils ont enfoncé la porte après avoir massacré les factionnaires et ils ont pillé le dépôt de fond en comble. C'est leur manière à eux d'être fidèles à Rome. Ils n'y mettent pas de formes, mais ils se battent comme des fauves, surtout quand je suis avec eux.

Elle me mordille l'oreille, m'embrasse la nuque.

— Tu m'as fait l'amour comme un dieu, Eudoxe. J'en ai encore des frissons. Ce n'est pas comme cette brute de Probus. Avec lui je n'ai jamais pu jouir. Il me prend comme une bête.

— Comment peux-tu vivre dans cette pouillerie ?

— J'y vis peu. La nuit, la plupart du temps, je dors au prétoire où j'ai mes entrées grâce à Probus. Depuis des années que je vis ici, j'ai appris à aimer ces gens. Ces gosses sont mes compagnons de jeu. Je leur montre comment combattre à la manière des gladiateurs. Plus tard ils feront de bons soldats mais le temps des jeux du cirque est révolu. Nous faisons encore parfois se battre des chiens et des coqs mais c'est un triste spectacle. Souvent, les soirs d'été, autour d'un grand feu, je combats pour rire contre des hommes, avec des armes de bois et les défroques de mes duels de jadis. Si cela te fait plaisir tu pourras venir un soir.

— Un soir ? Quel soir ? Il est probable que, demain... Il faudrait un prodige pour nous sauver.

— Les prodiges, dit-elle, ça existe. Regarde !

— Probus ! C'est de la démence !

Probus vient de surgir sur le parvis du prétoire, l'allure incertaine mais souriant, presque radieux, revêtu de sa grande tenue et coiffé du casque à plumet rouge.

— Eh bien, les amoureux ! nous lance-t-il. Vous avez fait une bonne promenade ? Vous avez l'air surpris de me voir. C'est grâce à ta mixture et à tes oignons, Eudoxe. Une merveille, les oignons ! Et dire que je ne pouvais pas en supporter l'odeur...

— Pourquoi es-tu là ? dis-je. Comment as-tu fait ?

Il éclate de rire, soulève son casque. Sa tête est recouverte de l'emplâtre préparé par Tvara.

— Eudoxe, tu es un grand médicastre. Le second après Hippocrate ! Lorsque je serai patrice de Rome, tu seras mon médecin personnel. Tu pourras même créer ta propre école. Eudoxe, prince des médecins ! Par la bite de Priape, tu en fais une tête ! Allons, suis-moi. Je vais inspecter nos défenses. Elles tiennent le coup, semble-t-il.

Chemin faisant, alors que je marche à pied près de lui, redoutant de le voir changer de mine et s'effondrer, il me dit :

— Pour fêter ma résurrection, j'ai décidé de faire effectuer une distribution exceptionnelle de vin. Pas de la bibine des « horea », mais celui de ma cave personnelle, du meilleur. Je veux entendre mes hommes chanter en repoussant ces enfoirés de « Teutshes » !

A son haleine, j'ai deviné qu'il a déjà effectué une libation propitiatoire, ce qui, malgré les apparences, ne me rassure guère sur son état.

— Le vent tourne, Eudoxe ! Nous avons repoussé plusieurs attaques et tué une centaine de ces chiens enragés, contre trois morts seulement de notre côté. Une chance que les « barbatus » n'aient pas emmené avec eux des machines de siège.

Nous nous dirigeons vers le rempart de l'ouest, celui dont l'état de décrépitude est le moins avancé. Pratiquement rectiligne, il longe la Moselle, ne laissant qu'une bande étroite de quelques pas entre la berge et la muraille. Je songe au jardin de Sunno, à cet espace de liberté et de nostalgie qui le rattache à son existence passée et assure la subsistance de sa famille. J'aide Probus à escalader les marches raides qui conduisent au sommet du châtelet. Au-delà, cela grouille de Barbares. Par groupes de dix ou vingt, ils évoluent le long des remparts, en proie à une agitation stérile qui amuse le tribun.

— Regarde-les ! dit-il. On dirait que ce sont eux qui sont pris au piège !

Il se penche sur le vide et se met à hurler :

— Bande de macaques ! Pourriture de la terre ! Probus Gros-Cul vous dit merde ! Allez vous faire enculer par les Huns !

Il se redresse lentement, sonde du regard l'étendue du fleuve.

— Qui a donné l'ordre d'incendier le châtelet de la rive gauche et de couper le pont ?

— C'est toi, dis-je. Qui donc aurait pu donner un tel ordre ?

— Sottise ! J'aurais bien dû penser que les « barbatus » n'auraient pas à traverser la Moselle pour venir pisser contre nos murailles. Il leur a suffi de longer la berge de la rive droite. Probus, tu te fais vieux...

Un simple regard confirme mes appréhensions : le jardin de Sunno est dévasté ; sa cabane incendiée fume encore ; ses salades sont réduites en bouillie, ses courges en marmelade. Quand je vais lui annoncer la nouvelle...

Une rumeur profonde interrompt ma réflexion. Un groupe de défenseurs a aperçu Probus ; ils le saluent la main levée, à la romaine, l'autre sur le cœur.

— Ave, Probus ! crie un officier auxiliaire. Nous allons mettre la paille au cul à ces sauvages !

Probus chancelle — joie ou fatigue, je l'ignore — s'accroche à moi puis se retourne vers Statius pour lui annoncer la distribution de vin, avant d'ajouter, haut et fort :

— Soldats de la « Martiale », nous sommes le dernier espoir de Rome. Sauvez Trèves et peut-être épargnerez-vous à l'Empire une invasion qui risque de lui être fatale. Jurez de vous battre jusqu'à la mort pour votre tribun et pour Rome !

Salué par un tonnerre de vivats, il tire son glaive. Je me glisse derrière lui pour redresser discrètement le casque qui glissait dangereusement sur le coussinet d'oignons pilés. Brusquement Probus se penche au-dessus du rempart et vomit du vin à longs hoquets. Je rattrape le casque qui allait disparaître dans le vide.

— C'était une belle harangue, dis-je. A présent, il faut rentrer et te reposer.

Il me répond sans colère :

— Mon bon Eudoxe, j'ai le corps en feu, les jambes molles, du brouillard plein la tête, mais je m'interdis toute défaillance. Je vais rentrer tranquillement au prétoire, boire un coup et repartir. Je n'ai pas le temps de mourir.

Il ajoute dans un soupir :

— L'ennui, c'est que je me sens incapable de remonter à cheval.

— Tu le pourrais, à condition de rester debout sur tes étriers.

Probus fait claquer jovialement sa main sur mon épaule. Mon idée lui semble géniale. On l'aide à se hisser sur son cheval ; il s'y installe dans la position que j'ai suggérée, fixe son casque par la jugulaire et, après un petit tour, me fait signe que tout est pour le mieux.

— Tu ne me quittes plus d'un pouce, dit-il. Je te nomme conseiller et préposé au service du vin. Prends cette gourde. Tu me la tendras lorsque je te la demanderai. Voilà le vrai remède.

plus « supporta » [illegible] pour [illegible] l'infiltration [illegible]

— Soldats de la « Maréchale », vous [illegible] le dernier [illegible] de Rome [illegible] à l'Empire [illegible]

[illegible]

— C'est une belle [illegible] A [illegible] il faut [illegible]

Il me répond sans colère :

[illegible] plein la tête [illegible] toute [illegible]

pas le temps de [illegible]

[illegible]

— Mais, [illegible]

— Tu [illegible]

[illegible] Monsieur [illegible]

[illegible]

— Il ne [illegible] plus d'un [illegible]

[illegible] cette [illegible] Voilà le vrai remède.

4.

DANS L'OMBRE DU MITHREUM

Il nous a fallu un peu plus d'une heure pour effectuer le tour complet des remparts, sans oublier ces forteresses insolites que sont l'amphithéâtre et surtout les thermes Barbara, où Probus a installé quelques fortes têtes, des cavaliers trévires pour la plupart, qui répugnent à la discipline et à la promiscuité des camps et des casernes mais qui savent se battre, car c'est un coin de leur terre qu'ils défendent.

La mine de Probus lorsqu'il a fait son entrée dans l'amphithéâtre, accompagné de ses officiers et de Bibula ! Parés des armes et des équipements volés à l'« horea » militaire, des têtes coupées de Barbares à leur ceinture, les soldats-gueux lui ont fait une haie d'honneur. Probus a failli s'étrangler de colère.

— Qu'est-ce que c'est que ce merdier ? Vous vous croyez au spectacle, bande de singes déguisés ! Où avez-vous trouvé ces équipements et ces armes ? Qui vous a donné l'ordre de vous battre ?

Un officier s'est approché de lui pour glisser quelques mots à son oreille. Le visage de Probus est passé de la colère à la fureur, puis il s'est rasséréné lentement comme une chandelle qui meurt, avec simplement, au-dessus du casque à cimier rouge, une fumerolle d'indignation.

— Vous me paierez ça ! Je sais d'où viennent ces armes et comment vous vous les êtes procurées. Alors je consens à vous accorder la garde de l'amphithéâtre, mais gare ! si vous laissez pénétrer un seul Barbare dans la place, je vous envoie mes Trévires avec ordre de vous exterminer, vous et vos familles, espèces de rats ! Rompez !

Ils l'ont salué d'un « ave ! » sonore avant de se disperser.

Aux thermes Barbara, situés sur le bord de la Moselle, derrière les remparts où ils sont accotés, au milieu de l'ancien quartier des potiers, Probus a été pris d'une nouvelle colère : les Trévires demi-nus se doraient au soleil derrière les murs pour éviter les flèches des « Teutshes ». Ils étaient ivres et chantaient des chants de leur pays. Probus a fait appeler leur chef ; il est arrivé sans se presser, les mains dans sa ceinture, l'œil éteint et, les yeux baissés, l'air indifférent, il a laissé passer l'orage.

— Si je vois encore un de tes zigotos faire le lézard au lieu de garder les remparts, hurle Probus, je te fais trancher la tête !

Le chef a bredouillé une réponse : il y a des hommes de garde ; on les voit d'ici... Ce qu'il a oublié de dire, c'est que ces soldats qui sont aux remparts s'occupent à trafiquer avec des Trévires de l'autre bord, échangeant divers articles et des nouvelles.

Notre tournée s'achève par où elle a commencé. Probus se tient toujours debout sur ses étriers et gémit de douleur chaque fois qu'il tente de trouver sur sa selle une assise normale. Avant d'arriver au prétoire, je le persuade de se reposer. Nous l'installons dans un coin d'ombre, contre le mur d'enceinte désaffecté, en le maintenant allongé sur le côté. Il a soif ; je le fais boire à la gourde et sa mine change — c'est bien la première fois que je vois la fièvre combattue par le vin ! Il faudra que je note ce phénomène sur mes tablettes (il n'est mentionné ni dans Gallien ni dans Marcellus).

Probus, soudain détendu et prolixe, me parle de cette armée de secours qu'il attend mais en laquelle il a cessé de croire. On n'a aucune nouvelle des courriers envoyés à Soissons pour réclamer des armes et des secours, il y a des semaines, alors que se dessinaient les prémices de l'invasion. Syagrius est pourtant informé de la situation. Pourquoi ce silence et cette inaction ? Des troupes, il n'en manque pas, lui. Sans pouvoir se comparer aux légions « Jupiter » ou « Hercule » qui opéraient en Gaule au siècle précédent, ses forces sont assez importantes pour qu'il puisse y prélever quelques centaines d'hommes sans risquer de compromettre la sécurité de son « royaume ». Sans amertume, sans haine, Probus nous parle de celui qu'on appelle le « roi des Romains », qui se prélasse dans ses Etats alors que lui, Probus, combat aux avant-postes.

— Tu te souviens, Eudoxe, de cette légion palatine des « sagitarii Nervi gallicani » que j'ai commandée avec le titre de préfet ? Lorsque je les ai pris en mains, ces Nerviens, descendants de ceux qui avaient tenu tête à César, étaient des sauvages de la pire espèce. J'en ai fait un corps d'auxiliaires qu'on citait en exemple. Quels cavaliers ! Ils m'auraient suivi jusqu'à l'Indus ! Aujourd'hui, tu ne trouverais ni un archer ni un lanceur de javeline qui les vaille. Un jour, en Espagne, alors que nous combattions les Vandales...

Le voilà reparti, à demi somnolent, dans ses souvenirs qu'il m'a racontés dix fois déjà. Son regard s'embue.

— Il dort, dit Bibula, un doigt sur les lèvres.

Probus repose, la tête sur les genoux de la jeune femme, un sourire béat sur les lèvres, la tête sans doute pleine de rumeurs guerrières, de hurlements de « Nervii » et de « Menapii » en train de charger. J'en profite pour tâter son pouls qui bat la breloque. La fièvre le dévore. Il faudrait le transporter au prétoire mais nous risquerions, à son réveil, d'avoir des comptes à lui rendre.

Le vent chaud fait frémir au-dessus de nos têtes un orme qui commence à montrer ses couleurs automnales. Dans un buisson des oiseaux se chamaillent. Par la grande porte qui s'ouvre derrière nous, encadrée de ronciers chargés de baies noires, se déroule le dallage ocre aux joints envahis par des graminées dorées : l'amorce de la voie sacrée qui mène au parvis du temple entre deux rangées de socles dépouillés de leurs statues. Un temple dédié à quel dieu, à quelle déesse ? A l'image de Rome, Trèves voit son tissu urbain se dégrader insensiblement, sa foi, chrétienne ou païenne, s'étioler, ne conserver que des îlots vivaces autour de l'évêque Marus et du Père de Mithra, Musa. Les autres cultes sont abandonnés, par lassitude ou indifférence. Et moi qui ne crois qu'en l'homme, qui me suis toujours cantonné au seuil des temples et des églises, moi le sceptique, je ne puis constater cet abandon sans amertume. Le mépris n'a jamais accompagné ma réserve ; témoin attentif de notre temps, je le suis également des religions qui déchirent les esprits et ouvrent l'Empire aux Barbares.

Le sommeil de Probus n'a été qu'un assoupissement de soldat, une concession aux exigences du corps. Il a suffi d'un crépitement de sabots pour le tirer de sa torpeur. Il se redresse, observe le cavalier qui s'avance vers nous.

— Alors, Nazarius, quelles nouvelles ?

— Tout s'arrange comme nous l'avions prévu, dit le centurion. Les Barbares sont au moins trois cents, peut-être davantage, en train d'installer leur cantonnement entre les tombeaux, sur la voie de Cologne, à une centaine de pas de la Porte Noire.

— Fort bien ! s'exclame Probus.

Nous l'aidons à se remettre en selle. Il réclame sa gourde qu'il vide d'un trait.

— Nazarius ! Opianos ! Iccavo ! Vous savez ce qui vous reste à faire ? En selle, les gars, et exécution ! Je veux un travail sans bavure et pas de gaspillage ! Nous avons besoin de tous nos hommes. Rendez-vous à la Porte Noire à la septième heure !

Ce projet dont Probus ne m'a pas parlé, il est aisé à deviner. La septième heure n'est pas loin. Les hommes désignés par Probus se dispersent dans toutes les directions. Nous croisons des groupes de soldats marchant d'une allure martiale derrière leurs enseignes, bouclier au bras. La houle des lances crépite au soleil. Je distingue au loin un corps de cavaliers auxiliaires en train de se mettre en rang. Il ne doit plus rester beaucoup de vigiles aux remparts.

En arrivant au pied de la Porte Noire Probus semble soudain très excité. Je lui fausse compagnie pour aller prendre des nouvelles. Ils sont tous là : Sunno, Argobast, Nymphius, Mincius, leurs femmes et leurs esclaves. On entend le bruit sec du boulier de Ioulianos, les psaumes chantés par l'évêque, les invectives de Basile toujours enfermé dans la cage avec son compagnon.

— Sunno, dis-je, ton jardin...

— Je sais, dit-il en baissant la tête. Peu importe. Il n'y avait plus grand-chose à récolter.

Les trois concubines du comte Argobast s'accrochent à moi et me pressent de questions. Je les repousse rudement. Les vantaux des baies donnant sur l'extérieur sont toujours fermés et la galerie ne reçoit le jour que par l'ouverture supérieure du puits. Je fais rouvrir les vantaux pour que les locataires de la Porte Noire et moi-même puissions assister au spectacle qui se prépare.

En pénétrant dans ma loge pour donner à Myia les reliefs de mes agapes avec Bibula, je découvre Sigen. Allongée sous mes couvertures, elle me fait signe de la rejoindre ; pour manifester ses intentions, elle découvre ses seins, prend ma main, la guide vers son sexe.

— Ce n'est pas le moment, Sigen.

Nos étreintes de la nuit passée, l'amour avec Bibula, les émotions de la journée, l'angoisse du moment m'ont épuisé. Je passerais mon chemin si Vénus en personne me faisait signe. Sigen ne comprend pas ; avec une moue et un regard de reproche elle remonte la couverture, pousse une plainte rageuse, se retourne vers le mur. J'en profite pour déguerpir.

Le « clarissime » Mincius m'attendait, près d'une baie donnant sur la campagne. Il est assis sur l'appui, son codex de feuilles vierges sur les genoux, dont il ne se sépare jamais, même pour aller aux latrines, et sur lequel il note ses inspirations ou ses réflexions.

— Cette sortie que va tenter Probus, dit-il, est un coup de dés hasardeux. Si elle échoue, nous serons les premières victimes.

— Les premières ou les dernières, qu'importe !

Pour le plaisir pervers de voir l'angoisse lui colorer le teint, j'ajoute :

— Cette opération peut réussir. Nous avons une chance. Une sur cent. Quoi qu'il en soit, nous sommes malgré tout perdus.

J'ajoute avec un sourire narquois :

— Au lieu d'écrire un poème sur cette bataille, tu devrais rédiger ton testament.

— Je suis surtout inquiet pour Minuo. Il est bien jeune pour mourir.

— Peut-être les « Teutshes » épargneront-ils les femmes et les enfants. Je souhaite qu'il en réchappe. Il pourra ajouter de sa main un chapitre à l'histoire de Rome.

Ordre de Médéric : que tous les locataires civils de la Porte Noire abandonnent les baies aux archers qui devront protéger la retraite des assaillants et qu'ils se regroupent sur la plate-forme supérieure.

L'intrusion des soldats au domicile de Ioulianos déclenche une colère de rat pris au piège ; je l'entends couiner lorsqu'on l'arrache à son fauteuil, piétiner l'urine contenue dans le pot qu'il vient de renverser, tandis que Dorcas proteste avec des cris aigres et que l'intendant Secundus vitupère les intrus.

— Mon coffre ! hurle Ioulianos. Laissez-moi emporter mon coffre !

— On ne va pas te le voler ! répond un soldat.

Ce remue-ménage a alerté Sigen. Elle apparaît entièrement nue, brandissant sa robe avec des cris inarticulés, se rue avec une tranquille impudeur dans la loge de son père avant que j'aie pu la rattraper. Sous les rires gras des soldats, folle de rage ou de plaisir — allez savoir ! — elle empoigne le boulier, le projette violemment contre le mur, fait le vide sur la table de travail, s'y roule, saisit à poignées les paperasses pour les disperser, les piétine, jambes écartées, et pisse sur elles en riant. Quelle fête ! Il ne manque plus que Basile et son goret...

Je précède dans l'escalier Ioulianos gémissant, Dorcas encore frémissante de colère, Randa qui porte ses enfants comme une femelle de sarrigue, et tous les autres. A l'étage supérieur, souhaitant rencontrer Marus pour l'informer de la situation, je me heurte à l'un des clercs chargés de sa sécurité.

— Monseigneur est en prières, dit-il. Défense de l'importuner.

L'esprit des prières de Marus, j'aimerais en avoir connaissance. Je subodore une trahison. Ce n'est pas sur notre sort qu'il doit s'apitoyer ; ce n'est pas à notre avantage qu'il implore l'intervention céleste mais pour ces agneaux de Dieu, ces brebis égarées : les Barbares. Nous, les hérétiques, les païens, les sceptiques, nous sommes perdus pour la vraie religion et bons à jeter au dépotoir de l'histoire. L'avenir de la religion prêchée par les apôtres du rabbin de Galilée, c'est de l'autre côté de nos murs qu'il commence.

L'envie me prend d'écarter ce faux moine au crâne rasé, de rencontrer Marus, de lui dire ses quatre vérités et de l'obliger à nous suivre jusqu'au sommet de la tour.

L'ami du comte Argobast, l'évêque d'Auvergne Sidoine Apollinaire, avait une attitude plus courageuse ; il a résisté pendant deux ans à la horde des Wisigoths ariens qui assiégeaient sa ville de Clermont. En pure perte : pour le récompenser de sa résistance à la barbarie et à l'arianisme, l'empereur a livré sa province à l'ennemi !

— Laisse l'évêque à ses dévotions, me dit Médéric. Il y a une dérogation pour lui.

De la plate-forme où nous nous trouvons, la vue sur le campement des Barbares est exceptionnelle.

Ils ne semblent pas se douter qu'une attaque contre eux est en train de se préparer. Torse nu, sans armes, ils sont occupés à dresser leur camp à la romaine : deux allées centrales qui se coupent à angle droit, sur le vaste emplacement réservé naguère aux assemblées. La chaussée de la voie qui mène à Cologne traverse de part en part cet espace de prairies au fond duquel commencent les alignements de tombeaux. Deux rangées de chevaux à l'attache occupent l'angle gauche, du côté de la Porte Noire, à une distance étudiée pour que les flèches et les javelots ne puissent constituer une menace. Les Barbares travaillent sans se presser, prennent le temps de boire, de chahuter, d'échanger des plaisanteries, de chanter. Des groupes de femmes et d'enfants se pressent aux limites du camp ; les soldats leur adressent de lourdes plaisanteries qui les font rire. Ce sont presque tous de jeunes hommes ou des adolescents ; certains portent leurs cheveux teints en roux flamboyant ; d'autres arborent à leurs bras et sur leur torse des bracelets et des tatouages.

Ces hommes semblent avoir oublié le traquenard de la matinée. Des chariots ont emporté les cadavres que l'on a jetés dans la Moselle, et le « sein transparent du fleuve azuré » que chantait Ausone est devenu un charnier mouvant.

Désignant la cage où Basile et son goret se démènent, Nymphius proteste !

— Va-t-on enfin faire taire ce vieux fou ? Ils nous rompt les oreilles avec ses sornettes !

— Fais-le donc taire, toi ! riposte Mincius.

Argobast est d'avis de le libérer mais je m'y oppose : ce dément serait capable de nous affronter au risque de nous précipiter dans le vide. Je préfère, pour l'apaiser, lui donner à manger.

En passant devant la loge de Ioulianos j'aperçois un spectacle qui me lève le cœur : trois hommes entourent Sigen allongée, genoux relevés, sur la table de travail de son père ; elle gémit et me lance un regard de défi. C'est fini : je ne ferai plus l'amour avec elle.

En entendant s'ouvrir les énormes portes de bois qui donnent sur l'intérieur de la ville, je me hâte, une boule de pain sous le bras, de remonter sur la plate-forme. Une rumeur de piétinements accompagne le grincement des gonds. Lentement, en silence, les soldats de Probus se pressent dans la cour intérieure de la forteresse. A un gémissement prolongé je comprends qu'on est en train d'ouvrir les herses.

Je jette la boule de pain à Basile qui la dispute au goret affamé.

— Regarde ! s'écrie Nymphius. L'attaque commence !

Nos cavaliers trévires sont partis en trombe, poussant des hurlements féroces ; ils piquent droit sur l'entrée du camp. Derrière, la masse de l'infanterie, équipée et armée à la légère, galope en rangs serrés. De chaque côté de la Porte Noire, des soldats armés de lances se sont déployés, prêts à riposter à une attaque de flanc qui risquerait de compromettre l'opération.

L'attaque a été si subite que les « barbatus » courent en tous sens à la recherche de leurs armes, s'affolent, appellent à l'aide, tentent d'opposer à mains nues une résistance dérisoire aux cavaliers.

Loin d'encourager les soldats barbares, les hululements des femmes ajoutent à la confusion. Des têtes, des membres volent ; le sang jaillit des ventres et des poitrines déchirés. Un guerrier roux armé d'une perche tente vainement de résister à la marée : la tête tranchée net d'un coup d'épée, il fait quelques pas, les bras écartés, avant de s'effondrer.

Tandis que le massacre se poursuit, des fantassins brandissant des torches allumées courent à la rescousse pour mettre le feu aux tentes. D'autres, s'insinuant entre les rangées de chevaux, se glissent sous le ventre des animaux qu'ils ouvrent d'un coup de poignard et libèrent ensuite de leurs attaches. La confusion s'accroît lorsque sonnent les trompes de guerre. Une agitation forcenée anime l'horizon du fleuve le long duquel les « Teutshes » ont massé des troupes ; des guerriers sautent en selle et courent à grands cris vers le lieu de l'attaque.

— Quel spectacle, mes amis ! s'écrie le « clarissime » en brandissant son codex. On dirait la prise de Troie !

Les bras écartés face au vide, il déclame quelques vers de l'*Iliade* où il est question d'Hector et de Priam. Près de lui, Nymphius se ronge les ongles en silence, sans rien perdre de la scène. Sunno, rigide, savoure sa vengeance : une centaine de Barbares massacrés, ce n'est pas trop cher payé le saccage de son potager. Le comte Argobast gémit, son corps agité de soubresauts, et me serre le bras convulsivement — si nous en réchappons, quelle lettre il pourra écrire à son ami Sidoine ! Ioulianos s'est assis sur les dalles, en face de la cage où Basile continue à expectorer sa colère, avec un recul chaque fois que le bras décharné de l'ermite se tend vers lui. Les femmes pleurent, rient, gémissent. Moi, je demeure impassible mais attentif aux moindres détails de l'action, comme si je devais en rendre compte à quelque instance supérieure ; sans passion : j'en ai tant vu, de combats et de massacres...

En me penchant au-dessus de la corniche, j'aperçois le cimier rouge de Probus qui s'agite sur son cheval, à quelques pas à l'extérieur de la Porte Noire, Bibula près de lui. J'entends sa voix puissante qui ordonne de sonner la retraite. Sage précaution : un escadron de Saliens est en train de foncer sur le camp, tandis que, de part et d'autre des remparts, accourent des fantassins et des cavaliers barbares. Les « Romains » se replient en bon ordre, les hommes de pied derrière les cavaliers, écartant les chevaux affolés qui s'entravent les jambes dans leurs tripes.

— Mes amis ! s'exclame Mincius. Je raconterai cet exploit dans un poème en vers senaire ïambiques et je le ferai parvenir à Rome pour qu'on le lise dans les lieux publics !

Lui si pondéré dans son comportement, je le vois entamer une danse grotesque. Glissant dans la crotte, il se raccroche à ma ceinture, rit nerveusement, pleurniche entre deux hoquets :

— Mon petit Minuo ! Comme j'aurais aimé qu'il assiste à cette bataille !

Minuo... Je l'imagine, assis sur son tabouret, en face du vieux professeur, plongés tous deux dans le lointain soleil de Rome, à des siècles, à des centaines de lieues de Trèves, absents de notre monde, baignant dans la rumeur des siècles révolus, heureux sans doute plus que nous le serons jamais, nous qui ne frémissons que dans l'émotion du présent.

Talonnée par les premiers cavaliers barbares, la masse des assaillants s'engouffre dans les deux portes largement ouvertes. Les flancs-gardes se replient à leur tour, dans un mouvement impeccable, et forment devant la Porte Noire un hérisson d'arcs et de lances. Lentement ils se retirent dans la forteresse. Les herses retombent comme un rideau sur la scène d'un théâtre.

La voix de Probus retentit :

— Tirez-leur dessus, les gars ! Videz vos carquois ! Que pas un n'en réchappe !

D'où ils sont placés, le long des galeries, les sagittaires de Médéric font mouche tout à coup. La panique gagne les rangs des cavaliers ; les chevaux cabrés les jettent à terre et les piétinent. Un second massacre, plus pathétique, plus farouche que le premier car il se déroule sous nos yeux et sans que nous courions le moindre danger. Je retrouve dans leur intensité le souvenir des tueries passées, les odeurs de chevaux en sueur, de sang et de merde des batailles. Je me sens au comble du bonheur.

Les trompes barbares ont sonné de nouveau. Les fantassins qui ont surgi le long des remparts traînent les morts et les blessés sous une grêle de traits qui fait de nouvelles victimes. La place se vide peu à peu.

Je descends les marches quatre à quatre pour rejoindre Probus. Il ne tient plus en place. Le casque de traviole, il hurle :

— Nous avons gagné, les gars ! Ces sauvages ont perdu au moins deux cents hommes !

Tourné vers Nazarius, il lui jette des ordres d'une voix plus calme :

— Fais ouvrir les réserves de vivres. C'est jour de fête pour mes gars. Je veux que le vin coule à flots pour tous, mais gare ! Je ne tolérerai pas le moindre relâchement dans la vigilance.

Il se dirige vers moi, me serre dans ses bras.

— Je suis ivre mais heureux, mon bon Eudoxe.

— Je le suis aussi, Probus, mais inquiet. Tu as tort de permettre à tes hommes de s'enivrer. Comment veux-tu qu'ils restent vigilants ?

Le dos tourné, il ne m'écoute déjà plus.

— D'où te vient cette sérénité en face des événements ? s'étonne le « clarissime ».

Brisé par l'émotion, il s'est allongé sur sa paillasse, près de la fenêtre. Ses orteils blafards dansent dans un rayon de soleil. La panique puis l'exaltation ont laissé sur son vieux visage une couleur de jeunesse.

C'est vrai qu'il m'en faut beaucoup pour m'émouvoir. Parvenir à ce seuil de « sérénité », comme dit Mincius, n'est-ce pas toucher les portes du néant ? Pourtant je vis. Pourtant j'aime. Pourtant le moindre détail des événements dont je suis témoin requiert mon attention et m'émeut en profondeur. En ce moment précis, je sens une onde de bonheur trouble m'envahir devant le spectacle de cette femme de Germanie qui vient, en louvoyant à travers les cadavres, de s'approcher dangereusement de la Porte Noire, découvrant sa poitrine, secouant sa chevelure, l'injure et le défi aux lèvres. Elle s'écroule là, en face de moi, un javelot dans la poitrine ; elle hurle, se débat, sa tunique de peau retroussée sur ses cuisses blanches. D'où vient que seule me touche la beauté dramatique de cet événement ?

— Que disais-tu, Mincius ?

Il ne répète pas son propos, preuve qu'il lui est quasiment indifférent. Le vieil enfant regarde ses pieds diaphanes jouer dans le soleil. Il doit être en train de chercher une idée, peut-être simplement une rime à ses sénaires ïambiques. Il se redresse brusquement, écrit quelques mots rapides sur son codex.

Cette question dont il vient de se débarrasser comme on jette un cheveu tombé sur l'épaule, je la sens bouger en moi, plonger ses racines dans le secret de mon cœur et de mon esprit, y faire éclater les blocs erratiques qui semblaient figés pour le restant de mes jours.

J'accepte le terme « sérénité » ; j'aurais vivement réagi s'il avait parlé d'« indifférence ».

J'aimerais vivre encore plusieurs dizaines d'années dans mes dispositions actuelles. Il me plairait de continuer à observer, écouter, sentir, toucher. Je rêve de devenir un arbre assez robuste pour affronter les tourmentes et les orages sans en être ébranlé, de devenir assez vieux pour ne pas redouter l'approche de la mort, en restant sensible au moindre souffle de vent, à la moindre variation du paysage, à la moindre caresse humide le long de mes racines. Les épreuves que j'ai endurées, la proximité de ma fin ont façonné un autre personnage qui, peu à peu, s'est substitué au précédent. Une écorce, un masque comparable à celui sous lequel les anciens Crétois dissimulaient le visage de leurs morts, a recouvert ma chair vivante et m'a fait accéder à une nouvelle existence, délivrée des contraintes et des préoccupations de la jeunesse et de l'âge adulte. Je ne me refuse ni le bonheur ni le simple plaisir de l'instant, mais les émotions qu'ils suscitent me parviennent comme à travers un filtre coloré qui ne laisse sur ma carapace de « sérénité » que des traces légères et ne me révèlent qu'une subtile quintessence.

Si c'est cela vieillir, alors la vieillesse est le temps privilégié de l'existence.

La femme de Germanie a eu quelques soubresauts violents qui ont fait remonter sa tunique jusqu'à son ventre. Un souvenir bouge en moi : j'ai fait exécuter, jadis, au temps des Bagaudes, un esclave affranchi que j'avais surpris en train de violer une morte. Absurdité ? Cruauté inutile de ma part ? Si l'on épure l'acte de l'esclave de cette concrétion de vieille morale qui le rend odieux et punissable, on arrive sinon à l'excuser, du moins à le comprendre : dans l'amour, avec un partenaire vivant, la possession est incomplète et la volonté insatisfaite parce que partagée ; l'agonie et la mort doivent permettre d'accéder à une jouissance ineffable. Eros et Thanatos, couple éternel.

Si j'exposais cette idée à Mincius ? Et puis non, ce serait inutile. J'imagine qu'il rougirait, me regarderait avec effroi en clignant ses paupières fripées et violacées ; il penserait sûrement que je suis arrivé à un tel degré de sénilité que je commence à déraisonner. Son analyse n'irait pas plus loin ; il est de ces poètes qui ne restent sensibles qu'aux reflets des événements sur le calme miroir de leur esprit ; son monde baigne dans la lumière hellène ; au banquet de l'émotion il convoque son aréopage de dieux, de déesses et de héros ; il est si creux, le pauvre Mincius, que ses propres réactions en face d'un événement sont insuffisantes pour remplir cette vacuité. Ainsi était Ausone ; ainsi est Mincius.

Les yeux fermés, le corps abandonné au soleil encore chaud, comme sur les plages océanes de ma jeunesse, j'écoute bourdonner en moi les souvenirs.

Un « latifundium » désert sur le grand chemin qui mène aux frontières de la Germanie. Le décor était sinistre dans cette aube glacée de printemps : des murs en ruine, des toitures effondrées, des carcasses d'animaux de ferme épars dans la grande cour... La fontaine seule apportait un peu de vie et de mouvement à cette ruine qui semblait marquer les bornes du monde habité.

C'est là que j'avais donné rendez-vous à notre troupe, après la dispersion dans la forêt d'Orient.

Une rapide inspection nous permit de constater que nous étions seuls. Nos chevaux à l'abri d'un pan de toiture qui les dissimulait, nous avons rassemblé un peu de paille et de foin échappés au sinistre pour en faire un lit. Nous avons dormi enroulés dans nos couvertures, nos enfants entre nous. Basika, elle, ne dormait qu'à demi.

Quand je me réveillai, elle était en train de parlementer avec un groupe d'une dizaine d'hommes dont certains portaient des blessures et se tenaient difficilement en selle. C'étaient des nôtres, je les reconnus au premier regard.

— Un véritable massacre, dit l'un d'eux. Tous les autres sont restés sur le carreau. Il faut partir très vite en évitant la grande route. Les gens de Goar sont partout, et ils sont nombreux. Avant une heure, ils seront ici.

Fuir, cela signifiait se diriger vers la Germanie, renoncer aux terres généreuses de la Gaule, nous plonger dans la sauvagerie. Ce groupe d'une dizaine d'hommes, dont certains devaient mourir en cours de route, c'est tout ce qui restait de la magnifique Bagaude que j'avais créée, équipée, entraînée. Je soignai les blessés avec les rares médicaments que j'avais dans ma trousse, et nous voilà repartis à travers la campagne enneigée, sous un âpre blizzard.

Ce jour-là, trois de nos hommes moururent d'épuisement et de froid. Un quatrième, qui tomba de cheval, nous supplia de l'achever. Ceux qui restaient nous faussèrent compagnie en pleine nuit avec les chevaux libres, alors que nous nous trouvions dans les parages de Toul. Basika et moi nous retrouvâmes seuls dans une contrée de guérets et de champs en friche, accablée par une neige tenace et durcie. Sans ma compagne, je me serais perdu ; grâce à l'instinct propre à sa race elle me guida comme si elle se promenait dans les steppes de son enfance.

A la fatigue s'ajouta la faim. Nous étions dépourvus de la moindre subsistance ; les enfants se plaignaient sans cesse et nous demeurions impuissants à les satisfaire.

Un jour que nous avions trouvé refuge dans un taillis proche d'une demeure habitée par des « lètes », Basika s'éloigna seule, en direction de la cabane. Un moment après elle était de retour, serrant contre sa poitrine des lamelles de viande séchée et une boule de pain qu'elle avait échangés contre une chaînette d'or. Elle mâcha longuement la viande pour la faire manger aux enfants.

La réserve de fourrage et d'avoine que nous avions placée sous l'encolure de nos chevaux était épuisée lorsque nous arrivâmes un soir, sous un grand ciel rose qui annonçait une nuit de gel, à une haute colline noire au pied de laquelle serpentait une rivière à moitié gelée. Un petit fortin désert nous abrita pour la nuit.

A l'aube, transis de froid, nous nous éveillâmes en sursaut. Des hommes montés sur de petits chevaux, hérissés d'arcs et de javelots, coiffés de bonnets ronds en fourrure, nous observaient en silence, immobiles, sans manifester d'intention hostile. Lorsque Basika les interpella dans sa langue, ils descendirent de cheval pour s'avancer vers nous.

— Ne crains rien, me dit-elle. Ce sont des gens de ma race. Nous sommes sauvés.

Ils me regardaient sans aménité et me crachaient au visage un mot que je prenais pour une menace mais qui signifiait tout bonnement chef : « tanjou ». Basika me rassura, mais elle-même redoutait pour notre vie, ainsi qu'elle me l'avoua par la suite. Les individus de sa race qui avaient vécu, en Gaule ou ailleurs, en dehors de la horde, à titre d'auxiliaires, d'otages ou de prisonniers, devenaient suspects. Les chefs hunniques faisaient crucifier, notamment, les auxiliaires enrôlés dans les légions de Rome.

— Tanjou ! Tanjou !

Ils nous poussaient à coups de pied vers nos chevaux pour nous conduire à leur chef, malgré les explications de Basika. C'étaient de petits hommes très sales et qui puaient atrocement. Sous leur large coiffure de peau à bord rabattu, je ne distinguais que peu de détails de leur faciès : ils avaient de petits yeux perçants de sauvagine, aux paupières bridées, des scarifications ou des cicatrices rituelles datant de leur naissance, destinées à empêcher la barbe de pousser. Leurs vêtements étaient faits de peaux de rats des forêts mal cousues entre elles. Leurs jambes courtes étaient enveloppées de peaux de chèvres ficelées avec des liens de cuir. Ils ne ressemblaient pas aux Huns incorporés dans l'armée du patrice Aetius, astreints à une certaine discipline vestimentaire. C'étaient, ni plus ni moins, des sauvages : ceux-là mêmes qui, quelques décennies auparavant, avaient déferlé des fins fonds de l'Asie sur les terres d'Occident, chassant devant eux des peuples terrorisés. Ils n'ambitionnaient pas, comme les Germains, de devenir des soldats de Rome ou des « lètes », mais de tirer le plus de profit possible de leur auxiliariat ; l'or les fascinait, surtout peut-être depuis qu'ils avaient franchi le pays des Scythes, dans les terres traversées par la Volga.

Encadrés par les soldats, nous fîmes notre entrée dans le camp du « tanjou » Khara, lequel dépendait de la horde d'Ouptar, un des trois oncles d'Attila.

Les quelques arpents de terre gelée et de boue mélangée à du crottin sur lesquels les Huns avaient installé leur campement puaient la viande avariée et ce suint barbare qui me donne la nausée et que je renifle à un quart de lieue de distance. C'étaient les vestiges d'un ancien camp romain : un châtelet de bois dominait la porte décumane, un autre se dressait au-dessus de la porte prétorienne ; des avenues se coupaient à angle droit ; on devinait au centre les vestiges d'un autel ; des fragments de palissades subsistaient ici et là, au-dessus des fossés de circonvallation. Les chariots se regroupaient autour de maigres feux de tourbe sur lesquels cuisaient des viandes. Les enfants étaient nombreux : petites boules de poil d'où émergeaient des faciès hirsutes, cheveux barbouillés de graisse, yeux bridés...

— Surtout, me dit Basika, ne fais pas un geste et ne dis pas un mot.

Je venais de sursauter et de pousser un juron en passant près d'un espace entre les chariots, où l'on avait dressé des croix et des pals : des hommes nus, des Huns, achevaient de mourir ou de pourrir, abandonnés aux enfants qui leur jetaient des mottes de terre gelée et faisaient mine de les attaquer avec des armes de bois.

Ce qui me surprit également, c'est l'absence de dispositif de sécurité. Le camp n'était pas gardé et les palissades détruites en maints endroits. Depuis que la horde avait fait la paix avec le roi wisigoth Théodoric qui régnait sur une partie de la Gaule avec Toulouse comme capitale, les Huns en prenaient à leur aise et se comportaient comme en pays conquis, sans autre ambition que de le mettre en coupe réglée en attendant de disparaître vers d'autres lieux.

La seule demeure digne de ce nom était celle du chef Khara : une hutte aux structures légères, ronde, faite de peaux de bœufs, avec des esquilles de branches dépassant de toutes parts, et une ouverture aménagée dans la toiture, par où s'échappait la fumée — une « yourte », à ce que je crus comprendre.

— Ne tente pas d'intervenir dans la conversation, me dit Basika. Laisse-moi faire. De nous deux, c'est moi qui risque ma vie. Si tu te tiens tranquille, tu n'auras rien à craindre. Quoi qu'on me fasse, ne tente rien pour t'interposer, car cela ferait deux victimes au lieu d'une.

Khara était une sorte de singe gras. Il était vêtu légèrement malgré la température glaciale de la « yourte ». Sa poitrine mamelue était recouverte de bijoux aux formes singulières, faits d'or et de pierres de couleur, dont il jouait du bout des doigts sans nous quitter du regard. Il parlait peu, par phrases courtes et rapides, qui semblaient lui sortir du ventre.

Une servante nous offrit un bol de lait tiède que Basika fit boire aux enfants avant d'avaler elle-même, avidement, ce qui restait.

Une longue conversation s'engagea entre elle et le « tanjou ». En fait, ce fut un long monologue de la part de Basika ; elle parlait les yeux baissés, sans cesser de bercer les enfants entre ses cuisses. L'entretien dura une heure. La fatigue provoquait en moi une somnolence dont un guerrier qui se tenait derrière moi me tirait brutalement à coups de bois de lance.

J'ignore le contenu de leur entretien. Lorsque le « tanjou » y mit fin en faisant claquer ses mains l'une contre l'autre, deux guerriers emportèrent Basika et les enfants. En passant près de moi, elle me jeta un regard de désespoir et me dit simplement :

— Adieu, Eudoxe. Nous ne nous reverrons plus. Sois courageux.

J'allais réclamer des explications quand une voix qui parlait un latin parfait sonna étrangement derrière moi.

— Ne bouge pas et ne dis pas un mot. Si tu veux avoir la vie sauve, il faut m'écouter.

Sur un signe de Khara, l'homme s'avança. Il était long et maigre, l'allure d'un berger de la Narbonnaise ; des braies gauloises s'effrangeaient sur ses chaussures éculées ; du col à la ceinture, il était enveloppé d'une pelisse en peaux de loup ; il portait une barbe courte, des cheveux raides peignés à la romaine. J'ai retenu son nom : Calliste. Quant à ses fonctions, diverses et insolites, elles échappent à toute définition. Plus tard il m'expliqua qu'il était chargé du secrétariat du « gros singe », de ses rapports avec les ambassadeurs des nations étrangères, qu'il charmait l'oisiveté de son maître en lui chantant des airs de marche des légions du temps d'Auguste et des histoires abracadabrantes sur Rome ; il était aussi son conseiller pour les moindres détails de la vie quotidienne et faisait mine, pour flatter son orgueil, de rédiger l'histoire de sa vie errante. Calliste assumait bien d'autres fonctions concernant en particulier l'armement et la stratégie de la horde. Sa renommée s'était répandue à travers tous les territoires conquis par les Huns.

Comment Calliste en était arrivé là, il me l'expliqua au soir de cette journée mouvementée, dans le chariot qu'il habitait, autour de la lampe à graisse et du brasero de bronze où il vivait en compagnie de deux jeunes femmes. Il me dit :

— J'étais attaché à l'intendance dans une légion d'Aetius qui opérait en Germanie Première contre les troupes de Chlodion. Après la fameuse bataille de Vicus Helena, alors que nos troupes étaient affaiblies, nous sommes tombés sur la horde de Khara. Plutôt que de l'affronter, nous avons choisi de négocier. J'étais l'un des otages réclamés par le « tanjou » et je le suis resté parce que mes anciens maîtres ne m'ont pas réclamé et que la vie que je mène ici me convient. J'ai même appris la langue de ces gens, ce qui m'a permis de défendre ta cause auprès du « gros singe » et de te sauver. Pour Basika, mon éloquence a été vaine : elle doit mourir pour une prétendue trahison. C'est une absurdité mais les gens de ce peuple ont une curieuse manière d'appréhender les conflits moraux et de résoudre leurs problèmes de justice. Une simple boutade a suffi à te sauver la vie...

Lorsque le « gros singe » m'avait demandé, par le truchement de Calliste, si je connaissais le roi des Wisigoths, Théodoric, je lui avais répondu qu'il ne m'avait jamais été donné de le rencontrer mais que l'on m'avait parlé de lui ; j'ajoutai un détail : on prétend que le barbier du prince doit chaque jour lui couper les poils du nez tant son système pileux est luxuriant.

A peine Calliste avait-il fini de traduire mes propos, je vis Khara entrer dans une violente colère et je crus ma dernière heure venue ; en réalité, le « tanjou » s'esclaffait, les mains à plat sur son ventre.

— Tu es sauvé, m'avait soufflé Calliste.

Sauvé, je l'étais, mais je dus, la mort dans l'âme, assister au supplice de Basika.

Attachée à une croix par les pieds et les mains, elle resta deux jours à agoniser sans que je puisse rien pour elle, sinon la réconforter par ma présence, mais elle était déjà loin de moi, revenue aux steppes originelles de l'Asie. Quant aux enfants, ils furent confiés à des familles et se fondirent si bien dans la communauté que je ne les revis plus, à supposer que j'eusse réellement envie de les revoir. Ma progéniture n'a jamais beaucoup compté pour moi, dans ce monde où l'avenir se mesure en jours et non plus en mois ou en années, où la seule certitude est le présent et la seule vertu raisonnable l'égoïsme.

5.

AVE, PROBUS IMPERATOR !

Trèves se prépare à l'assaut des Barbares.

Personne dans cette ville n'oserait affirmer que la moindre chance subsiste d'éloigner nos assaillants et de libérer la ville de leur emprise ; pourtant chacun s'active dans la fièvre à défendre son créneau, sa famille ou sa liberté. Il faut être fou comme Probus pour imaginer qu'une résistance opiniâtre et une mort héroïque lui vaudront un arc de triomphe, une inscription sur les tablettes de l'histoire ou une simple stèle louant ses vertus et ses mérites. Rome n'est qu'un nom vide de sens, une entité perdue dans les brumes du temps et de la distance, incarnée par ce doux enfant triste qui contemple de sa fenêtre ce dernier espace de liberté : les grands marécages de Ravenne.

Minuo est de retour, précédé de son esclave portant l'écritoire ; impassible, il trotte menu derrière les grandes jambes qui le précèdent, baigné dans le soleil crépusculaire de l'Empire, la tête bourdonnante des exploits des anciens empereurs et de leurs capitaines.

La voix de Mincius, lourde de reproche, me parvient comme du fond d'une citerne vide : pourquoi ce retard ?

Dans la cour centrale lavée à grande eau du sang qui maculait son dallage et recouverte de sable comme une arène, Bibula commande l'exercice. Après lui avoir caressé la croupe Probus lui dit :

— Prends tous ces parasites : hommes, femmes et enfants, et tâche de leur montrer comment on doit se battre. Il n'y en a pas deux sur dix qui sachent manier un javelot et tenir une épée. Tu vas les dresser à coups de pieds au cul. Tous, sauf Eudoxe, ton chéri : il a eu une rude journée et je pourrais avoir besoin de ses services. Pour les autres, aucune indulgence. Je veux qu'avant la fin de la journée Ioulianos puisse transpercer une cible à dix pas...

Ioulianos... Il rêve, Probus Gros-Cul ! Autant demander à un chien de réclamer sa pâtée dans la langue de Virgile.

Le spectacle est réjouissant et détend l'atmosphère crispée de l'après-midi. J'y assiste, assis sur les premiers degrés du grand escalier. Bibula a fait confectionner un mannequin bourré de paille qui rappelle vaguement une forme humaine. Pour la circonstance, elle a adopté le langage vulgaire des légions — celui de Probus.

— Magnez-vous, bande de péquenots ! Tous en rang ! Le buste droit ! Ma parole, on dirait que vous allez à la cueillette des champignons avec une canne. Regardez, sacs de merde, comment ça se tient, un javelot. Question d'équilibre, d'abord : les doigts comme ça, le buste tourné légèrement sur le côté. Pas la tête, bordel ! C'est pas moi que vous visez mais le mannequin. Imaginez que vous avez un « Teutshe » en face de vous : vous le regardez dans le blanc des yeux et vous tirez sec et droit en accompagnant le mouvement avec l'épaule. Dites-vous que si vous le ratez, lui ne vous ratera pas. Sunno, qu'est-ce que tu t'imagines ? Que tu tiens un aiguillon ? A toi !

Sunno le Franc n'a rien perdu de son habileté à manier les armes. Le javelot part, fait mouche. En plein ventre !

— Touché ! s'exclame Bibula. C'est bien, mais tu as perdu trop de temps à viser. Tu serais mort avant d'avoir pu décocher ton trait. A toi, Nymphius ! Montre-nous que tu as des couilles.

Le javelot part mollement, ricoche sur le dallage, à deux pas du mannequin.

— Nul ! Qu'est-ce que tu as à la place des muscles ? De la tripe molle ? Recommence !

Les « moines » de l'évêque, qui n'ont pas coupé à l'exercice malgré les protestations de Marus, ont, semble-t-il, passé leur vie à chasser le sanglier ou le Barbare : ils font mouche.

— Fort bien, dit Bibula. Reste à savoir si vous ne serez pas tentés de faire votre prière avant d'envoyer les « barbatus » rejoindre leurs ancêtres. Dites-vous que la mort n'est rien pour eux et que mourir au combat est leur récompense suprême. Alors pas d'hésitation !

Mincius n'est pas un meilleur « sagitarius » que son ami Nymphius. Le javelot du « clarissime » va crisser contre la pierre, à trois coudées au-dessus de la cible. Il s'excuse, montre ses mains qui tremblent.

— Si tu as peur de ce sac de paille, dit Bibula, qu'est-ce que ce sera quand tu te trouveras en face de ces sauvages ?

Le sommet du ridicule est atteint lorsque l'on place un javelot entre les mains de Ioulianos. Il tâte le manche, puis le fer, lâche le trait comme s'il lui brûlait les doigts et décampe. Les soldats le rattrapent par la peau des fesses et le ramènent dans le rang. Il trépigne, bave, lache des borborygmes aigus et soudain, pris d'une rage subite, il décoche son trait au hasard en direction de Bibula qui n'a que le temps de se baisser pour l'éviter.

— Vieille momie ! Déchet d'humanité ! Demeuré ! Fous le camp puisque tu n'es bon à rien, s'écrie-t-elle.

Le spectacle se poursuit avec les femmes. Leur jet est plus sûr. Il ne trahit aucun affolement. Tvara fait mouche à tout coup. Bibula exulte.

Bibula. Je revois sa chair frémissante contre mon vieux cuir dans la lutte d'amour ; je sens la dureté de ses muscles entre mes mains ; son sexe nerveux presse le mien comme pour le faire pénétrer plus profond en elle. De nouveau je la désire. Passer une nuit, une seule, avec elle. M'endormir dans le tumulte de notre sang et l'odeur de nos étreintes.

Il faut que je rejoigne Probus. Quelque chose m'avertit qu'un événement se prépare, dans la ville même, et que je dois être présent.

Le soleil commence à décroître ; les ombres s'allongent sur les dalles de la voie centrale creusée par les deux sillons parallèles des roues ferrées. Par bouffées tièdes, le vent de la soirée fait frémir les graminées sur les toitures des bâtiments publics abandonnés.

La cloche de la chapelle proche de la Porte Noire me fait grincer des dents. Je déteste qu'on me rappelle le cours du temps, le matin surtout, au réveil. Je rêve d'un temps immobile, figé comme une banquise au royaume de Thulé, qui retarderait indéfiniment l'heure de la mort, d'un espace privilégié propice à la réflexion et à la suppuration, une sorte de sommeil éveillé, sans but et sans limite. Mes rapports avec le temps ont évolué avec l'âge ; jadis, je luttais avec lui et je gagnais, fier d'avoir accumulé des événements comme une digue contre cette marée. Aujourd'hui, je l'accepte comme un mal inexorable ; tout ce que je puis faire pour me préserver de ses atteintes, c'est de l'ignorer, de laisser à d'autres le soin de garnir les brèches avec des événements en rêvant de le ralentir jusqu'à une immobilité totale qui ne serait pas la mort, jusqu'à cette transparence d'éther qui m'éblouit.

J'avais raison d'appréhender un fait extraordinaire.

Une mer humaine assiège le prétoire, et je devine que Probus n'est pas étranger à cette rumeur, sans pouvoir deviner ce qui la provoque. Une rébellion de la « Martiale » ? La chose serait surprenante après la double victoire remportée sur les « Teutshes » et la distribution de vin et de vivres.

Affolé, Nazarius court à ma rencontre.

— Nous n'avons pas pu les retenir ! dit-il en montrant la foule des soldats. Ils ont abandonné leur poste et réclament Probus pour l'acclamer. Si les « barbatus » se mettent en tête de nous attaquer nous serons dans de beaux draps !

— Pourquoi ne leur fait-on pas distribuer une nouvelle ration de vin ?

— Ils sont déjà ivres.

Il se retourne, court vers la foule.

— A vos postes, bande d'ivrognes ! Les Barbares vont attaquer !

Sa voix se perd dans le tumulte. J'essaie de me frayer un chemin à travers la foule avinée et la forêt d'armes brandies, coiffées de casques, au-dessus des têtes nues, mais je dois battre en retraite. J'oblique vers la gauche et pénètre dans le prétoire par le jardin. Ces lieux, je les connais bien et je me dirige sans peine dans le dédale des cours et des galeries. Le jardin est désert ; l'immeuble vide et sonore sous mes pas comme une crypte. Probus semble m'attendre, allongé sur son lit de camp.

— Te voilà enfin, Vieille-Peau ! Ma blessure s'est rouverte.

— D'autres que toi seraient morts de tant d'imprudences !

La fièvre l'a repris. Le pouls cogne rudement. Il se tourne avec effort pour que j'examine sa blessure.

— Qu'est-ce qu'ils te veulent, ces ivrognes qui gueulent ton nom ?

D'une voix calme, il prononce cette phrase effarante :

— Ils veulent me proclamer empereur. Je les laisse brailler à leur aise, en espérant qu'ils se lasseront. Mais s'ils ne se lassent pas ? S'ils se mettent dans l'idée d'envahir le prétoire et de me forcer la main.

Probus, empereur... Je regarde le buste récupéré dans la riche demeure de Spurina et placé dans une niche. Probus Gros-Cul, dernier empereur de Rome ! Je songe à tous ceux qui, avant lui, en divers points des frontières, à toutes les époques, ont cédé aux légions et se sont dressés contre la légalité ; c'étaient presque tous des aventuriers et ils ont fini dans le drame ou le ridicule. Aujourd'hui, paradoxalement, la situation est trop tendue pour tolérer ce jeu grotesque. Alors pourquoi, soudain, ai-je envie de jouer ?

— J'ai toujours pensé que tu avais l'étoffe d'un grand chef militaire et que la pourpre conviendrait à tes épaules, dis-je. Il suffit de voir comment tu mènes les hommes ! La rigueur de César alliée à la majesté d'Auguste. Alors, puisque ta légion te montre la voie de ton destin, cède à sa volonté.

En l'entendant grogner, je me dis que je suis allé un peu trop loin dans la flagornerie, et j'ajoute :

— Dis-moi, Probus Auguste, qui est le plus apte à résister à une armée d'invasion, de l'enfant Romulus ou du vétéran des légions ?

Je le sens se détendre sous mes mains ; ses muscles fessiers semblent s'épanouir. Je l'aide à se retourner, doucement, pour ne pas déplacer le pansement. Il me prend la main, m'enveloppe d'un regard mouillé de vieux chien.

— Tu crois vraiment cela, Eudoxe ? Alors, si c'est ma destinée, il faut faire en sorte que je puisse me présenter à ma légion et prononcer la harangue d'usage, dont je ne connais pas un traître mot. D'ailleurs je ne m'en sens pas le courage ni la force.

— Je vais te faire un nouveau pansement et te préparer une autre décoction de thériaque. D'ici un moment, tu te sentiras mieux.

Probus fronce les sourcils ; il doit se demander si je me moque de lui ou si je suis sérieux, je le rassure.

— Tu ne seras pas le premier chef d'armée en rébellion, non contre Rome que nous vénérons tous, mais contre ceux qui la conduisent à sa perte. Si le destin de l'Empire doit s'achever aujourd'hui et en ce lieu, le dernier empereur ne peut être le jeune Romulus...

— Romulus ! Si on lui pressait le nez il en sortirait du lait.

— ...pas plus que Syagrius.

— Le « dernier des Romains », comme disent les courtisans ! Un prétentieux et un traître qui n'a pas été capable de nous envoyer une armée de secours. Si les dieux veulent que nous repoussions ces Barbares, je marcherai contre lui, je lui réclamerai des comptes et je balaierai son royaume de merde !

— Je te le dis : toi seul, Probus Auguste, peux désormais incarner le destin de l'Empire.

Mes flatteries font en lui une fête d'orgueil et de vanité. Il se redresse en grimaçant et, assis sur une fesse, au bord du lit, boit la décoction, la recrache, réclame du vin, en avale une coupe d'un trait.

— Bibula, dit-il. Pourquoi n'est-elle pas là ?

— Elle n'est pas loin, Probus Auguste, et elle sera parmi les premiers à saluer ton avènement.

— Il faudra que je songe à prendre une épouse. C'est elle que je choisirai. L'impératrice Bibula... Cela sonne bien, tu ne trouves pas ?

— C'est en tout cas un choix judicieux. Bibula te suivra sur les champs de bataille, se battra à tes côtés et te fera honneur en toutes circonstances.

Je l'aide à se lever. Il grimace de nouveau, s'accroche à moi.

— Que dois-je faire à présent, mon bon Eudoxe ? Une harangue ne suffit pas à faire un empereur. Il faut entourer l'avènement de tout un cérémonial dont je n'ai aucune idée.

Je me gratte la barbe, fouille dans ma mémoire livresque.

— Il faut d'abord trouver un manteau rouge. Même s'il n'est pas teint avec la pourpre de Tyr. Ta Sublimité doit absolument s'en revêtir pour se présenter à ton armée.

— J'ai ce qu'il faut : une vieille cape un peu mitée fera l'affaire.

— Un diadème est également nécessaire. Tu le sais : le cercle qui entoure le front des empereurs est symbole d'éternité. As-tu cet objet dans ton coffre ?

— Je possède cela également. C'est un simple cercle d'argent ayant appartenu à une femme de Germanie : une prise de guerre.

— Cela conviendra parfaitement à Ta Grandeur. Pour le reste, je m'en occupe.

Très excité, je fais venir les servantes, leur ordonne de procéder à une rapide toilette de Sa Sérénité Probus Auguste, deuxième du nom, ce qui les fait se tordre de rire. L'aide de camp Statius aidera l'empereur à revêtir sa tenue militaire des grands jours ; lui, il ne rit pas : il me regarde comme si j'étais devenu fou. En imitant le ton de commandement de Probus, je lui jette :

— Exécution !

Le jeu devient intéressant mais redoutable. La moindre maladresse risque de faire dégénérer cette farce en tragédie. Je me rassure en me disant que cette troupe de pouacres avinés qui braille sous nos fenêtres ignore tout d'un cérémonial d'avènement. Il faut improviser, et cela me plaît. J'annonce avec le plus grand sérieux au préfet qu'Aulus Publius Probus, tribun de la « Martiale », a décidé de céder à la volonté de sa légion ; je le prie de faire vite dans l'organisation de la cérémonie, afin que ces sauvages retournent le plus rapidement possible à leur poste. Publius, effaré, écarte les bras d'un air de découragement.

— Je suis à tes ordres, Eudoxe. Que va-t-on faire ?

D'abord annoncer à ces excités que Sa Clémence consent à satisfaire à leur souhait. Ensuite, disposer sur le parvis le buste de Probus Premier, ancêtre de notre empereur vénéré, posé sur un trépied assez élevé pour que la foule puisse l'apercevoir ; disposer autour quatre flambeaux allumés ; placer sur un autre trépied le livre sacré contenant le serment traditionnel...

— Quel livre ? Quel serment ? s'étonne le préfet Publius. Tu sais que je suis chrétien et n'ai qu'une Bible.

— Elle fera l'affaire. Aucun de ces soldats ne sait lire. Quant au serment que l'empereur adressera aux étendards — et non aux soldats, car ainsi le veut la coutume romaine — Probus l'improvisera grâce à la splendeur de son verbe. Fais vite, le temps presse. Que tous tes vexillaires soient présents avec leurs étendards et leurs enseignes !

Probus semble mal en point lorsque je le rejoins. Le mélange de thériaque et de vin ne lui a pas réussi. Une servante est en train de nettoyer son vomi.

— Jamais je n'y arriverai ! gémit-il. Saloperie de fièvre !

— Il le faudra. Tout sera prêt dans quelques instants. Publius est en train d'annoncer ta venue. Tu verras : ce sera une magnifique cérémonie.

Je recule de quelques pas, le contemple avec un air ravi qui fait se dessiner sur ses lèvres un sourire de satisfaction.

— Parfait ! dis-je. Tu ressembles à l'empereur Aurélien, auquel la pourpre ne suffisait pas et qui voulait des vêtements somptueux pour affirmer le caractère divin de sa personne.

— J'ai la gorge en feu. Si je buvais une gorgée de vin, cela irait mieux.

— Eh bien, bois, si cela peut te donner l'assurance nécessaire.

De l'assurance, il en a besoin. Moi aussi. J'invoque les mânes du comte Ricimer qui possédait, il y a quelques années, l'autorité suffisante pour lancer sur la scène de Rome des empereurs sortis de sa manche, qu'il faisait disparaître dès qu'ils avaient cessé de lui plaire ou qu'il les jugeait dangereux pour ses ambitions et ses intérêts. Moi, Eudoxe, modeste médecin, ancien chef des Bagaudes, me voici devenu un « faiseur d'empereur » ! Un vertige me saisit ; je sens que je suis allé trop loin dans la flagornerie, que j'ai entraîné ce pauvre

Probus dans une aventure qui le dépasse et que renoncer provoquerait une rébellion : nous entendrions les bois des lances rouler contre les boucliers et nous assisterions à la fin du plus éphémère empereur de l'histoire de Rome.

— Maintenant, dis-je, suis-moi.

Il avale une coupe de vin, en rejette la moitié. Le signe de Mithra apparaît en blanc sur son front. Il aurait assez belle allure, l'empereur Probus, sans cette incertitude dans la démarche, ces épaules basses, ces orbites charbonneuses, ces frissons qui le secouent des pieds à la tête. Qui m'aurait dit que le soldat que j'ai rencontré aux latrines publiques en train de se battre contre une constipation opiniâtre serait un jour proclamé empereur ?

— Mon emplâtre ! dit-il.

Il faut chercher le petit sac d'oignons pilés, le placer de nouveau sous le casque, ajuster la jugulaire.

— N'oublie pas, dis-je, que tu dois dans ton discours t'adresser aux étendards et non à tes hommes, et qu'il te faudra prêter serment.

— Je n'en connais pas un traître mot !

— Tu improviseras ! Personne dans cette ville, sauf peut-être Sinisser, n'en connait les termes et il n'y a pas de chef du protocole pour te censurer. D'aîlleurs c'est à Rome ou à Ravenne que se fera ta véritable consécration.

Une clameur profonde salue l'apparition de Probus sur le parvis du prétoire, au milieu des flambeaux allumés, derrière le buste impérial. Les trompettes ivres sonnent un air sans queue ni tête. Des centaines de boucliers heurtés contre les jambières de métal ajoutent au tumulte.

Majestueusement, Probus écarte son manteau de pourpre, lève les bras dans un mouvement qui dévoile le squamata de bronze précipitamment astiquée, qui brille comme un soleil. Il réclame le silence, l'obtient à grand-peine. Les nerfs à vif, les jambes molles, à demi abrité par le trépied portant le livre du serment, je le vois s'avancer au milieu de ses officiers.

— Etendards de Rome, s'écrie-t-il, saintes images de la Ville chère à nos cœurs, dont le renom rayonne sur le monde, vous êtes témoins aujourd'hui de mon accession à l'honneur suprême, non par ma volonté mais par celle de ma glorieuse légion. Je promets en cet instant solennel de vous conduire à travers les rangs de nos ennemis jusqu'aux Sept Collines, sur les traces des légions « Hercule » et « Jupiter » qui ont fait la grandeur et la puissance de l'Empire...

Une bouffée de soulagement m'emplit la poitrine. Où Probus Gros-Cul est-il allé puiser une telle éloquence ? Après un instant de silence et un regard circulaire sur la légion figée, il poursuit en changeant de ton et de vocabulaire :

— En ce jour, moi, Probus, deuxième du nom, je fais le serment de défendre l'Empire jusqu'à la mort. Les gars, fourrez-vous bien dans le crâne que si vous mettez pas la paille au cul de ces macaques, c'est nous qui vous la mettrons ! Vous allez en baver, c'est moi qui vous le dis ! Vous réclamiez un empereur ? Vous l'avez. Mais faites gaffe ! C'est à coups de pied dans les fesses que je vous apprendrai à me respecter et à m'obéir. Je réserve quatre bonnes coudées de chanvre aux fortes têtes. Compris ?

Voilà : c'est exactement le langage qu'il fallait tenir à ces ivrognes, et ils l'ont compris. Il suffit de les regarder sauter sur place en brandissant au bout de leurs lances des casques et des têtes coupées, de les entendre clamer leur enthousiasme et hurler le nom de leur empereur pour comprendre qu'ils se feront tuer plutôt que de baisser les bras. Je mêle ma voix à la leur et à celle des trompettes discordantes. Probus, de nouveau, impose le silence à sa manière :

— Vos gueules, bande de corniauds ! La cérémonie n'est pas finie.

Il fait un signe vers Publius, sacré pour la circonstance maître des cérémonies. Le préfet lui ôte son casque à cimier et son emplâtre qu'il regarde d'un air dégoûté, dépose sur la chevelure graissée par la fièvre et parfumée à l'oignon le diadème d'argent. Et voilà Probus Auguste sacré empereur ! Titubant d'émotion et de fatigue, il s'accroche à la ceinture de Publius pour ne pas s'effondrer comme une effigie de théâtre privée de son support — un mouvement de faiblesse qui, par miracle, semble être passé inaperçu des officiers et des soldats. Des auxiliaires trévires se ruent vers lui avec un bouclier, le forcent à s'installer dessus. L'empereur pousse une plainte déchirante, jure, tente de se redresser sans y parvenir, réclame le silence et proclame d'une voix cassée :

— Ecoutez-moi, bande de trous du cul ! J'ai reçu ce matin une blessure aux fesses. Alors épargnez-moi cette petite promenade. Nous avons mieux à faire. Aux remparts, les gars !

Sa voix se dissout dans le vacarme. Malgré ses protestations, on le couche sur le bouclier que six hommes hissent sur leurs épaules, et voilà Probus II emporté comme sur une barque tanguant au milieu d'une tempête. Il surnage dans la houle, plonge, disparaît, refait surface, les jambes battant l'air, enfoui de nouveau par les vagues humaines, passant de bras en bras avant d'être rejeté, sa pourpre à demi arrachée, son diadème disparu, volé, sur la grève du parvis où je m'empresse de le recueillir, un flacon d'alcool à la main. Il hurle !

— Publius ! fais donner la cavalerie ! Disperse cette bande d'énergumènes. Tout le monde aux remparts, bordel ! Exécution !

Un homme se penche sur l'empereur. Je reconnais Musa, le Pater de Mithra, le mystagogue, à son bonnet phrygien et à sa longue tunique.

— Mon fils, dit-il, je suis fier de toi. Tu es la gloire de notre communauté. Tout à l'heure nous célébrerons une cérémonie en ton honneur. Nous sacrifierons un taureau blanc, le seul qui nous reste, et tu accéderas enfin au grade de Lion dont tu porteras durant le rituel le masque sacré. Sois présent dans une heure au Mithreum.

— Je serai là, murmure Probus.

Il baise la main du Pater et se tourne vers moi, les yeux baignés de larmes bienheureuses.

— Tu vois, Eudoxe, une grande joie ne vient jamais seule. Je pensais finir mes jours avec le grade de « miles » dans la religion de la Lumière, et je vais revêtir la tenue du Lion à laquelle ont droit fort peu de mystes. Je serai à l'image du Cronos Léontophore : le Temps porteur du Lion...

Je réponds d'un ton acerbe :

— Ta religion, je la respecte, mais je te rappelle que les Barbares sont sous nos murs et que le premier de tes devoirs est de veiller à l'intégrité du territoire et à la sécurité de tes sujets. Une heure perdue risque de nous coûter très cher.

Ma diatribe, les mouvements convulsifs de mes bras, mon visage cramoisi de colère ne paraissent guère impressionner l'empereur. Il me considère avec un regard mouillé de ravissement comme s'il venait d'avaler une coupe d'haoma, cette mixture sacrée composée de vin et d'ail sauvage que l'on fait boire aux mystes durant les rituels et qui les transporte dans un autre monde.

— Je me dois d'abord au dieu, dit-il. L'empereur règne sur son temps et Mithra sur l'éternité. Il est le dieu de la fidélité et je ne puis me comporter envers lui en parjure. « Nama, nama sebesio... »

Il ajoute en prenant ma main :

— Mon préfet Publius me remplacera le temps que durera la cérémonie. J'ai confiance en lui ; c'est un vétéran ; il connaît les

« Teutshes » mieux que les morpions qui lui bouffent le pubis. Quant à toi, Eudoxe, mon conseiller, ma providence, je tiens à ce que tu sois à mes côtés dans l'épreuve redoutable qui m'attend. Tu m'as promis de ne plus me quitter, et tu seras là. C'est contraire au règlement du Temple mais on ne peut aller contre la volonté impériale. D'ailleurs j'aimerais que Musa procède à ton initiation car tu es, comme moi, marqué du signe de Lumière.

— Il est fou, dis-je.

— Il est fou, répète Bibula. Fou à lier. La fièvre, le vin, son avènement lui sont montés à la tête.

Elle caresse le museau de Myia qui renifle avec passion ses braies au niveau du bas-ventre, puis elle se lève en soupirant et se dirige vers la baie qui ouvre sur le camp des Barbares d'où montent encore des hululements de femmes. Je la rejoins, m'assieds sur l'appui à côté d'elle, un genou entre ses cuisses.

— Quels résultats as-tu obtenus avec tes « sagitarii » ?

— Presque tous sont nuls. Quand les Barbares passeront sérieusement à l'attaque de la Porte Noire nous serons peu nombreux à pouvoir leur tenir tête.

Elle réunit mes mains, les porte à ses lèvres.

— Pourquoi ne nous sommes-nous pas rencontrés plus tôt, Eudoxe ? C'est de ta faute. Tu te détournais chaque fois que j'essayais de retenir ton attention. Est-ce que je te déplaisais ? Un moment, j'ai cru que tu préférais les hommes ; maintenant je sais que c'est faux. Tout à l'heure tu m'as fait l'amour comme personne ne l'avait fait avant toi, avec une tendresse qui me serre le cœur. Toi et moi, nous aurions pu vivre une belle aventure amoureuse.

Mon rire la surprend.

— As-tu oublié que Probus Auguste veut t'épouser ?

Elle répète, les mâchoires contractées :

— Fou... fou... fou... Il n'est rien pour moi, mais il fait comme s'il l'ignorait. Nous n'avons que des rapports de maître à esclave. Je suis libre, mais soumise à son bon plaisir. Il aime faire l'amour avec moi, mais il le fait comme une bête, sans me manifester la moindre tendresse.

— Il est généreux ?

— C'est vrai, mais il me fait payer sa générosité. Par sa faute je n'ai pu aimer personne d'autre. Tu es le premier avec lequel j'ai envie de faire l'amour de nouveau, et encore, et encore. Rien qu'à te regarder, à te toucher, je te désire.

— Je suis un vieil homme, Bibula et je n'ai rien pour séduire. A supposer que nous échappions au massacre, combien de temps pourrais-je espérer te plaire et te satisfaire ?

— Quand on est vraiment épris l'un de l'autre, ni le temps ni l'apparence physique n'ont d'importance. J'aime tout de toi, et depuis longtemps : ton allure, ta façon de te comporter, de parler, ton expérience, la sérénité qui émane de toi. Tu as une manière de me regarder qui me bouleverse. Dans dix ans, tu seras le même qu'aujourd'hui et je serai toujours aussi éprise de toi. Tu pourrais être infirme, malade, impuissant, je...

— Tais-toi ! A quoi bon parler d'avenir ? Nous serons sans doute morts d'ici demain.

Elle se redresse vivement.

— Nous vivrons ! Il le faut. Si c'est nécessaire, nous quitterons cette ville avant la fin des combats. Je connais un moyen d'échapper à ce piège.

— Tu rêves, Bibula.

Je la force à se rasseoir et l'attire contre moi.

— Je ne sais pas si je t'aime vraiment. Tout s'est passé si vite entre nous. Ce que je puis affirmer, c'est que tu seras la dernière femme que j'aurai prise dans mes bras.

— Sigen ?

— Elle ne compte pas, elle n'a jamais compté. C'est un bel animal incapable du moindre sentiment. Toi, il me suffit de te regarder pour te voir vibrer comme une corde de lyre. Nous pourrions parler de nous pendant des heures, alors que Sigen et moi nous n'avions à échanger que des étreintes sans joie et des silences.

Je l'embrasse sur les lèvres. Nous devons ressembler à ces statuettes de terre cuite qu'on appelle « les Amoureux », que les colporteurs vendaient jadis sur la voie publique. Elle gémit, presse ses mains sur ma nuque, sous mes boucles grises, pour prolonger notre baiser. Depuis combien de temps n'ai-je pas échangé un baiser avec une femme ?

— Il faut que je parte, Bibula. Probus a insisté pour que je l'assiste durant la cérémonie du Mithreum, et je dois changer de vêtements. Je te promets que nous ne nous quitterons plus.

Jamais de ma vie — et pour cause — je n'ai pénétré dans un temple de Mithra, malgré la curiosité qui me donnait envie de découvrir, sans intention d'y adhérer, moi, le sceptique, cette religion de mystère qui, depuis Pompée, s'est propagée dans les légions, jusqu'aux garnisons du Rhin où, par un paradoxe singulier, elle a trouvé son épanouissement. Une religion de lumière dans ces domaines de la pluie, de la brume et du froid... Poussée par quel tropisme mystérieux cette ultime vague des chaudes religions d'Asie est-elle venue mourir aux bords du grand fleuve ? Par quel caprice de la nature humaine ce culte étrange, subtil, complexe, est-il venu nourrir l'âme obtuse d'un Probus Gros-Cul, de quelques officiers demi-barbares, de fonctionnaires gangrenés, de prévaricateurs en tous genres, de bourgeois anciens adorateurs de Mercure et qui, dans les temps jadis, allaient faire leurs dévotions, par familles entières, au Mercure de bronze de Zénodore, au sommet du Puy de Dôme, en Auvergne ? Si Nymphius était plus ouvert aux véritables problèmes philosophiques, Mincius moins attaché à des frissons de cœur qu'il prend pour de la poésie, j'aimerais m'entretenir avec eux de ces questions qui me harcèlent. Sinisser aurait pu m'apporter une réponse mais il ne manifeste d'intérêt que pour l'histoire de Rome, sans chercher à découvrir, sous ses comédies et ses drames, la machinerie complexe qui suscite les événements et anime les êtres.

Cette buée rose qui monte dans le ciel de l'orient annonce une nuit que j'appréhende.

J'ai beau prendre mes distances avec la réalité, m'affirmer témoin des événements, je sens une peur irrépressible affleurer sous ces velléités de détachement. Peut-on échapper à la souffrance, à l'angoisse, à la mort par des déclarations de neutralité ? D'ailleurs je ne suis pas neutre. Le drame que nous vivons me concerne. Il faudra bien que je me batte.

J'avance dans une artère presque déserte. Une odeur de cendre et de mort flotte sur la ville. On fait brûler des cadavres quelque part. Le vent, tiède encore, pousse devant moi des mouches noires envolées de quelque bûcher funèbre.

J'ai dépassé l'artère transversale au fond de laquelle la basilique de Constantin tasse sa carène de brique dans une brume rosâtre. Les « insulae » désertes s'écrasent entre les lignes sombres des ruelles où, par endroits, des treilles non épamprées donnent aux perspectives un air sauvage. Une fumée grêle monte au-dessus du domicile de Sinisser — je passerai chez lui tout à l'heure si j'en ai le temps, car j'ai besoin de réponses à la foule des questions qui m'oppressent et auxquelles, naïvement, je pensais pouvoir échapper.

Le Mithreum dresse à ma droite, au fond d'un espace dévasté, naguère un joli péribole bourdonnant d'abeilles, sa masse banale, tout en longueur. Le lierre a envahi les murs et les colonnades. Près de la fontaine sacrée, la « fons perennis », un gros buisson de ronces a poussé au milieu du parvis. Seul le fronton triangulaire a gardé une certaine majesté, illuminé par la clarté dansante de deux torchères de résine fichées dans les joints du dallage.

L'intérieur du temple, où se pressent une vingtaine de fidèles, est obscur, mais un prêtre prépare une pyrée dans de vastes cratères de pierre installés de chaque côté de l'allée centrale.

Peu à peu, je parviens à distinguer un décor banal. Debout au milieu du « pronaos » je vois soudain, dans la clarté de deux flambeaux portés par des dadophores, se révéler une image saisissante : celle d'un dieu enveloppé d'un voile rouge avec, derrière lui, au-dessus de l'autel, une inscription en caractères archaïques, que je parviens mal à déchiffrer : « SOLI INVICTO MITHRAE » : la dédicace à Mithra. Les niches disposées des deux côtés de la nef abritaient naguère les divers attributs du dieu : chien, scorpion, serpent, taureau, corbeau...

Les pyrées brûlent d'une haute flamme dont la clarté dansante balaie les murs. Je cherche des yeux Musa et Probus. Seul ce dernier m'apparaît ; il me tourne le dos, une grande épée à la main, symbole de sa puissance militaire et de son grade de « miles ». A côté de lui, posé sur une petite table, le masque de lion dont il se coiffera. Il a revêtu une tunique blanche galonnée de fils d'or et coiffé le bonnet phrygien.

Le bruit d'une clochette me fait sursauter.

Derrière l'autel, sortant d'une sorte de sacristie, surgit Musa, ou du moins un personnage qui lui ressemble par sa démarche cassée, car il porte un masque d'une blancheur de craie duquel dépasse un flocon de barbe grise.

Debout devant la statue du dieu, sans cesser de faire grelotter sa clochette, il scande l'invocation que, tout à l'heure, Probus a prononcée : « Nama, Nama sebesio ». Il doit s'être servi une forte dose d'haoma car il titube en se retournant. De sous le masque de carton sa voix me parvient comme du fond d'une crypte. Je n'en sais que des fragments : « Il n'est ni le soleil, ni la lune, ni l'étoile : il EST… A l'aide de ses mille oreilles, de ses dix mille yeux, il veille sur le monde… Il entend tout, il perçoit tout. Mithra est ma couronne… »

Musa s'approche de Probus. J'entends le beuglement sinistre du taureau.

Soudain, je m'explique l'emprise de cette surprenante religion de mystère sur les âmes simples des soldats. Ces gens gardent en eux un espace à conquérir par les puissances divines : celles de la lumière ou celles de l'ombre. Cette part d'eux-mêmes, ils l'offrent à la divinité pour qu'elle y fasse germer la graine d'idéal qui manquait à leur existence. Quelle dérisoire découverte ! Toutes les religions ne procèdent-elles pas des mêmes subtiles machinations, du même goût pour le spectacle ? J'ose l'affirmer : je suis moi-même, le sceptique invétéré, troublé toujours, ébranlé parfois, par le rite lorsqu'il procède d'un jeu habile, efficace, réglé pour susciter l'émotion, mais, à la différence des fidèles, chez moi elle ne résiste pas aux assauts de la raison. En ce moment où, de la foule, s'élève un hymne sourd et profond comme la rumeur d'un torrent dans une caverne, je chancelle, la tête pleine de fumées magiques. Que serait-ce si j'avais avalé une coupe de ce terrible haoma qui, dit-on, fait fondre les sceptiques les plus opiniâtres, nous introduit dans le corps du dieu, nous identifie aux eaux lustrales qui ruissellent sur sa chair de pierre ou de bronze ?

Je comprends que les autorités spirituelles de la Rome chrétienne aient interdit ce culte venu des fins fonds de la Perse. Mesure illusoire : on a détruit le Mithreum installé sous le Capitole mais le culte s'est réfugié ailleurs, dans des grottes, des souterrains, des cryptes, s'est propagé à travers les légions, jusqu'en Germanie. Aujourd'hui, s'il n'est qu'une survivance, c'est que les légions ont fondu, mais aussi que les esprits empreints de latinité répugnent à ces rites hérités d'un passé suranné ; les mystagogues sont incapables de le défendre efficacement, face à la pugnacité, à la foi démonstrative, à l'ardente spiritualité des chrétiens.

Musa vient de dévoiler le corps du dieu de bronze, image grandeur nature d'un bel adolescent tenant la foudre dans une main. Il s'approche de Probus en faisant grelotter sa clochette. Le « miles » semble dormir debout, appuyé sur son épée. Ma trousse en bandoulière, je me tiens prêt à intervenir au moindre signe de défaillance.

Probus pourra-t-il supporter les épreuves qui marqueront son accession au grade de Lion ou lui seront-elles épargnées du fait qu'il est empereur ? Sur un signe du Pater Musa, il vient de se coiffer du masque du Lion, « chronos léontocéphale ». S'il pouvait être le « maître du temps », en arrêter le cours, figer l'assaut des Barbares ! — Il en va, hélas, de ces attributions comme des autres : leur efficacité n'a que la vertu d'un symbole.

Les fidèles viennent d'imiter Probus, et la nef s'emplit soudain d'une foule de bipèdes à visages d'animaux. Dans un grelottement obsédant de clochette, le cortège s'organise pour gagner le « speleum » où doit avoir lieu le sacrifice du taureau blanc : le taurobule commun aux cultes de Cybèle et de Mithra. Les deux dadophores porteurs de torches accompagnent le Pater et précèdent le nouveau Lion. Il monte de l'assistance un murmure fait d'une vingtaine de voix qui entonnent un verset dont quelques parcelles me parviennent confusément :

« Du corps du taureau naîtront les herbes et les plantes salutaires... le froment germera de sa moelle épinière... Le vin coulera de ses veines... La semence s'écoulera de ses génitoires mordues par le scorption... »

Je tente de m'avancer jusqu'aux premiers rangs, mais des Corbeaux et des Perses s'y opposent. Du haut des marches du « speleum », j'aperçois dans son ensemble l'espace voûté du sanctuaire et l'autel sur lequel s'agite, solidement maintenu, un taurillon dont le museau répand un brouillard de vapeur au ras du sol. Où Musa a-t-il trouvé cet animal alors que la disette sévit à Trèves ? Et cette longue couleuvre verte, morte ou endormie, suspendue au cou de l'animal ? Et le corbeau qui bat des ailes au-dessus de l'autel ?

On a dû droguer le taurillon car il se prête sans réticence au sacrifice. Le couteau planté dans sa gorge, il se laisse choir sur le flanc, lentement, comme s'il s'endormait.

Tourné vers Probus-Lion, Musa le conduit vers le lieu du sacrifice. Somnolent, la tête ployée contre la poitrine, l'empereur se laisse dépouiller de sa tunique, barbouiller de sang de la tête aux pieds, au point qu'avec son masque il ressemble à un lion écorché. Je ne le quitte pas des yeux. Il chancelle, cherche un point d'appui, s'écroule. J'essaie de nouveau de me faufiler au premier rang.

— Je suis Eudoxe, son médecin. Il a besoin de moi.

— Ne crains rien. Il est sous la protection du dieu.

— Que va-t-on lui faire à présent ? A quelles épreuves va-t-on le soumettre ?

— Une simple flagellation, mais il ne sentira rien. Tais-toi et regarde.

A travers les rangées de têtes d'animaux sacrés, je constate qu'on vient d'ouvrir le corps encore palpitant du taurillon et de le châtrer pour répandre sur la dalle le sang mêlé de sperme. Deux mystes relèvent l'empereur et le maintiennent debout tandis que le Pater, armé d'un fouet, se met en devoir de le fageller.

Cette fois-ci, c'en est trop. Je bouscule les premiers rangs des fidèles, arrache le fouet des mains de Musa qui recule, indifférent à la rumeur qui monte. Sous la paupière que je soulève, je découvre un œil blanc. Probus s'est évanoui.

— Faites cesser cette mascarade sinistre ! dis-je. Si je ne parviens pas à sauver l'empereur, vous en répondrez sur vos têtes !

Mon intrusion véhémente et ma menace ont produit leur effet. Je parviens à traîner Probus jusqu'en haut des marches, entre deux haies menaçantes de fidèles, sans qu'aucun ne se hasarde à m'interdire le passage. Je réclame un cheval ; on m'en présente un et on m'aide à hisser en travers de la selle le malade inerte dans sa robe de sang. Je murmure :

— Pauvre Probus ! Après la pourpre impériale, celle du martyre...

Il fait presque nuit à présent. Des clameurs montent vers les remparts de l'occident.

Les Barbares attaquent.

Nazarius est venu nous rassurer : ce que j'avais pris pour un assaut n'était qu'une démonstration de force devant la porte Inclyta. Ils ne tenteront rien avant l'aube.

Après avoir installé Probus dans le prétoire, j'ai fait appeler Bibula. En l'apercevant couvert de sang, elle s'est écriée :

— Il est mort !

Je l'ai rassurée en lui expliquant d'où je l'ai ramené, et de quelle manière je l'ai arraché au Mithreum.

— Il faut le ranimer, dit-elle. Si les soldats apprennent que leur chef est à l'agonie, ils rendront les armes.

Il y a quelques instants, je n'aurais pas donné cher de la vie de Probus. Il ouvre les yeux, dresse la tête, tente de se relever en s'appuyant sur ses coudes, de dire quelques mots, mais il se laisse retomber en arrière sans avoir pu parler. Je me penche vers son oreille.

— Reste immobile. Tu reviens de loin. Ces sauvages voulaient te fouetter.

Il roule des yeux furibonds ; sa bouche se tord comme s'il allait m'injurier. C'est bon signe. Le pouls est de nouveau régulier, la respiration moins saccadée et il réclame à boire. Bibula lui apporte un gobelet d'eau qu'il recrache avec dégoût. C'est du vin qu'il veut.

— Tout à l'heure, Probus Auguste. Il faut d'abord te reposer. La situation est calme. S'il se produit un événement grave, je te réveillerai. Bibula et moi, nous ne te quittons pas.

Sa Sérénité nous adresse un sourire béat, nous tend les mains et s'endort comme un enfant.

— Il faut te reposer, toi aussi, me dit Bibula. Si tu voyais ta tête.

Elle prend ma main, m'entraîne vers le lit de camp de Probus.

— Toi-même, dis-je, tu devrais te reposer quelques instants.

Elle secoue la tête, m'aide à m'allonger, étale une couverture sur moi car l'air a commencé à fraîchir, puis elle se lève pour battre le briquet et allumer une lampe à huile qu'elle dispose sur le sol, entre Probus et moi.

Je n'ai pas sommeil. La fatigue se manifeste par des vagues profondes qui me soulèvent, me ballottent, me submergent, sans que je parvienne à perdre conscience. Je me satisfais de l'immobilité de mon corps travaillé de fourmillements et de morsures alternant avec des plages de béatitude. Je suis bien. Lorsque Bibula s'assied près de moi, à même le sol, prend une de mes mains dans les siennes, je me sens au comble du bonheur.

A la lisière du sommeil, je songe : « Ta présence, Bibula, m'est douce. Tu es presque une enfant encore et moi je suis bien près d'être un vieillard, mais cet espace de temps entre nous s'annule dès que nous sommes ensemble. Je ne sais pas si je t'aime, mais quel crédit accorder à ce mot qui recouvre tant de possibles ? L'amour dont parlent les poètes, je n'y crois plus ; toutes les fleurs de rhétorique dont Mincius orne ses œuvres se sont fanées pour moi dans le souffle terrible des événements. J'ai fini, implicitement, par accepter cette définition sommaire de l'amour : c'est être bien ensemble. Je refuse de creuser plus profond ce sentiment sans mystère qui nous unit. Peut-être, sous cette apparence de simplicité, se nouent des réseaux complexes, serpentent des exigences, des jalousies dont je ne fais que percevoir les vagues mouvements mais que je veux ignorer. Je n'ai ni le temps, d'ailleurs, ni le goût de m'aventurer dans ce monde confus, trop subtil pour ma nature et mon âge, qui me mènerait à des interrogations dérisoires. Les passions n'ont fait que passer en molles rafales sur ma vie. Etaient-ce des passions ? Je me méfie du mot et fuis ce qu'il exprime. Qu'un vent t'emporte et je n'en aurai que du regret. Je déteste les drames ; ils ne sont beaux, ils ne sont émouvants que dans les livres ou au théâtre. Les vivre nous tue... »

— Tu pourrais t'enfuir, me dit Calliste, mais je ne te le conseille pas. Tu serais vite rejoint et supplicié à mort. D'ailleurs, où irais-tu ? Les légions d'Aetius ont reflué vers l'intérieur de la Gaule et tu ne comptes pas, je suppose, reprendre du service dans les Bagaudes ? Laisse passer le temps et réfléchis. Tu n'es pas trop mal ici ?

Les Bagaudes, je les regrettais. Dans les tumultes de l'aventure j'étais libre, heureux d'une certaine manière, responsable de ma vie et de celle de mes hommes. L'image de Basika se superposait à ces souvenirs mais je ne la pleurais pas ; Gloria, ma première épouse, pas davantage ; mes enfants m'étaient devenus indifférents. Je vivais dans un bain d'égoïsme où je retrouvais le fond de ma nature et le sens inéluctable de ma vie.

Ces dispositions, Calliste n'avait pas tardé à s'en rendre compte et s'en réjouissait ouvertement. Il avait le goût des maximes et me dit un jour :

— L'égoïsme, Eudoxe, est l'antichambre du bonheur.

Je notai la formule sur un morceau de parchemin. Si je garde un seul souvenir de Calliste, ce sera celui-ci. C'est plus qu'un souvenir, d'ailleurs : en quelques mots, une règle de vie à laquelle je n'ai pas dérogé, sans pour autant verser dans l'indifférence ou la cruauté — indifférent, cruel, nul ne l'est moins que moi.

Disparues les préventions initiales, la vie au camp des Huns se révélait pleine d'agréments.

Les libéralités du « gros singe » ne m'étaient pas mesurées. J'avais ma propre tente que des guerriers dressaient pour moi lors de nos déplacements : une « yourte » sans confort mais où je me sentais à l'aise, un cheval petit, laid mais robuste, pour compagne, une des nombreuses filles du « tanjou » Khara, Oulda, petite femme rieuse et potelée qui, lorsque je lui eus imposé de se laver chaque jour et d'éviter de se graisser les cheveux avec du beurre rance, devint une épouse très convenable.

La pratique du cheval rejoint l'usage de la drogue et du vin. Ce qui était naguère un plaisir banal devint presque une passion. Ceux qui ont écrit des livres sur les Huns — Amien Marcellin notamment — n'ont guère exagéré en disant que les gens de ce peuple vivent, mangent et dorment sur leur monture. A pied, avec leur corps trapu et leurs jambes arquées, ce sont des êtres incomplets.

Nous restions peu de temps au même endroit.

Un mouvement de la horde, dont la raison nous demeura obscure, nous conduisit à travers les plaines du Danube, dans la région du Koros, où se trouvait une forte concentration de tribus. Sur un vaste espace avait été édifiée une apparence d'agglomération : le village royal, quelques bicoques de bois entourées d'une multitude de tentes et de « yourtes ».

Cet endroit était le lieu de rencontre des hordes hunniques placées sous l'autorité d'un certain Attila, fils de Mondzouk, qui n'avait dû son accession à la dignité suprême qu'en supprimant son frère Bléda.

— Cet Attila est un curieux personnage, me dit Calliste : la sauvagerie asiatique sous un vernis de romanité. Fasciné par Constantinople et par Rome, il est bien capable de les conquérir l'une après l'autre, après avoir écrasé leurs légions comme ses ancêtres l'ont fait des troupes wisigothiques d'Hermanaric et de Withimer, un siècle auparavant, alors que les premières hordes se ruaient vers l'Occident. On prétend que c'est l'appât du butin qui attire Attila vers le Sud : en fait, il rêve de devenir le maître du monde. A ce jour, la fortune n'a cessé de lui sourire. Ses troupes sont invincibles. As-tu jamais assisté à une charge de leurs cavaliers ?

C'est un spectacle qu'il m'était facile, pensais-je, d'imaginer. A côté de ces terribles cavaliers qu'aucun obstacle ne rebutait, les Germains du temps de César n'étaient que des soldats de parade. Rien ne leur avait résisté depuis le temps où, surgissant des confins de l'Asie, guidés par leur dieu, l'astre Balamir, ils avaient bousculé des peuples entiers, reculant toujours leur conquête, poussés par des mirages confus de lumière et d'or.

Les regarder se donner de l'exercice était pour moi un plaisir : c'était de la barbarie à l'état pur. Soudés l'un à l'autre, le guerrier et sa monture constituaient un bloc indestructible. Je tentais vainement de les imiter et, en pleine course, de lancer le javelot, de tirer à l'arc, de ramasser un bonnet placé à terre, de chevaucher debout. Ma maladresse les amusait.

Nous attendîmes dans le Koros le retour d'Attila, parti chasser avec quelques personnages de haute naissance, ses « bériks », dans les montagnes. Le palais de bois était vaste mais édifié sans méthode, les bâtiments s'ajoutant les uns dans les autres dans une singulière asymétrie, somptueux, mais meublés de bric et de broc avec le fruit des pillages. Il y régnait un peuple bruyant, pouilleux et jovial.

Le retour des chasseurs fut célébré comme une fête, dans un concert de chants gutturaux et d'instruments discordants. Les chariots qui ramenaient le gibier puaient la venaison faisandée. Le chef chevauchait en tête, tassé sur sa monture, un poing au creux de la hanche, vêtu d'une pelisse de renard constellée de joyaux, le visage à demi caché sous un bonnet en peau de rat noir. Près de lui un homme vêtu à la romaine, avec une certaine recherche : Oreste, son secrétaire qui, de même que Calliste, avait rejoint la horde à titre d'otage et y était demeuré. Calliste le connaissait bien ; ils se retrouvaient au hasard des errances imprévisibles de ce peuple.

Ils s'embrassèrent, puis Calliste me présenta.

— Toi aussi, me dit Oreste, tu es heureux chez ces gens ? Si tu reviens en Gaule tu regretteras le temps passé dans la horde.

Nous reprîmes notre entretien au cours du festin qui suivit le retour des chasseurs, dans la grande salle du palais, au cœur d'une nuit balayée par des rafales qui ébranlaient les aîtres de la demeure. Conduit par Oreste, j'allai m'incliner devant le khan et les « bériks » qui l'entouraient. Attila me rendit mon salut avec indifférence. Las et soucieux, il s'endormit, les lèvres luisantes de graisse, au milieu du repas.

— S'il a rassemblé ses chefs et leurs tribus, nous expliqua Oreste, c'est qu'il nourrit un grand projet. D'ici une semaine, nous quitterons le Koros en direction de la Gaule. Notre « khan » compte prendre sa revanche de l'échec qu'il a subi devant Constantinople. L'empereur Marcien a refusé de lui verser le tribut habituel, qui constituait entre eux un gage de paix. Cette humiliation, Attila ne l'a pas acceptée.

— Tu l'accompagneras dans cette campagne ?

— Pour rien au monde je ne manquerais cette nouvelle aventure. Désormais mon sort est lié à celui d'Attila, tout comme Calliste l'est à celui de Khara. J'ai trop souffert du mépris, de la cautèle de Rome, pour souhaiter y retourner. J'ai découvert que la liberté existe et que l'attachement aux biens de ce monde est une duperie. L'image parfaite du bonheur, c'est un homme sur son cheval, dans un espace de steppe. J'ai toutes les richesses que je désire, mais cela m'importe peu. Si j'ai envie d'une femme, je la prends. Tu vois ce groupe de Sarmates et d'Alaines, à la droite d'Attila ? Choisis-en une et ce soir elle sera dans ton lit. Et si tu préfères les garçons...

Il ajouta en se renversant sur le monceau de fourrures :

— A Rome, je n'étais rien : un simple employé aux écritures dont on écoutait à peine les avis. Ici, je suis le second après Attila. Il ne peut se passer de moi. Je lui ai appris comment combattre les Romains. Une seule chose à laquelle il répugne sont les opérations de siège. Les villes lui font peur. Je le comprends...

— « Attila flagellum Dei »..., dit Calliste.

— Le « Fléau de Dieu », reprit Oreste, un titre qui lui convient à la perfection. Eh bien, mes amis, ce « fléau » va s'abattre sur la Gaule. Dans un mois nous aurons franchi le Rhin. Aetius et ses misérables légions seront écrasés. Les chamans, ces sortes d'ours que vous voyez près du « khan », sont formels : ils ont interrogé l'esprit du dieu Amalung et l'épée de Mars, une relique prise à un général réputé invincible de l'armée de Théodose. La victoire est au bout du chemin.

Un tel parti pris contre Rome, une telle assurance me révoltaient, mais je me gardai de rien manifester de ces sentiments. Pour moi, Rome était et demeure le « lointain soleil » et l'« ombilic du monde ». Ce séjour chez les Huns, je ne le considérais que comme un état de fait et non comme un choix délibéré. Je frémissais d'inquiétude à la pensée des radieuses campagnes de la Gaule ravagées par la horde, de ces villes opulentes réduites en cendres, des grands massacres de peuples que j'avais appris à aimer, malgré la rébellion à laquelle j'avais adhéré contre ma volonté.

— Toi qui as été un chef de Bagaudes, me dit Oreste, tu pourras nous être utile. J'en parlerai à Attila et il fera de toi un chef de horde.

— C'est beaucoup d'honneur que tu me fais, dis-je, mais je n'en demande pas tant...

Un orage vient de m'éveiller. Un orage de mots, des rafales d'imprécations, des chapelets de jurons proférés par une voix qui semble jaillir d'outre-tombe. Est-ce que je rêve ? Non ! La main de Bibula vient de se retirer de la mienne. J'ouvre les yeux et, le temps de voir un météore traverser la pièce, je constate que Probus Gros-Cul est debout. D'un coup de pied rageur, il vient d'envoyer la lampe à huile s'écraser contre le mur. L'ombre, de nouveau, et cette voix qui n'en finit pas de vomir des mots et des phrases bien peu dignes d'un empereur.

— Probus, dis-je sottement, c'est toi ?

— Vieille baderne ! Qui veux-tu que ce soit ? Où es-tu ? Montre-toi, médicastre de mon cul, que je t'étrille le poil ! Et toi, petite salope, qu'est-ce que tu faisais, hein ? Vous étiez en train de baiser tandis que j'agonise ?

Il nous cherche à travers l'ombre, s'entrave dans un escabeau et s'écroule en geignant. A quatre pattes, je pars à sa recherche en lui criant de ne pas bouger, que je vais le soigner, le guérir. Je trouve son avant-bras : le pouls bat d'un rythme parfait.

— T'es-tu fait mal, Probus Auguste ? dis-je. Réponds-moi ! Bibula, de la lumière, vite !

— Arrête tes singeries, Vieille-Peau ! grogne l'Auguste. Dis-moi plutôt ce qui s'est passé. Mon dernier souvenir remonte à un siècle. Je venais d'être blessé et je pissais le sang de partout. C'est bien ça, hein ?

— Ce n'était pas ton sang, seigneur, mais celui du taureau. Souviens-toi : on a sacrifié en ta présence à Mithra, puis on t'a barbouillé du sang de l'animal avant de te fustiger. Je te rappelle que tu viens d'accéder au titre de Lion.

— Je me souviens. Mais pourquoi m'appelles-tu « seigneur » et « auguste » ?

Lentement, patiemment, je lui explique comment il en est arrivé là. Je l'entends grogner à travers l'ombre. Bibula revient, pose une lampe sur la table de travail et nous contemple avec stupeur, allongés sur le sol.

— Par la bite de Priape ! gémit Probus, pourquoi ai-je accepté de participer à cette mascarade ? J'étais ivre, je ne savais plus ce que je faisais. Probus, empereur de Rome ! Quelle farce !

Il se lève vivement, proclame :

— Nous devons faire quelque chose. Rédiger un communiqué pour dire qu'on s'est bien amusés mais que c'est fini. Je suis tribun et pas empereur. Ecris !

— Trop tard, Probus Auguste ! Ta rétractation aurait un effet désastreux sur le moral des troupes, et ce n'est pas le moment. Pris de colère en pensant qu'on s'est moqué d'eux, tes soldats risqueraient de t'assassiner. Cela s'est déjà vu. Souviens-toi de l'empereur Postumus...

J'ai raison et il en convient.

— Comment te sens-tu ?

— Au plus mal. J'ai soif. Bibula, du vin ! Et fais de la lumière : on dirait qu'on veille un mort.

— Je ne te comprends pas. Il y a une heure je désespérais de te sauver. Et te voilà frais comme un gardon, prêt à remonter à cheval. Ta blessure...

— Quelle blessure ?

Cette fois-ci, je sens que je perds patience. Il se moque de nous ; il est en train de nous jouer un petit acte de comédie.

— Depuis ce matin tu n'arrêtes pas de mourir et de ressusciter !

Il éclate de rire. Il aurait fallu dix coups de lance pour le tuer. Quant à cette fièvre pour laquelle je perds mon latin...

— Si tu t'étais battu comme moi dans les marais de la Haute Egypte, tu saurais ce que sont les fièvres, les vraies.

Bibula revient avec des cires allumées et une cruche de vin. Probus saisit la cruche, avale de longues lampées.

— C'est un fameux vin que ce vin de Moselle, comme dirait Ausone. Rien de tel pour stimuler le courage et faire bander. Euxode, tu peux te retirer, mais pas trop loin. Je fais préparer un festin qui sera le dernier de l'histoire de Rome. Je vais donner des ordres à mon cuisinier pour qu'il tire de ses réserves ce qu'il a de meilleur. Quant à toi, Bibula, tu restes. J'ai deux mots à te dire.

— Non ! dit Bibula.

— Répète !

— Non, Probus, je ne ferai plus jamais l'amour avec toi.

Elle tourne vers moi un regard désemparé et je baisse lâchement les yeux. Les colères de Probus, je les connais trop bien pour ne pas redouter les pires excès. Cette brute ne sait pas se maîtriser quand son bon plaisir est en jeu. Il ne cherche même pas à cacher l'érection magistrale qui témoigne éloquemment son désir.

— Alors, c'est vrai, gronde-t-il, tu es amoureuse de cette ruine, toi, Bibula ? Regarde-le, ce vieux porc, et regarde-moi ! Entre cette queue fripée et celle-ci qui est insatiable, c'est la sienne que tu choisis ?

— Tu fais l'amour comme une bête et lui, au contraire...

La main de Probus claque sèchement sur le visage de Bibula ; elle opère un demi-tour sur elle-même et, avec une adresse consommée, envoie son pied dans les parties nobles de l'empereur qui se plie en deux en gémissant.

— Tu apprendras que je ne suis pas ton esclave, empereur de lupanar ! Je suis Bibula l'essédaire et j'ai vaincu au combat des hommes qui te valaient bien. Si tu me frappes encore, je te saigne comme un goret. J'aime Eudoxe !

Je me précipite pour soutenir Probus qui chancelle, haletant, les yeux révulsés, les mains sur son bas-ventre. C'est Bibula qui s'occupera de transmettre au cuisinier les ordres de Probus.

— Seigneur, dis-je, où souhaites-tu que se déroulent ces agapes ?

— Pas ici, dit-il, mais au nez et à la barbe des « Teutshes » : à la Porte Noire.

6.

LA DERNIÈRE CENA

Je ne sais rien de plus émouvant que la vue d'un camp militaire, le soir, avant le couvre-feu.

Je longe le mur du nord, entre la Moselle qui forme un angle avec les remparts, à cet endroit proche des « horea » militaires et la Porte Noire, près du lieu où les Barbares ont établi leur campement le plus important. Ici et là je secoue au passage un soldat ivre, réconforte de quelques bonnes paroles un blessé de la dernière attaque, réprimande ceux qui, debout dans les merlons, lancent des défis ou se livrent à des excentricités. En se retirant, les Barbares ont laissé en travers des prairies et des guérets à joncailles les échelles dont ils comptaient se servir pour l'escalade, des armes et des équipements que des femmes et des enfants sont en train de glaner, à l'abri derrière leurs boucliers d'osier.

Le camp s'ouvre à quelques dizaines de pas, derrière une dérisoire barrière de pieux, de fascines, de débris divers arrachés aux demeures situées extra-muros et aux berges du fleuve. Deux sentinelles en gardent l'entrée, jambes écartées, la lance horizontale en travers de leurs cuisses, la « spatha », cette lourde épée de Germanie, faite d'une matière plus solide que les meilleurs aciers de Rome, pendue au baudrier, la corne de bœuf destinée à sonner l'alerte en sautoir.

Le comte Argobast vient de me rejoindre. Sa voix basse résonne dans mon dos, mais je ne l'écoute que d'une oreille. Il parle de l'occupation de Trèves par les hordes de Chlodion : la quatrième depuis l'apogée de la ville, sous Valentinien, et sa lente mais inexorable décadence. Il était enfant alors, mais il n'a pas oublié les incendies, les pillages, les meurtres, la chasse aux femmes...

— Je hais les « barbatus » du plus profond de moi-même, dit-il. Ils détruisent et tuent pour leur seul plaisir. Quand cette vermine s'abat sur un pays, c'est pire que les sauterelles sur les oliviers de la Cyrénaïque ; ils ne laissent que des pierres.

Il s'accoude près de moi à un merlon, son petit ventre rond en forme de courge gonflant la tunique safran ayant appartenu à son défunt fils, qu'il portera jusqu'à sa mort.

— De même je hais César. Il est un des premiers à avoir introduit le poison barbare dans les légions, avec les auxiliaires. C'était un pas vers la barbarisation de la puissance romaine.

Comme tous les autres, Argobast feint d'oublier ses origines, mais il a raison. Les empereurs qui ont suivi ont accéléré le mouvement et enrôlé des Barbares à outrance. Alors que la plèbe romaine refusait de porter les armes, préférant vivre des libéralités impériales, que les jeunes aristocrates se mutilaient pour se faire réformer, les Barbares se présentaient en foule à l'enrôlement. Les empereurs auraient dû leur imposer de rester aux frontières de l'Empire, leur refuser l'accès de l'Italie, où leur arrogance et leurs exactions les ont rendus tristement célèbres.

Argobast soupire et reprend de la même voix profonde qui semble monter de son ventre :

— Que les dieux me pardonnent, Eudoxe, mais j'éprouve le plus vif plaisir à voir tuer cette vermine. J'étais ivre de bonheur, ce matin, au moment du grand massacre de la Porte Noire. Tous ces rats en train de crever...

Il se dirige vers un soldat somnolent, détache un javelot au faisceau posé contre le mur.

— Jadis, j'étais un fameux « sagitariens ». Aujourd'hui, ma main est encore sûre mais ma vue est incertaine. Regard, Eudoxe.

— Tu vas rater ton coup. Il fait trop sombre.

Il repère, dans un groupe qui glane les armes abandonnées, un jeune guerrier imprudent, qui se découvre pour évoluer à l'aise. Je n'ai pas vu partir l'arme mais j'entends le cri.

— Touché ! crie Argobast.

— Bravo, comte ! Ton fils Valio serait fier de toi.

La riposte ne tarde guère. Des traits de flèches s'écrasent en crissant contre le rempart, puis c'est de nouveau le silence.

La nuit est claire et douce, traversée d'odeurs d'herbes et d'eau comme les nuits de printemps, quand éclatent les première sèves. Au-dessus du pays des Pémans le ciel de verre bleu s'illumine d'un regard oblique de lune. Une idée vient embuer ma sérénité : ce goût de plus en plus précis, chez moi, pour le silence, l'ombre, l'immobilité, n'est-ce pas le signe de ma fin prochaine ? De plus en plus souvent je rêve que le temps s'arrête, que la vie se fige autour de moi, que je plonge insensiblement dans une retraite qui préfigure ma mort. Cette idée ne me fait pas peur ; la mort a été si longtemps ma compagne qu'il est juste que, mon heure venue, je me fonde en elle sans regret. Ma seule crainte est que le rideau tombe avant que le spectacle soit terminé.

Le spectacle, il est là, sous mes yeux.

Du camp des Barbares montent des odeurs d'hommes, de chevaux, de viandes grillées. Dans la clarté des feux qui brûlent entre les tentes et les chariots, je distingue des groupes d'hommes et de femmes enveloppés dans des couvertures et des fourrures. Assis en rond, ils chantent ces airs profonds et rudes qui, chaque fois que je les ai entendus, m'ont remué le cœur.

Contrairement au comte d'Argobast, je n'ai jamais eu de haine véritable pour les Barbares, pas plus que d'amitié sans réserve, comme Calliste et Oreste. J'en ai connu qui furent de bons amis ; d'autres des adversaires. Les mouvements de l'histoire sont profonds et trop énigmatiques pour qu'on puisse mesurer leur ampleur et leurs conséquences. Les civilisations, comme les humains, s'engendrent dans la souffrance ; au nom de cette souffrance, peut-on contester la genèse d'un monde nouveau ? Le même mystère s'attache à cette génération, quant à l'avenir lointain... Qui peut dire ce qui naîtra, par exemple, de la crise que nous traversons : du merveilleux ou du monstrueux ? Cette incertitude me ravit : j'y retrouve celle qui a gouverné mon existence depuis qu'une lame de fond imprévisible m'a arraché à mon domicile de Nantes et à la vie casanière que je m'y préparais, pour me projeter dans l'aventure du siècle. J'ai appris à la savourer et à l'aimer. La certitude, c'est la mort ; l'imprévisible, c'est ce qui donne du sel à l'existence.

Ces paysans de Germanie déguisés en guerriers, poussés hors de leurs territoires par l'espoir d'une vie meilleure, ne me font pas peur et ne suscitent en moi aucune haine. Ce sont nos ennemis du moment et j'espère, sans trop y croire, qu'ils décamperont avant d'avoir pris la ville. S'il faut les combattre, je le ferai sans pitié mais sans colère. Ils sont la semence sauvage que les vents d'orient dispersent au-delà du Rhin. Peut-on arrêter le vent ?

— Ces « Teutshes », reprend Argobast, sont sûrement les fils ou les petits-fils des guerriers qui ont pris Trèves au début du siècle et tué deux mille personnes dans l'église. Certains sont peut-être apparentés à ces deux rois ripuaires : Ascarich et Mérogais, que l'empereur Constantin a fait jeter aux fauves, dans l'amphithéâtre de Trèves. Ce sont sans doute les frères ou les enfants de ceux qui sont venus dans ma jeunesse assassiner une ville morte ou presque, déjà, et depuis longtemps. Si nous les repoussons, d'autres surgiront, siècle après siècle, comme les vagues de la mer.

— Où étais-tu ? s'étonne Bibula. Je te cherche depuis une heure.

La table est déjà mise, au rez-de-chaussée de la Porte Noire. Pour effacer les traces de sang de la matinée, on a répandu du sable sur le dallage. La table, longue de dix pas, a été dressée, recouverte de nappes de différentes couleurs, chargée de vaisselles disparates, avec au milieu, du côté des herses, un grand fauteuil d'osier destiné à l'empereur. Des cires rouges et blanches brûlent déjà, font étinceler les verreries et les couverts que le cuisinier de l'empereur, Rénalus, a rassemblés péniblement pour éviter de donner à ces agapes une allure spartiate. Bibula m'explique que ces richesses proviennent de l'ancienne demeure du décurion Spurina.

Deux ans auparavant, harcelé par les fonctionnaires de Rome qui lui reprochaient son incompétence dans la perception des impôts en pays trévire, Julius Favius Spurina, las de puiser dans ses propres coffres pour satisfaire aux exigences de lointains « notarii », avait disparu avec sa famille. Probus, son ami, qui était dans la confidence, n'a pu savoir s'il avait rejoint une Bagaude, s'il s'était enfermé dans un monastère ou s'il avait filé vers l'Aquitaine où son épouse avait de la parenté.

Avant son départ, Spurina a confié au tribun la surveillance de sa demeure : une belle résidence patricienne entourée de jardins et de fontaines, qui s'élève sous la colline orientale, près de l'hippodrome. Probus a trouvé là un intérieur en bon ordre, une cave bien garnie, à croire que le décurion s'était simplement absenté, le temps de prendre les eaux. Deux années ont passé sans que Spurina donne de ses nouvelles.

Afin d'éviter que, sans une véritable surveillance armée, la demeure soit livrée au pillage, Probus a transporté la cave au prétoire : elle contenait des amphores de vin vieilles de plusieurs siècles et des barriques des meilleurs crus de Moselle. Pour apprécier à sa juste valeur le trésor confié à sa garde, Probus a prélevé quelques échantillons puis, cédant à son penchant naturel, il a puisé au jour le jour de quoi satisfaire sa passion pour le vin. C'est, dit-il, le seul moyen qu'il ait trouvé pour combler la dette que le décurion a contractée envers lui. A chaque coupe qu'il boit, dans les grandes occasions, il a une pensée pour son bienfaiteur : « Tibi bene, Spurina ! Que les dieux te soient favorables et que Mithra te protège ! »

— Probus, dis-je, où est-il ?

— Ne t'inquiète pas pour lui : il ne va plus tarder.

L'empereur a pris un bain, s'est fait masser par un aide de camp, a choisi dans le vestiaire de Spurina les plus beaux atours, soucieux de faire honneur aux convives de cette ultime « cena », comme le fit Marc Antoine avec ses « Compagnons de la Mort », peu avant la bataille contre les légions d'Octave, près d'Alexandrie.

— Nous serons nombreux, dit Bibula. Probus a invité quelques-uns de ses officiers et tous les occupants de la Porte Noire. Malgré le peu de temps dont il disposait, Rénalus a préparé un véritable festin. Toutes les réserves du prétoire ont été sacrifiées. Il a aussi invité des musiciens. C'est une soirée mémorable qui se prépare.

Un vent de panique semble souffler sur les galeries supérieures. J'y croise des gens affolés, porteurs de défroques insolites puisées dans les coffres, à croire qu'une mascarade se prépare. Sigen danse à demi nue, les bras tendus, les yeux perdus dans la haute nuit de la citadelle. Nymphius et Mincius s'occupent mutuellement à se farder comme de vieilles courtisanes, avec des rires aigus, au milieu du tourbillon des femmes qui se disputent des hardes colorées et des bijoux de pacotille, déplacent des odeurs de chair savonnée entre les cuvettes d'eau sale.

— Et Marus, l'a-t-on invité lui aussi ?

— Certes, mais il boude. Il aurait voulu siéger en face de Probus, dans un fauteuil de même dimension. Probus a refusé. Les choses en sont là.

Seul Minuo semble indifférent au remue-ménage. Assis sur un coffre, un livre sur les genoux, son encrier à portée de la main, il assimile la dernière leçon de Sinisser. C'est à peine s'il lève la tête lorsque je pénètre dans la loge de son père.

— Tu nous tiendras compagnie tout à l'heure, petit ?

Il fait « non » de la tête, son regard brouillé d'une buée de gratitude. Je suis seul à m'intéresser à ce bout d'homme et il m'en sait gré. Je sais que je ne tirerai rien d'autre de lui et je passe. Minuo parle si peu qu'il est difficile de pénétrer ses sentiments.

— Le plus sage de nous tous, dis-je, c'est toi. Le vieux Sinisser ne pouvait espérer un meilleur élève. Si tu réchappes de ce drame, il faudra raconter ce que tu as vu. Es-tu conscient d'être un témoin privilégié ?

Il fait « oui » de la tête avant de se replonger dans sa lecture : Tacite, je crois. Je me penche par-dessus son épaule : il étudie la *Vie d'Agricola,* une œuvre que j'ai lue jadis, plus profonde, moins anecdotique que son ouvrage sur les Germains, mais d'une prenante gravité. Minuo me regarde comme si j'avais l'intention de lui ravir son trésor. J'aimerais ajouter : « J'aurais voulu avoir un enfant qui te ressemble », mais les mots me restent dans la gorge.

Des éclats de voix s'éparpillent autour de la loge de Ioulianos. Dorcas reproche à la vieille momie son peu d'empressement à se préparer pour la « cena ». Il doit être en train de mettre de l'ordre dans les paperasses dispersées par Sigen. Il a décrété qu'il ne se mêlerait pas à l'assemblée, mais il viendra dès qu'il aura respiré l'odeur des viandes et entendu le bruit des couverts. D'ailleurs, Probus a exigé que tout le monde soit présent, sauf Basile. Tout à l'heure je suis monté jusqu'à son perchoir qui baigne dans la nuit bleutée. A peine avais-je émergé à l'air libre, je l'ai vu se dresser, menaçant, en face de moi, pétrissant entre ses mains de la fiente de porc mêlée à ses propres excréments. Il s'est mis à hurler :

— Arrière, Satan ! Ici commence le royaume de Dieu !

Les événements de la journée, auxquels il n'a sans doute rien compris, semblent l'avoir excité. D'habitude, à cette heure-ci, il dort. Comme parlant à un enfant, je lui ai dit :

— La nuit sera fraîche. Veux-tu une couverture ?

Il m'a répondu :

— Chien galeux, retourne à ta niche ! Basile n'a besoin que de paix pour mieux louer le Seigneur.

Comme je commençais à descendre, un projectile flasque s'est écrasé contre le mur, à deux doigts de ma tête.

Basile, pauvre fou...

La lampe brûle dans la loge de Marus dont j'écarte discrètement le rideau. Assis à même le sol, dans la lumière tremblotante, l'évêque est occupé à filer de la laine : son occupation favorite, l'exutoire à ses tourments entre d'interminables séances de prières. Je me demande à quoi peut bien rimer cette manie et qui peut bien profiter du travail de ses mains. Les pauvres ? Je ne l'ai jamais vu faire l'aumône d'un quart de sou de bronze, encore moins distribuer de la nourriture ou des vêtements. Près de lui, ses « moines » jouent aux dés ou somnolent.

— Il faut vous préparer pour la « cena », dis-je. Probus n'aime pas attendre.

Marus me foudroie d'un regard haineux.

— Que j'assiste ou non aux turpitudes de ce païen, qu'est-ce que ça peut te faire ?

— Peu m'importe à moi, mais quand Probus te donne des ordres, mieux vaut obtempérer.

Marus jette rageusement son écheveau à terre et explose. Banqueter avec un suppôt de Mithra ? Assister, au cours de cette « sainte nuit », où Dieu va nous rappeler à lui, à une orgie digne des plus infâmes lupanars de Rome ou de Constantinople ? S'asseoir en face de ce Barrabas, de ce César de comédie comme un banal invité, sans qu'on daigne l'honorer d'une cathèdre digne de son rang ?

— Jamais ! Esclave, va dire à ton maître que nous passerons, moi et mes clercs, notre nuit en prière et qu'il sera excommunié s'il veut me forcer à siéger sur un escabeau en face de lui !

Je contiens mal ma colère, moins à cause de l'injure que de l'absurdité de sa vanité à un moment où tout devrait l'incliner à l'humilité. Je m'oblige pour lui répondre à adopter un langage évangélique.

— Cette nuit, nous devons la passer tous ensemble, bons et méchants confondus. Ce sera une nuit de partage et tu dois être présent. Cette ultime veillée dans l'esprit et le souvenir de Rome, vas-tu l'abandonner au diable ?

Ebranlé, il frotte ses mains sur ses genoux et ergote.

— Que je sois présent ou pas, c'est le diable qui, de toute manière, présidera ces agapes. Je préfère éviter sa présence.

Excédé, je lui jette au visage :

— C'est ta cathèdre que tu veux ! Eh bien, tu l'auras.

Revenu sur la galerie inférieure, je sollicite l'aide de Sunno pour transporter le fauteuil de Ioulianos sur le lieu du festin. Il proteste :

— Tu es fou ! Enlever son fauteuil à ce vieux singe, c'est comme lui arracher la peau des fesses.

Depuis un moment déjà, Sunno et Randa sont prêts, vêtus avec simplicité, en bons paysans qu'ils sont.

— Puisque tu y tiens, dit Sunno en se grattant la tête, allons-y !

La mine de Ioulianos lorsque nous lui avons demandé de nous céder son siège ! Son regard va de l'un à l'autre, au ras des paperasses qu'il a commencé à ranger sur sa table de travail, face à l'effigie démantibulée du dieu-boulier. Je tente de le rassurer.

— Nous te le rendrons. C'est le seul siège digne de l'évêque.

— C'est mon fauteuil ! glapit-il. Personne d'autre que moi ne l'occupera. Essayez un peu et vous aurez affaire à mon esclave.

Dorcas soupire :

— Puisqu'ils promettent de te le rendre...

Il se dresse, trépigne comme un enfant. C'est non, non et non ! Il se rassied, cramponné aux accoudoirs, l'œil en feu, prêt à nous cracher sa colère de chat au visage. Je fais signe à Sunno. Nous soulevons le fauteuil et son propriétaire avec. Il bat furieusement des jambes, tambourine des mains sur nos épaules, renverse la table d'un coup de pied. Notre fardeau ne pèse pas très lourd ; le fauteuil est d'osier et Ioulianos est maigre comme un criquet. Sigen a cessé sa danse folle et nous regarde passer, l'air interloqué, la bouche ouverte, les seins encore frémissants. Elle fait : « Ha... Hon... », éclate de rire, nous précède à reculons vers l'escalier avec des mimiques de guenon excitée, et nous accompagne.

C'est une autre affaire lorsque nous nous mettons en devoir d'arracher la vieille momie à son sarcophage d'osier. Ioulianos pousse des clameurs de supplicié, se roule sur le sol, sa tunique puante retroussée sur ses jambes maigres entourées de molletières de soldat. D'une poigne ferme, Sunno le remet sur pied.

— Retourne chez toi, dit-il calmement, et prépare-toi. Si Probus ne te voit pas, ça pourrait te coûter cher.

On a ouvert à deux battants l'une des grandes portes donnant sur l'artère centrale. A l'extérieur, non loin de la Porte Noire, une procession de flambeaux approche en tanguant à travers l'ombre qui baigne la cité, précédée d'une fanfare de musiciens ivres qui soufflent dans des trompettes et frappent en cadence sur des casseroles et des chaudrons. Derrière une garde patricienne en goguette s'avance une sorte de catafalque d'empereur perse, au sommet duquel trône un Probus Auguste hagard dans la lumière vacillante des torches, drapé dans la pourpre impériale déchirée en mains endroits, le visage gris d'inquiétude dans le lourd tangage de l'édifice, vestige des anciens temps où les empereurs du Nord régnaient sur le monde romain.

— Probus est encore ivre, soupire Bibula qui vient de nous rejoindre. Voilà qui nous promet une soirée animée.

— Sa Sublimité, dis-je, n'a pas dessoulé depuis ce matin.

La garde prétorienne nous rejette hors du couloir prévu pour le passage du cortège, mais ce dernier ne peut poursuivre son chemin, l'espace intérieur de la Porte Noire ne permettant pas l'évolution d'un tel monument. De plus, le catafalque impérial est trop haut pour passer et le claveau supérieur de la porte dissimule à moitié l'auguste personne de l'empereur.

C'est Nazarius qui commande la délicate manœuvre destinée à déposer à terre l'énorme vaisseau de bois porté par les épaules des soldats, afin de permettre à l'empereur de mettre pied à terre sur le tapis déroulé à son intention jusqu'à la table. La manœuvre s'opère dans une confusion indescriptible. Le char s'incline d'un côté, puis de l'autre, pique en avant puis en arrière, si violemment que Probus, éjecté du trône, se cramponne aux accoudoirs, les pieds battants dans le vide, effectue une trajectoire qui le propulse sur la première plate-forme et, de là, au milieu de la fanfare,

— Mauvais présage, dis-je. Sa Sérénité n'aura pas un long règne. Si la scène se déroulait à Rome, il se ferait massacrer par la plèbe.

Probus semble avoir perdu ses esprits dans la chute. En le soutenant par les aisselles, ses aides de camp le traînent jusqu'à son fauteuil dans un concert de vivats orchestré par Nymphius.

Un moment auparavant, Mincius m'a annoncé qu'il avait préparé une « divine surprise » en l'honneur de l'empereur, mais il n'a pas pu tenir sa langue : il a écrit une ode de circonstance qui doit « réveiller dans Trèves endormie le chœur des muses ». Il a découvert une vieille lyre dépourvue de cordes mais qui a gardé dans son bois des incrustations et des dorures. Ses cheveux argentés ornés des lauriers d'Apollon coiffent son visage plâtré d'un fard blanchâtre à base de farine de fève, ce qui lui donne l'aspect d'une vieille courtisane sur le retour.

Avec stupeur, je l'entends réciter l'ode dont il s'est attribué la paternité et qui est en fait une des œuvres d'Horace que récitent tous les élèves des écoles de déclamation de Rome :

Je voulus essayer un chant de longue haleine :
Combats, sièges, assauts, quand Phébus, près de moi,
Fit résonner sa lyre et me dit : « Garde-toi
De livrer ton esquif à la mer de Tyrrhène...

Le poète s'interrompt pour jeter un regard courroucé au groupe de convives qui, derrière lui, croyant le poème terminé, manifeste sa joie par des vivats. Il n'en a pas fini : le poème, annonce-t-il, compte huit quatrains.

Le dernier vers lancé en trémolo monte en spirale et se perd dans le ciel d'étoiles froides couronnant l'édifice.

Sauf en de rares exceptions, je n'ai jamais beaucoup aimé la poésie et les poètes ; la première m'ennuie avec ses circonlocutions destinées à dissimuler la médiocrité de l'inspiration et de la pensée ; les seconds m'exaspèrent par leur sérieux et leur sottise. Je scandalise Mincius, moi, le Boétien, lorsque je lui affirme que je pourrais vivre dans un monde sans poètes, débarrassé de ces raseurs et de leurs muses tricoteuses de banalités. La vraie poésie, celle qui m'émeut, je la distille en moi, pour mon propre usage, et je n'éprouve nul besoin de l'entortiller de fades formules et de la servir froide à mes amis. Seule la réalité m'importe ; je suis suffisamment perspicace pour la débusquer et la contempler dans sa nudité, sa splendeur ou son horreur. Elle me déçoit rarement car, même si je dois payer mon impénitente curiosité de mon sang et de mes larmes, sa rencontre est toujours bénéfique à la longue.

Alors que Mincius achève son numéro d'histrion, que l'empereur échange avec lui son diadème contre la couronne de lauriers, que l'assistance se répand en vivats en l'honneur du thuriféraire, une étrange émotion me bouleverse : l'impression de vivre un moment singulier de l'histoire, non pas dans cette marge d'affectation qui entoure mes actes et les événements auxquels je suis mêlé et qui les dénature, mais au plus sensible de mon être, en un point où l'on ne peut tricher avec la réalité. Je me sens inclus dans un tissu d'une trame si serrée que le moindre frémissement m'est perceptible, comme si ma chair, mon esprit, mon « anima » participaient de ces mouvements secrets qui font palpiter l'histoire du monde. A la fois acteur, spectateur, témoin, je *suis* ce mouvement et je *suis* cette histoire. Une porte mystérieuse vient de s'ouvrir, une brèche a fendu en deux le mur du temps, et me voici aspiré par un souffle d'éternité. Si cet état de grâce se prolonge, qu'autour de moi tout se fige, se taise, s'estompe dans la nuit, je sais qu'il me sera possible de plonger mon regard jusqu'aux racines du temps, jusqu'aux sources d'où naît l'événement prodigieux que nous vivons : cela par la vertu d'une seule impression, mais si intense, si aiguë qu'elle suffirait à annuler les distances, à me faire embrasser dans un éclair les ruissellements, les remous, les tempêtes qui m'ont conduit là où je suis.

Pourquoi faut-il que je sois seul en face de ce prodige et que je puisse seul en attester ? Mais qui pourrait être mon compagnon dans cette fugace percée dans l'inconnu ? Qui serait, dans le minable microcosme qui m'entoure, susceptible d'échanger avec moi une pensée, un simple regard où s'exprimerait notre orgueil d'élus ? Dans toute la ville, dans tout l'Empire peut-être, un seul homme serait capable de me rejoindre sur cette crête éthérée pour s'enivrer de cet air plus riche, plus puissant que les liqueurs qui permettent de contempler la face des dieux : Sinisser, pour peu qu'il puisse se détacher des événements pour en dégager la quintessence, mais il est loin de moi : lui au milieu de son cimetière de statues, moi intégré à l'histoire vivante.

Si je pouvais faire en sorte qu'au-dessus de la ville, sous le ciel froid d'automne, Sinisser puisse capter les signaux que je lui adresse, je lui dirais :

— Sinisser, mon ami, nous vivons en ce moment la fin d'un monde. Rome est en train de s'abattre comme un grand arbre démembré, fendu, brûlé par la foudre, rongé de l'intérieur par la vermine barbare. Sinisser, Sinisser, regarde et écoute : sous l'appareil futile et grotesque de l'événement, l'histoire est en train de jouer la fin d'un acte dérisoire en apparence mais prodigieux dans son essence, et combien symbolique ! Rome vit sa dernière nuit comme un spectacle, autour de cet empereur de pacotille, parodie de la puissance et de l'orgueil. Sinisser, derrière cette mascarade, quelle beauté, quelle grandeur sauvage ! Si j'étais croyant, je remercierais les dieux qui nous offrent cette richesse : le spectacle de la chute d'un empire, entre les quatre murs d'une citadelle perdue dans un océan de barbarie.

La main de Bibula se pose sur mon épaule. Ses formes nerveuses, presque masculines, se dessinent en ombres sous la tunique légère, contre le rideau de feu des torches.

— Eh bien, Eudoxe, me dit-elle, que se passe-t-il ? Tu rêves ?

Il est rare que l'histoire des conquêtes, des guerres et des révolutions nous offre des spectacles grandioses et fascinants.

Ces mouvements d'humanités travaillées par l'ambition, la faim ou la colère, qui font se pâmer rétrospectivement les poètes et les dramaturges, ne sont généralement que des échauffourées sans grandeur et sans beauté, des carnages qui ne devraient susciter que dégoût.

Parfois je me dis que j'aurais aimé vivre au temps de César ou d'Auguste, lorsque le seul mot de « légion » faisait courir un frisson de terreur chez les Barbares, des royaumes de brume de la Calédonie aux sables de Libye. La guerre, alors, revêtait une certaine cohérence : c'était la rencontre et le choc de deux forces parfaitement distinctes dans leur apparence, leurs aptitudes et leur action. D'une part, Rome ; de l'autre le monde barbare. L'une de ces forces combattait avec logique et efficacité pour une idée de civilisation ; l'autre guerroyait dans l'anarchie et le tumulte, comme la vague ultime d'un monde sauvage en perpétuelle éruption. Ces deux puissances s'équivalaient ; si Rome triomphait, ce n'était qu'en brisant l'une des vagues de la tempête, mais d'autres surgissaient ; si les légions de Varus, au temps d'Auguste, sombraient dans la sinistre forêt de Teutebourg, au cœur de la Germanie, les hordes barbares mouraient aux frontières de l'Empire. La guerre, alors, pouvait être belle et grandiose. Que l'on combatte sous les aigles romaines ou les étendards de peau de la barbarie, chacun se tenait à sa place.

Aujourd'hui, la guerre m'écœure. Je l'ai admise comme un ultime recours ; ni sa beauté ni sa grandeur n'ont pu la justifier à mes yeux, car j'aime trop la vie pour me réjouir de ces holocaustes. Le goût de la liberté qui m'enivrait lors des chevauchées des Bagaudes compensait mal le dégoût suscité en moi par ces combats de loups, ces étripages féroces.

La guerre n'est plus ce qu'elle était. Les légions ont périclité ; elles comptaient six mille hommes ; elles ne peuvent en aligner que quelques centaines : des guerriers qui ne font guère illusion sous leurs enseignes. Aujourd'hui et depuis deux ou trois siècles, les guerres ne sont plus des affrontements entre Rome et les Barbares mais entre les Barbares eux-mêmes, encadrés parfois par d'authentiques aristocrates romains, sans autre justification de la part de l'administration impériale qu'une vague notion de romanité, un idéal de pureté et de rigueur qui s'étiole de jour en jour. Probus est l'exception ; en lui, le sang barbare s'est allié sans réserve, dès le premier jour de son engagement, à celui de ses ancêtres romains en lui apportant sa force sans entamer sa foi dans les destinées de l'Empire.

Avec les hordes d'Attila, propulsées vers la Gaule dans un but de revanche et de conquête, j'ai connu la guerre dans son horreur la plus profonde. Et je n'ai pas oublié.

Un « couroultaï », qui est une sorte de diète réunissant les principales nations barbares asservies à la puissance des Huns, précéda notre départ vers la Gaule.

C'est à cette occasion que je fis la connaissance de Carpillo, fils du patrice Aetius. Une singulière identité unissait leurs destinées, bien que le jeune homme n'ait jamais pu égaler les mérites et le rang de son père.

Carpillo, comme Aetius, avait été confié à titre d'otage, dès son adolescence, aux Huns et il était demeuré dans la horde. Il se présente à ma mémoire comme une statue lumineuse longtemps caressée, qui aurait laissé sur mes mains et mes lèvres des traces d'or et de lumière.

Or et lumière... Ce sont les mots qui me vinrent à l'esprit lorsque je le vis surgir sur son cheval, entouré de « bériks » sarmates, au soir du premier jour du « couroultaï », dans les feux glacés du crépuscule, au retour d'une partie de chasse. Il était de proportions admirables : une œuvre de Praxitèle égarée dans cette sauvagerie. Sa crinière blonde, à laquelle étaient accrochées des brindilles, flottait sur ses épaules et encadrait un visage bruni par le soleil. Au-dessus des jambières de cuir s'arrondissaient deux genoux griffés par les ronces, d'une grâce féminine. Dès que je le vis apparaître, je sus que je l'aimerais ; discrètement, je fis en sorte qu'il répondît à mes sentiments. Il est le seul homme qui m'ait attiré ; je l'ai aimé du plus profond de mon être.

— C'est toi, Eudoxe, dit-il en descendant de cheval. J'ai beaucoup entendu parler de toi et de tes Bagaudes. J'aimerais que tu me racontes ton aventure. Tout ce qui se déroule en Gaule m'intéresse.

Pour mieux exciter sa curiosité, je jouai les indifférents et ne m'empressai guère de répondre à son désir, d'autant qu'il m'importait peu de revivre par la parole ce passé peu glorieux. Devant son insistance, je finis pourtant par lui conter mes exploits dans le tumulte des préparatifs pour la grande randonnée.

Carpillo et moi échangeâmes notre premier baiser au soir du troisième jour.

Il avait remarqué mon trouble lorsque mon regard se posait sur ses genoux lisses et roses, et cette obsession semblait le divertir. Il n'eut pas un mouvement de recul lorsque ma main, dans le feu de notre entretien, se posa sur ce marbre. Il m'attira vers lui en riant et nos lèvres se touchèrent. La nuit suivante nous dormions dans le même lit, sous la tente envahie pas des « bériks » puants et ronflants, des filles et des chiens.

Le lendcmain, il mit ses mains sur mes épaules et me dit :

— Désormais, Eudoxe, nous ne nous quitterons plus. Je te veux pour moi seul.

Je lui rappelai que j'appartenais par droit de conquête au « tanjou » Khara, mais il se fit fort de me racheter à lui. Sans regret, je quittai le « gros singe » pour prendre mes quartiers d'hiver chez mon nouvel ami. Ce qui l'attachait à moi c'était moins mon apparence physique et mes performances amoureuses que le prestige qu'il attachait à mon expérience, à mon savoir, à ce qu'il appelait ma « subtilité ». Sans ces qualités, j'aurais vite cessé de lui plaire et il m'eût chassé sans ménagement. Il était d'une intelligence très moyenne mais sa curiosité insatiable nous rapprochait.

L'hiver se passa dans une promiscuité à laquelle nous n'échappions que lorsque le temps autorisait les chevauchées, la chasse et l'exercice. Le corps de mon ami avait un goût sauvage dont je retrouve encore des traces dans ma mémoire. Insatiable dans l'amour, il se conduisait comme une catin de Subure ; parfois, il m'éveillait au milieu de la nuit pour se faire caresser et susciter mon désir par des propos salaces. Ma compagne, Oulda, s'était effacée de ma vie, Carpillo n'ayant pu supporter sa présence.

LA DERNIÈRE CENA

La fièvre du printemps parcourut le village royal lorsque Attila annonça le départ pour la Gaule.

Nous voyions chaque jour surgir des contingents de Rugiens, d'Hérules, de Goths, de Thuringiens, de Burgondes, de Gépides et de Francs, dont la multitude fit craquer les limites du village royal. Je ne voyais que rarement Calliste et Oreste : ils s'occupaient avec quelques « bériks » du khan aux soins de l'intendance auxquels Carpillo et moi, tout à nos amours, ne prêtions qu'une attention distraite.

Nous attendions la fin des pluies qui rendaient les pistes impraticables pour les chariots innombrables qui suivaient la horde. Plus la date du départ approchait, plus Carpillo semblait préoccupé. Je le questionnai ; il me répondit :

— Sais-tu qui nous allons affronter en Gaule ? Mon père, le patrice Aetius.

Il n'en dit pas davantage et je respectai sa réserve. Plusieurs soirs de suite, il se tint éloigné de moi. Le jour, il me quittait sans raison apparente, partait au galop et revenait fourbu et maussade. Je me disais qu'un jour il déserterait pour retrouver son père. Calliste me dit :

— Je connais bien Carpillo. C'est un esprit fragile, que la moindre contrariété tourmente. Celle qui l'accable aujourd'hui est de nature à le briser. Veille sur lui, Eudoxe.

La veille de notre départ, au cœur d'une nuit de grand vent, Carpillo pleura sur mon épaule.

— Je suis perdu dans mes problèmes, me dit-il. C'est à peine si j'ai connu mon père, mais je me suis forgé de lui l'image d'un héros. Je me sens incapable de l'affronter, même si nous n'avons pas à combattre en duel, comme il le fit jadis avec le patrice Boniface, son pire ennemi. Quitter la horde, déserter, trahir, m'est difficile. Mes amitiés, mes amours, l'aventure, la guerre, c'est ici que je les ai connues. Eudoxe, que dois-je faire ?

Ravi de cette confiance, je me sentais en même temps investi d'une lourde responsabilité.

— Ne prends rien au tragique, dis-je. Temporise. Souviens-toi de Fabius « Cunctator » qui se fit du temps un allié pour vaincre Annibal. Le temps, la patience sont les meilleures armes et les remèdes les plus efficaces. Nous sommes loin d'Aetius et rien ne dit que c'est lui que nous aurons à affronter. Attila aura conquis la moitié de la Gaule avant qu'il franchisse les Alpes. D'ici là, tes tourments se seront évanouis.

Il frémit, parcourut mon corps d'une bouche brûlante. Cette nuit-là, nous fîmes l'amour avec une ardeur fiévreuse, comme si nous devions nous quitter pour toujours.

Jamais je n'ai vu une telle marée d'hommes et de chevaux. Ce spectacle, loin d'évoquer des images de guerre, donnait une impression de force paisible, de sérénité, comme si ces dizaines de milliers de cavaliers venus de tous les points de l'Orient partaient pour un pèlerinage, des chants d'amour et de foi plein la gorge. Du haut du tertre où était installé le village royal, je regardai s'écouler le flot intarissable qui se fondait au loin dans une brume de poussière.

Carpillo commandait un détachement de Huns qui lui obéissait comme une meute. A sa demande, Attila m'avait nommé « conseiller militaire », un honneur qui me fit sourire, l'art de la guerre n'ayant jamais été ma passion. Mon compagnon semblait avoir repris goût à la vie : je le constatais à sa façon de humer l'air, de conduire son cheval, de jeter des ordres, de plaisanter, comme aux premiers jours de notre rencontre.

Cette masse de peuples progressait avec une lenteur hallucinante, par vagues souples se poussant l'une l'autre.

Nous nous couchions, les yeux irrités par la poussière des pistes, les membres rompus, incapables de faire notre toilette. Durant la chevauchée d'environ huit cents milles qui séparaient le Koros de la rive droite du Rhin, au confluent de ce fleuve avec le Necker, Carpillo s'attachait à mettre une certaine distance entre nous : il dormait dans son chariot, moi dessous, et s'agitait beaucoup la nuit ; je mettais cet état sur le compte de la fatigue.

Parvenus sur le Rhin, nous mîmes des jours à abattre des arbres destinés à la construction des radeaux et des péniches qui devaient transporter la horde de l'autre côté du fleuve.

Un lait de printemps, délicatement bleuté, ruisselait sur les hautes collines bordant le fleuve. Les nuits sentaient le miel sauvage. Les soldats-bûcherons s'endormaient comme des brutes au milieu des copeaux et des branchettes et s'éveillaient à l'aube sous une dentelle blanche. A peine debout, ils reprenaient leur travail au milieu des fûts ou perchés dans les ramures des arbres abattus.

Parfois Attila venait inspecter le chantier, drapé dans sa cape de renard, le torse constellé de joyaux comme un dieu barbare descendu de l'étoile Balamir. Il tint à traverser le fleuve le premier, à partir d'une anse rocheuse, au pied des ruines d'un poste romain aux airs héroïques sous des vols de corneilles. Au retour, il détermina l'emplacement, en aval, du port de la rive gauche. Il y fit construire un appontement et déblayer un terrain suffisant pour permettre le débarquement de la multitude. Ensuite il envoya des éclaireurs vers l'intérieur, pour découvrir l'endroit favorable au prochain cantonnement.

Le premier contingent était en train de traverser lorsque se présenta une des hordes franques à qui Aetius avait étrillé le poil. C'étaient de mauvaises têtes : orgueilleux, querelleurs, braillards, fiers de leurs armes redoutables, notamment la hache à double tranchant, la francisque, dont ils jouaient avec dextérité. Ils faisaient bande à part, sauf avec les femmes qu'ils allaient voler à leurs voisins, ce qui occasionnait des rixes sanglantes.

A peine franchies le « limes » du Rhin, je retrouvai l'ambiance des Bagaudes, mais ce qui n'était jadis que bandes était devenu une armée. Les villes n'étaient guère redoutables. Tongres fut brûlée ; Metz rasée et incendiée, les habitants massacrés dans les églises. Trèves résista puis ouvrit ses portes. Ayant passé l'Yonne à Auxerre, nous atteignîmes la bourgade de Lutèce, lovée dans son île ; la ville se défendit si bien, grâce, dit-on, aux prières d'une vierge chrétienne, Geneviève, que la horde dut lever le siège.

A partir de Lutèce, le flot s'écoula, monstrueux, à travers les riches plaines où verdoyaient les blés du printemps, en direction d'Orléans où Attila comptait installer le gros de son armée. Nous le surprenions parfois, tassé sur sa selle, un poing au creux de la hanche, en train de contempler les campagnes opulentes dont ses troupes avaient fait un désert de cendres et de boue.

Carpillo avait beaucoup changé depuis notre départ ; je le devinais à des signes à peine sensibles mais qui ne m'échappaient pas. Il parlait peu, mais ses silences étaient suffisamment éloquents : je savais qu'il ne tarderait pas à nous quitter.

Notre dernière nuit, nous la passâmes dans une localité des bords de la Loire, proche d'Orléans, au milieu des ruines d'un fort abandonné depuis peu par les soldats alains du roi Sangiban qui, avec la bénédiction d'Aetius, occupaient la contrée.

Ce soir-là, Carpillo tarda à rentrer. Le vent et la pluie battaient les murs de la petite citadelle envahie par la soldatesque. Il revint, les cheveux collés par la pluie, tremblant de froid, le visage hermétique. Après qu'il se fut dénudé pour faire sécher ses vêtements, je l'essuyai, le frottai d'eau-de-vie, lui fis boire du vin brûlant, en laissant mes lèvres glisser sur sa peau grenue. Il grelottait en se serrant contre moi.

— Eudoxe, dit-il d'une voix tremblante, mon cher Eudoxe, mon ami, je ne t'oublierai jamais.

Il n'en fallut pas plus pour me convaincre que le lendemain, il serait loin. Nous fîmes l'amour sous nos couvertures avec une intensité que nous n'avions encore jamais éprouvée, sombrant dans un sommeil brutal, éveillés par l'ardeur de nos désirs renouvelés, pleurant l'un contre l'autre et buvant nos larmes.

Peu avant l'aube, je lui dis :

— Tu as tort de déserter. Ton père ne viendra pas au secours de la Gaule et, s'il s'avance contre Attila, il sera écrasé. Ton geste est inutile et dangereux. Attila te retrouvera et tu sais le sort qui te sera réservé. Reste.

— C'est impossible. J'ai résisté jusqu'au bout de mes forces avant de prendre cette décision. Suis-moi. Mon père est en chemin, j'en suis persuadé. Je ne veux pas et je ne peux pas me dresser contre lui et contre Rome. Tout à l'heure, j'ai effectué une reconnaissance. Nous pourrons traverser le fleuve sans encombre avant le jour.

Je refusai. Pourtant rien ne me retenait chez les Huns : ni serment, ni nécessité, ni même agrément. J'aurais pu quitter la horde sans remords et sans regrets, mais je ne croyais pas à la réussite du projet de Carpillo et les conséquences d'un échec m'effrayaient.

— Au moins, dit-il, ne me trahis pas.

Une heure avant l'aube, il écarta doucement les couvertures, s'habilla dans l'ombre, m'embrassa avec une furieuse passion et disparut.

Nous ne le savions pas encore, mais Aetius avait franchi les Alpes, à la tête d'effectifs dérisoires. A Toulouse, il parvint à convaincre le vieux roi Théodoric de l'accompagner avec son armée. En remontant vers le nord à marches forcées, il enrôla de nombreuses troupes barbares.

C'est au soir de ce jour que la horde des Huns arriva devant Orléans.

Le visage de Probus s'est figé de stupeur comme si un « gladius » de vingt pouces lui était entré dans le corps. Il tend l'index vers l'évêque qui vient de s'asseoir en face de lui dans la cathèdre de Ioulianos, recouverte d'un drapé d'étoffes somptueuses, damassées de fils d'or et d'argent, de pierres de couleur, vestiges des fastes épiscopaux. Sa main retombe avec bruit sur la table et fait tinter la vaisselle et les verreries de Spurina.

— Qui t'a permis ?... hurle-t-il.

— Je n'ai fait que répondre à ton invitation, seigneur, dit mielleusement Marus en se tortillant sur son siège. Et, comme je suis évêque de Rome, je me dois de tenir mon rang. Depuis le bien-aimé Constantin, la puissance spirituelle et la puissance temporelle veillent de conserve au destin de l'Empire.

Probus paraît ébranlé. Le nouveau « Lion » qu'il est depuis quelques heures dans la religion de Mithra doit grogner et aiguiser ses griffes. L'altercation a transformé les invités en statues de glace. Les propos de Marus semblent avoir pris corps : ils occupent le milieu de la table comme un serpent lové qui attendrait pour mordre qu'on lui marche sur la queue. C'est le genre de discussion dans lequel Probus ne brille guère ; les institutions, le protocole, les prérogatives lui importent peu. D'ordinaire il aurait balayé cette insolence avec une pirouette ou une boutade mais il se doit d'honorer son titre d'Auguste par une réplique mémorable. Et le pauvre Probus reste sec, se mord les lèvres, passe une main nerveuse sur son front. Alors que je le devine sur le point de répliquer par une grossièreté, je prends hardiment la parole. A peine ai-je articulé quelques mots, il roule des yeux furibonds et s'écrie :

— Eudoxe, médecin des chèvres, qui t'a permis d'interrompre ton empereur ? Me crois-tu incapable de clouer le bec à ce beau parleur ?

Il observe un silence plein de majesté et dit d'un ton plus calme :

— Eh bien soit ! Je t'autorise à parler, mais sois bref !

— Pardonne-moi, seigneur Auguste, mais moi, humble médecin appelé par la grâce des dieux à veiller sur ta santé, je puis affirmer que, malgré les apparences dues à une rare force d'âme et à une volonté invincible, tu n'es pas en état de soutenir la querelle de préséance dans laquelle le seigneur évêque souhaite t'entraîner.

Après ce piètre argument, j'admire l'astuce de Probus : il éclate d'une violente colère, maudit ces importuns, ces médicastres qui le vouent à la débilité et à la mort, comme si les maux physiques dont il souffre avaient altéré son raisonnement. Il me jette avec un air de mépris :

— Eh bien, bavard insolent, puisque tu souhaitais nous dire le fond de ta pensée, je t'y autorise.

Après avoir remercié Probus de sa clémence, je déclare :

— Le seigneur évêque a raison de prétendre que, depuis Constantin, la religion galiléenne et l'Empire ont partie liée, que l'une et l'autre s'épaulent pour faire face à la résurgence des cultes venus de Grèce et à l'invasion des Barbares. Cependant...

J'observe un silence tandis que Rénalus, le ventre en rostre de galère, vient de surgir, précédant un groupe de marmitons porteurs de plateaux surchargés de pâtés chauds aux cœurs de pigeons, de tranches de bœuf constellées de groseilles et de framboises, de croupions de faisans en gelée, et — le régal de Probus — de testicules de sangliers au vinaigre. Je m'interroge : comment ce magicien des fourneaux a-t-il pu, en un temps si court, réaliser ces plats dignes des festins de Lucullus et de Trimalcion ?

Viendrai-je au bout de mon propos ? De jeunes soldats trévires costumés en pages à la mode grecque, cuisses nues, circulent entre les convives avec des amphores de vin — celui de la cave de Spurina, bien entendu. Les goinfres se précipitent sur les mets que Rénalus annonce et commente ; le vin leur coule du menton et souille leur tunique. Mincius se lève pour citer un passage du *Satiricon* de Pétrone : *« Croyez-vous que je puisse me contenter du dîner que vous avez vu dans les raviers du surtout ?... «* mais sa voix fêlée se perd dans le tumulte. Sottement, j'avais imaginé des agapes solennelles, empreintes de dignité, une « cena » marquée d'une volonté symbolique : au soir de Rome, une communion mélancolique au cours de laquelle chacun aurait puisé au fond de soi le sel de l'expérience et le vin de l'espoir. Et me voici à une table d'auberge présidée par un histrion de champ de foire, au cœur de la plus sordide « insula » de Rome !

Probus semble avoir renoncé à la riposte par personne interposée, à la suite de mes paroles qu'il prend à juste titre pour une tentative de venir à son aide. Il se jette au fond du gosier avec un air pâmé les testicules de sanglier qu'il accompagne d'un « nametum » vieux de dix ans dont le bouquet lui met une lueur de plaisir dans l'oeil.

L'évêque me relance de cette voix puissante qui semble toujours rouler des galets imprécatoires.

— Que les délices de ce repas, mes chers enfants, ne nous éloignent pas de sa signification profonde. Eudoxe, qui n'est pas l'oint du Seigneur, nous a mis l'eau à la bouche mais il a été fâcheusement interrompu dans son discours digne du grand Laïus. Je souhaite qu'il poursuive...

— Au risque de te décevoir, seigneur évêque, dis-je, les circonstances ne sont pas celles du temps de Constantin. Nous sommes en guerre.

Je tends le doigt vers les herses où s'agrippent des mains et à travers lesquelles on distingue des visages blafards.

— L'ennemi est là, derrière ces herses. Il nous observe et n'attend que le jour pour attaquer. La préséance veut donc que la puissance temporelle prime la puissance spirituelle. Ce n'est pas en brandissant la croix et en débitant un sermon que tu pourras faire des ces barbares des agneaux de Dieu.

— Bien dit ! s'exclame Probus. Par la bite de Priape, je ne me serais pas mieux exprimé. Rénalus, à boire ! Poursuis, Eudoxe !

— Rome est tolérante. Dans notre ville encore soumise aux lois de l'Empire, tous les cultes sont autorisés. Cessons donc nos querelles. L'important est d'avoir la volonté de défendre Trèves, jusqu'au sacrifice de notre vie. Alors, seigneur Auguste, pourquoi t'offenser d'avoir en face de toi l'illustre représentant de la religion qui, demain peut-être, dominera les consciences du monde entier ? Quant à toi, seigneur évêque, daigne composer de bonne foi avec une situation exceptionnelle.

Un grondement monte du fond du cratère où boit Probus. Il pose sa coupe, s'essuie les lèvres d'un revers de poignet, approuve d'un mouvement de tête.

— La tolérance, s'exclame Marus, est un obstacle au progrès de l'humanité. Elle détruit la conscience du peuple comme un poison laissant libre cours à ses errements. Elle provoque la haine et la division.

— C'est un discours, dis-je, qu'auraient pu tenir Néron, Tibère et Caligula ! Si les martyrs chrétiens pouvaient t'entendre, ils arracheraient ta défroque !

— Ils sont morts pour une sainte cause, et la suite des temps leur a donné raison. L'erreur païenne a vécu. La lumière de la chrétienté a fait tomber les écailles des yeux les plus obstinément clos. La vérité...

— Une vérité chasse l'autre, seigneur évêque. La tienne a suffisamment de puissance pour se maintenir des millénaires, mais un jour viendra où les vérités éternelles sombreront dans le néant !

Je m'interromps, à bout d'arguments. L'intolérance a toujours été pour moi le pire des maux et Marus en est le symbole. Surpris, j'entend Probus déclarer d'une voix ferme :

— Je n'aurais pas mieux parlé. Nous sommes et nous resterons des soldats de Rome. C'est donc en soldat que je vais te parler, Marus. Comme toi, sans doute, j'ai lu l'ouvrage de Tertullien : *La couronne du soldat* (Probus ment : c'est moi qui lui ai parlé de ce livre qu'il n'a jamais lu car il sait tout juste signer de son nom). Tertullien s'élève contre le service militaire pour les chrétiens ! Vas-tu renier ce qu'il a écrit ? Es-tu d'avis, comme Salvien, qu'il faille détruire Rome ? *« Toi, Romain,* a-t-il écrit, *souhaite n'être plus jamais contraint de redevenir sujet de Rome » !* Toi, l'évêque, si je te surprends à détourner nos soldats de leur devoir, je t'égorge de mes mains !

Marus, le teint blême, pique du nez dans son assiette.

— Notre mission, dit-il d'une voix étranglée, est moins de faire l'histoire que de veiller à ce que le règne du Christ s'instaure dans les consciences. Fais ton travail de soldat et laisse-nous le soin des âmes. Notre supériorité sur vous, les militaires, c'est que, quel que soit le sort des armes, nous sommes assurés de triompher. On peut détruire une armée ; on ne peut rien contre les âmes : les légions du Christ sont au-dessus de la mêlée !

Cette discussion commence à m'ennuyer et je laisse l'empereur et l'évêque se chipoter. Mon regard est attiré par une petite forme tapie sur la troisième marche de l'escalier de pierre : Minuo. Sa tête repose dans sa main, son coude sur son genou ; il semble ne rien perdre de l'algarade. Bibula, qui a suivi mon regard, se lève, prend l'enfant par la main pour le conduire jusqu'à moi. Cette graine de conscience, il faut la sauver ; il faut que s'imprime dans son esprit le moindre détail de cette ultime soirée romaine au cœur de la nuit barbare. L'élu, ce n'est ni Probus ni Marus : c'est lui. Derrière ce visage rond, tendre comme un fruit, que d'images doivent défiler, quel monde d'empereurs, de généraux, de courtisans, de patrices doit grouiller, auquel il rattache tant bien quel mal les personnages de cette soirée. Si un seul être — par quelle grâce, par quel prodige ? — doit survivre au déchaînement de violence qui nous attend, il faut que ce soit lui. Son père le regarde à peine ; moi, je le dévore des yeux, je l'interroge par la pensée, je l'implore de ne rien oublier de cette scène et de ce lieu.

— Mange, Minuo.

Je lui tends mon assiette. Il la repousse en souriant.

— Es-tu content d'être parmi nous ?

Il murmure un « oui » timide mais fervent. Il me plaît de penser qu'il est le seul enfant qui me reste de tous ceux que j'ai semés depuis mon départ de Nantes, au cours de mes pérégrinations dans les Bagaudes, puis chez les Huns et les Germains. Je l'aime plus que moi-même qui n'ai jamais montré qu'indifférence pour les vagues embryons d'humanité dont je fus le géniteur irresponsable. Il est mon petit dieu Avenir, le seul qui soit digne d'intérêt, le seul qui fasse éclater sa lumière au-dessus des hommes entravés dans un monde de dieux bons à ranger dans les placards de la mémoire humaine.

— Pardonnez-moi, mes amis, s'écrie l'empereur, mais ce soir nous n'aurons que trois services au lieu de sept dans les grandes maisons !

Un son de trompe vient d'annoncer l'arrivée des nouveaux prodiges de Rénalus. Par une des grandes portes ouvertes sur la ville, à travers la foule affamée qui s'est amassée devant la Porte Noire pour assister de loin au banquet et en recueillir les reliefs, tandis que, de l'autre côté, les Barbares nous contemplent en silence, surgit un cortège entouré de torches et précédé par le cuisinier. Un cygne de terre cuite déniché dans la cuisine de Spurina, au plumage composé de tranches de jambon, trône sur un gigantesque plateau d'argent porté par quatre marmitons grimés comme des comédiens. Tout autour, Rénalus a disposé une couvée de poulets, de canards, de faisans rôtis, dont la tête émerge d'un manteau de plumes.

— Mes amis ! s'exclame Probus, faisons la paix. Admirons cette merveille digne des plus grandes tables de Rome. Si mes jours — que dis-je : mes heures — n'étaient comptés, je ferais de toi, Rénalus, le premier maître queux de l'Empire. Notre esprit a diverses exigences : la philosophie, la religion, les arts ; l'essentielle, pour notre corps, est le bien-manger. Si j'avais à dessiner l'image de notre monde, je le verrais comme un ventre replet, avec des volcans qui lâcheraient des pets joyeux dans les étoiles. Je ferais de l'univers un ballet de chèvres ivres. Je remplacerais la voie lactée par des treilles d'où couleraient des vins capiteux. Et moi, Probus, je serais au milieu avec mille bouches pour manger, boire et chanter, deux mille jambes pour danser. Que dis-tu de cette philosophie, Nymphius ?

Le philosophe vient de se servir une pleine assiette de jambon qu'il a couronnée d'un chapon aux truffes. Nymphius est un goinfre et n'aime guère être distrait de son occupation favorite. Il condescend à répondre de sa voix de fausset :

— Si les dieux me prêtent vie, seigneur Auguste, je mettrai en exergue à l'ouvrage que je prépare l'idée que tu viens d'exprimer et qui est digne des Epicuriens. La philosophie est ma nourriture depuis le jour où mon père me confia à l'école d'Autun. Tout est philosophie, seigneur. C'est pourquoi mon esprit n'est jamais en repos. Comme disait le vieil Homère...

Le cuistre n'achève pas sa phrase.

Une irruption de Barbares n'aurait pas causé plus de stupeur que la scène à laquelle nous assistons. Les yeux se tournent vers l'escalier, et que voyons-nous ? Cette vieille araignée de Basile qui vient de ravir la vedette à Homère ! Attiré par le bruit, la lumière et surtout l'odeur des mets, il dégringole de son perchoir, précédé de son cochon qui, au milieu des cris des femmes et des enfants, se rue sous les tables pour récolter les reliefs du festin.

— Sois le bienvenu, Basile ! s'exclame Marus. C'est Dieu qui t'envoie pour montrer la vanité de toutes choses.

Il se lève, installe le pauvre fou à sa place, face à Probus, qui s'écrie :

— Otez de ma vue et de mon odorat cette charogne ! Es-tu devenu fou, l'évêque ? As-tu juré de nous couper l'appétit ?

Offusqué, l'évêque riposte ;

— Sache, Auguste, que de nous tous Basile est le plus près de Dieu. Il est habité par l'Esprit Saint. Il est notre intercesseur auprès du Ciel. Nous devrions considérer comme un honneur de lui laver les pieds !

— Pourquoi l'Esprit Saint n'a-t-il pas choisi une demeure plus convenable ? Hors de ma vue cette ordure puante, ce chancre infect !

Le temps d'un « pater », le morceau de viande contenu dans l'assiette de Marus a disparu dans le ventre de l'araignée. J'attends les imprécations de l'ermite : elles ne viennent pas. Basile est impressionné par ce personnage qui le toise et parle avec autorité. Il boit goulûment dans la coupe de l'évêque et le vin ruisselle jusque sur sa poitrine. Il fait : « Hon... hon... », se lance, entre deux rots et un chapelet de pets, dans une diatribe fulgurante, sans queue ni tête.

— Ecoutez tous, impies que vous êtes, s'écrie l'évêque. C'est la voix de Dieu qui s'exprime par la bouche puante du plus misérable d'entre nous. Ce qu'il nous prédit, je vais vous le dire, car vous êtes incapables de déchiffrer son message. Il annonce que les temps sont proches où le châtiment de Dieu va s'abattre sur nous. Rome est un navire en perdition dans la tempête. Seuls seront sauvés ceux qui sauront reconnaître le signe par lequel Dieu nous montre la voie du salut. Fermez vos yeux et vos oreilles et vous êtes perdus à jamais. Ecoutez parler Basile et vous serez sur la voie du salut.

— Hon... Hon... fait Basile.

Probus lève les bras au ciel.

— Par la bite de Priape, je n'ai rien compris à son charabia. Gardes, ramenez ce déchet humain et son pourceau dans leur cage et tirez le verrou !

— Dieu te fermera sa porte ! s'écrie Marus, fou de colère. Tu es maudit parmi les maudits !

— Un mot de plus, hurle Probus, et je te fais boucler avec tes protégés !

Extrait de sa cathèdre par des bras robustes, Basile semble s'envoler. Avant de nous quitter il se retourne et nous honore d'un magnifique pissat de cheval. Un silence accablant succède à l'algarade.

— Il n'y a pas de bon repas sans musique, dit Probus pour détendre l'atmosphère. Bibula, où sont les musiciens que je t'avais chargée de réunir ?

— Ils n'attendaient que ton bon plaisir, seigneur Auguste.

Le calme revenu, il monte de l'assemblée une rumeur étrange ; celle de milliers de sauterelles en train de dévorer un olivier. Sunno et Randa sont les seuls à se conduire dignement : une dignité de pauvres devant l'abondance, comme s'ils volaient la nourriture. Au bout de la table, le menton au ras de son assiette, Ioulianos s'empiffre de jambon et, de temps à autre, jette sur ses voisins un regard effaré, comme s'il prenait soudain conscience de se trouver étranger à ce monde d'opulence et de délices. Je surprends son épouse, Dorcas, en train de faire glisser dans son giron ce que son estomac se refuse à ingurgiter. Sigen a fait une brève apparition au début du repas puis s'est retirée avec les gardes de Médéric.

Les musiciens viennent de faire une entrée timide, porteurs de divers instruments : flûtes doubles, sistres, tambourins. Ils s'installent derrière Probus. Je les connais bien ; parfois, en été, je vais les écouter dans l'amphithéâtre où ils ont établi leurs pénates.

Ils sont arrivés à Trèves l'hiver dernier, chassés par la menace de l'invasion. C'était un soir de neige et de grand froid. Entassés dans un chariot, ils ont donné leur premier concert sur le forum pour un groupe d'enfants et de soldats. Ils ont fait promener un ours paralytique, ont dansé sur une corde, se sont livrés à de lugubres pitreries. Bibula s'est chargée de loger dans les souterrains de l'amphithéâtre ces braves gens sans talent ni malice.

— Que souhaites-tu entendre, seigneur ? demande Bibula.

— Une musique gaie, qui donne envie de danser. Par exemple cet air : « Na na na... Na na na... »

— *Soir sur le Tibre.* C'est ce qu'ils connaissent le mieux.

Tandis que les musiciens entament ce refrain populaire du Latium, j'observe Probus. Depuis le début du repas, il n'a pas manifesté le moindre signe de faiblesse. Il a l'air de s'amuser beaucoup ; son altercation avec l'évêque semble même l'avoir ragaillardi. Ces deux-là sont faits pour s'affronter dans les siècles des siècles, bornes frontières de deux mondes : le spirituel et le temporel.

Probus se tortille sur sa cathèdre, soulève sa tunique ; son visage se gonfle et rougit violemment ; un petit bruit caractéristique venu du fond de sa gorge trahit l'effort qu'il fait pour se soulager. Il rajuste sa tunique et son visage se détend.

— Jouez plus doucement, dit-il aux musiciens. Vous n'êtes pas sur le forum. Tout doux. « Na na na... Na na na... »

Il chantonne mollement, la tête penchée sur le côté, les yeux clos. Je l'imagine rêvant aux campagnes dorées du Latium, aux immensités des champs de froment, aux brumes laiteuses de chaleur au ras de l'horizon, aux rivières bordées de saules, d'ormes et d'oliviers. Des vers de Virgile me montent aux lèvres :

Dieux protecteurs de Rome, Romulus, Vesta
Qui veillez sur les eaux du Tibre et sur le palais du maître de Rome...

J'entends Probus murmurer :

— Ah ! Mincius... Si tu n'étais pas un aussi piètre poète, que d'émotions tu aurais pu me donner ce soir.

Il renverse la tête en arrière, la secoue de droite et de gauche, porte la main à sa poitrine. Il semble sur le point de s'endormir dans la musique de *Soir sur le Tibre,* à moins que...

— Probus, est-ce que tu m'entends ? C'est moi, Eudoxe. Es-tu souffrant ?

Une grosse larme glisse sur sa joue.

— Simplement un peu de fatigue. Et cette musique... J'ai demandé un air gai et celui-ci me bouleverse.

— Il n'y a pas de musique gaie quand on est triste, seigneur. Et ce soir, malgré tous tes efforts pour faire illusion, tu es triste.

— Tais-toi, vieille baderne ! Ah ! le Tibre, Rome... J'étais tout jeune lorsque Honorius est mort et que Jean, puis Valentinien sont devenus empereurs. C'était encore une ville magnifique, la capitale du monde. Qui ne l'a pas vue du haut du Capitole, un soir d'été, ignore comme le monde peut être beau. Malgré les Barbares, Rome sera toujours Rome, avec son air, son soleil, ses odeurs. Et le Tibre, Eudoxe ! Il n'existe pas au monde rivière plus sale et puante : un véritable égout — mais je donnerais dix Moselle pour un seul Tibre. Pourquoi est-ce qu'on s'attache à des êtres et à des choses qui semblent à ce point si peu dignes d'intérêt ? Revoir le Tibre une seule fois avant de mourir...

Soudain il se redresse, frappe dans ses mains.

— Eh bien, Rénalus ! Tu t'es endormi ?

Comme s'il n'attendait que ce signal, le cuisinier fait sonner la trompe et l'assistance se dresse pour voir apparaître, debout sur ses pattes, un porc grillé qui vacille entre des torches allumées.

— Viva ! s'exclame l'empereur. Quel artiste tu es, Rénalus ! Je parierais, rien qu'à voir le ventre rebondi de cet animal, qu'il est garni de mets délicieux.

— Pardonnez-moi, seigneur ! gémit Rénalus, mais, dans ma précipitation, j'ai omis de vider ce porc. Je vais le faire sur-le-champ si tu m'y autorises.

— Gredin ! Quel tour me joues-tu ? Si tu dis vrai, c'est le cachot pour le restant de tes jours.

Je ne peux contenir mon rire en voyant la mine déconfite des convives, leurs airs dégoûtés. Me revient en mémoire cet épisode du *Satiricon* dont Rénalus et Probus, sans l'avoir lu, ont eu connaissance : il raconte une scène de ce genre. La petite comédie se poursuit quelques instants entre Probus menaçant et Rénalus implorant sa grâce. Que va-t-il surgir de cette merveille qui vient de prendre place au milieu de la table ? Des colombes vivantes, des cochons de lait, ou quoi encore ?

— Seigneur Auguste, geint Rénalus, je crains de défaillir si j'ouvre moi-même cette sentine de puanteur. Je te conjure de le faire à ma place.

— Misérable ! réplique Probus, les sourcils froncés. Donne-moi ce couteau et retire-toi avant que l'idée m'effleure de crever ta panse merdeuse !

Il ouvre le porc d'une longue estafilade, et voilà que ruissellent en cascade fumante des boudins et des saucisses rôties, des charcutailles odorantes ; au milieu de la panse, une petite cage apparaît, contenant deux tourterelles vivantes qui s'envolent dès que l'empereur leur ouvre la porte.

— Mes amis, s'écrie-t-il, un vivat pour le plus grand cuisinier que la terre ait porté !

Après s'être incliné avec une apparence de confusion, Rénalus fait apporter le vin.

— C'est du « caburnica » de Narbonne, me souffle l'empereur, comme s'il s'agissait d'un secret. Il est poissé juste ce qu'il faut pour ne pas le dénaturer. Nous n'étions pas nés lorsqu'il a été mis en amphores. Il faut le boire à la manière gauloise : pas plus d'une gorgée à la fois, sinon il te monte à la tête. Sacré Spurina, c'était un fameux gourmet ! *Tibi bene, Eudoxe !* A vous, mes bons amis.

Au bout de la table proche de l'escalier, les officiers, déjà ivres, entonnent un refrain militaire du temps d'Auguste ou de Néron, violemment scandé, avec des gaudrioles qui font se pâmer les femmes. Seul Mincius se tient sur la réserve — il n'a pu encore placer le poème érotique d'Evenos de Paros qu'il déclame à l'occasion des parties fines.

Tandis qu'on s'active au découpage du porc et que le « caburnica » coule dans les cratères, les musiciens entament un air de Vénétie. Nymphius se lève, entraîne Dorcas qui piaille comme une poule égorgée et ouvre la danse, les mains aux hanches.

— Eh bien, Argobast, dit en riant Probus, je te trouve la mine triste. Tu ne manges pas et tu bois du bout des lèvres.

— Pardonne-moi, César Auguste, mais la vue des ces Barbares qui s'accrochent aux herses et nous contemplent avant d'avoir à nous trancher la gorge me coupe l'appétit.

En fait, le comte Argobast navigue au fil de sa mémoire. Mourir ne l'effraie pas, mais ce serait renoncer à ses souvenirs. Lui disparu, qui se souviendrait de Valio, du corps écrasé et du char disloqué contre la borne de l'hippodrome, de ces promenades sur la Moselle les soirs d'été, de son amitié pour Sidoine Apollinaire ? Ce monde qui bouge en lui, il ne se sent pas le droit de le sacrifier. Un homme qui disparaît c'est une mémoire irremplaçable qui s'efface.

L'estomac chargé, je regarde mon assiette qui déborde de mets savoureux et ma coupe de « caburnica ». Probus fait honneur au chef-d'œuvre de Rénalus : une bouchée de viande, une gorgée de vin... Il semble très en verve, soudain, effacée la buée de nostalgie qui lui avait mis du vague à l'âme.

Il se dresse, réclame le silence, s'écrie :

— Et maintenant, mes amis, voici une attraction que la plupart d'entre vous n'ont jamais admirée et n'admireront sans doute plus jamais. Bibula va danser sa pyrrhique du Péloponnèse !

— Tu n'es pas sérieux ? dit Bibula. As-tu perdu la raison ?

Cette danse guerrière des anciens Grecs, Bibula l'exécute parfois au cours des banquets de Probus, telle qu'on la dansait jadis sur les parvis des temples, durant les Panathénées, au son de la flûte.

— S'il est une image que je souhaite emporter dans la tombe, dit l'empereur, c'est la tienne en train de danser. Tu oserais me refuser cette dernière joie ?

— Je n'ai pas le cœur à danser, dit-elle en se levant, mais, puisque tel est ton désir, je dois l'exaucer. Le flûtiste connaît l'air qui convient. Où veux-tu que je danse ?

— Comme d'habitude, dit Probus : sur la table ! Débarrassez-la de cette charcutaille !

— Tu ne vas pas danser nue ? dis-je. Je ne le supporterais pas.

— Je revêtirai la tenue des soldats. Il s'agit d'une danse guerrière.

Elle montre la herse où s'agrippent les Barbares.

— C'est surtout pour eux que je vais danser, dit-elle. Ils comprendront que, chez nous aussi, les femmes savent se battre, aussi bien, sinon mieux que les hommes, et qu'il ne fera pas bon se trouver tout à l'heure en face de moi.

Tandis que Rénalus s'occupe à faire place nette, qu'on se presse autour du baquet qui fait office de vomitorium en se forçant à libérer ses tripes pour la suite du festin, je reconduis Minuo à sa loge en le portant dans mes bras. Il dort à moitié, sa tête dans mon épaule, ses jambes autour de ma taille. Son père, il est trop occupé à placer, enfin, les gaudrioles d'Evenos de Paros pour s'intéresser à son sort.

Lorsque je le dépose sur sa couche (un austère matelas de fougères entre quatre planches), Minuo ouvre les yeux, me fixe intensément et me sourit.

— Dors à présent, dis-je. Nous allons avoir une rude journée à affronter. Tu en auras, des histoires à raconter !

Il m'embrasse avec effusion. Bouleversé, je reprends le chemin du banquet où Bibula vient de faire son apparition. Au premier abord j'ai peine à la reconnaître dans sa nouvelle tenue : casque à cimier, bouclier rond à umbo de bronze, lance, spatha au fourreau terminé par un disque de cuivre et d'argent, large ceinturon de cuir ; elle porte même des jambières de bronze, mais elle a gardé les pieds nus pour l'aisance du mouvement.

La mine maussade de Probus... C'est nue qu'il aurait aimé la voir mimer cette danse guerrière héritée d'un vétéran des légions cantonnées jadis en Grèce, venu finir ses jours sur le bord de la Moselle.

Tandis que la flûte prélude et que le tambourin agite ses grelots de serpent, Bibula se fige dans une attitude qui me rappelle les fresques des vases de terre noire qui figurent dans la collection de Spurina, les bras portant le bouclier écarté du corps, la lance brandie, la tête légèrement inclinée vers le sol, le genou droit fléchi : une attitude de prière préparatoire au combat.

— Silence ! crie l'empereur.

Soudain, au fond de la gigantesque citerne aux murs couverts de cicatrices, léchés par la lumière des torches, cet atome de chair vivante s'anime lentement ; la poitrine gonflée d'une puissante respiration d'athlète prend la mesure de l'effort et de la colère, se soulève et s'abaisse puissamment, va chercher au fond de la nuit les ondes mystiques qui ajusteront ses gestes et ses mouvements à la volonté des dieux. Par une simple attitude, en apparence figée, mais animée d'un rythme intérieur intense que l'on perçoit au frémissement des reins, au mouvement du pied droit qui semble chercher son assise pour l'élan, Bibula, libérant soudain son corps du bouclier, défie l'adversaire, le provoque de sa lance. De cette menace naît une étrange impression de communion entre l'amour et la mort. Ce bouclier écarté, c'est comme si elle s'offrait ; cette lance dardée répond à l'attaque. Le cœur serré, j'imagine en face d'elle un Barbare demi-nu, à la ceinture ornée de scalps, aux jambres prises dans des braies multicolores.

La musique de la flûte s'élance, suspend dans la forteresse une guirlande de peur, fait retomber autour de la statue vivante de Bibula une pluie de sonorités aigres et déchirantes, sans aucun souci mélodique, avec simplement la volonté de faire partager à tous la tension de cet instant suspendu entre la vie et la mort, tandis que les lamelles de métal du tambourin creusent autour d'elle un espace peuplé de serpents, un rond d'herbe sèche sous des oliviers crépitants de cigales.

Je n'impose jamais rien à mon imagination, laissant à cette folle libre cours aux caprices et fantaisies. S'il lui arrive de se détacher de la réalité pour vagabonder à travers les symboles, je la suis pas à pas, sauf lorsque je devine des incohérences que l'homme de raison que je suis ne peut admettre. Je la ramène alors au réel et le jeu reprend, qui me comble de plaisir. Il y a en moi un poète plus apte à ressentir les choses qu'à les exprimer.

Autour de Bibula, toujours immobile mais frémissante, mon imagination s'exalte, jusqu'au moment où la danseuse, ramenant le bouclier contre elle, dresse le bras tenant la lance, fait un bond en avant, son pied nu claquant sur la table ébranlée, pour marquer la prise de possession d'un espace sur l'ennemi.

Personne n'a crié, mais j'ai vu s'ouvrir des bouches et des mouvements brefs accompagner l'attaque de Bibula.

La flûte s'anime de stridences tandis que roule un tambour menaçant.

Cette fois-ci, le combat est engagé. Il se déroule avec une lenteur hallucinante, comme dans un rêve. En face et autour de la danseuse, il n'y a pas un ou plusieurs guerriers, mais une armée. La lance et le bouclier mènent un jeu complexe. Aux attaques profondes, aux coups de pointe de la lance, succèdent des replis lents et majestueux, des voltes, qui font se soulever sur les fesses de Bibula les franges de la tunique. Elle frappe de la lance, droit devant elle, puis son visage se retourne brusquement, comme détaché du corps, et voilà Bibula face à de nouveaux ennemis qui viennent de jaillir de la nuit.

Ce visage, plus que les jambes et les cuisses viriles aux muscles tendus comme des cordes, me fascine. A lui seul, il raconte le combat, sous la résille de sueur qui ruisselle du casque. La bouche grande ouverte comme un masque de comédie, distendue à l'extrême, trahit l'horreur de la blessure ; la souffrance s'exprime par un mouvement blanc des prunelles ; les lèvres serrées, la mâchoire contractée affirment la vindicte ; un rictus cruel accompagne la chute d'un ennemi.

Mon esprit a quitté son enveloppe de chair pour vivre dans la chair de Bibula, participer à sa lutte, partager ses émotions, ses joies et ses souffrances ; il anime le bras qui tient le bouclier et celui qui brandit la lance, les jambes qui dessinent ou effacent les limites d'un territoire sans cesse remanié, le corps qui exulte, peine ou souffre. Je me bats avec Bibula et il suffit de voir l'expression des visages pour comprendre qu'elle n'est pas seule dans cette lutte à mort.

Le temps d'un vertige, je l'imagine nue, comme au cours des festins de Probus. Le mouvement de ses seins anime l'étoffe légère ; les reins révèlent leur puissance et leur grâce mieux que s'ils étaient libérés de l'étoffe ; le ventre palpite et rayonne comme le soleil sous un nuage de printemps ; le moindre mouvement tournant dévoile un pubis emperlé de sueur, le sillon des fesses qui ouvre entre ses cuisses un œilleton de lumière blonde. La jalousie me ravage le ventre lorsque je l'imagine, trempée de sueur, baignée d'odeurs sauvages, s'abandonnant, à la fin de la danse, aux étreintes de son maître. Cette image me sèche la gorge, fait fondre comme cire chaude une érection naissante. Il y a peu, je me serais cru incapable de jalousie, donc d'amour ; maintenant je sais que j'aime Bibula et que je ne souffrirai pas qu'un autre homme la caresse. Ce corps-spectacle, j'ai peine à croire que je l'ai tenu contre moi, que mes cuisses et mon ventre ont été imprégnés du liquide brûlant de sa jouissance, que je suis resté lové contre son dos comme un fœtus pour mieux recueillir ses derniers frissons contre ma peau, pour sentir dans mes mains palpiter ses seins moites. Je sais qu'il n'y aura pas d'autre femme dans ma vie, si j'échappe à la tuerie. Cette pyrrhique m'est dédiée, bien qu'au cours de la danse Bibula n'ait pas eu un regard pour moi ni pour personne, les yeux perdus dans la nuit peuplée de fantômes armés. La victoire qu'elle est en train de remporter contre la peur et la fatalité marque la première borne d'une existence commune. Bibula a besoin de mon expérience et de mon équilibre ; j'ai besoin de sa jeunesse et de sa beauté.

Le regard brouillé de larmes, piqué de sueur, je contemple la scène ultime de la pyrrhique : la lance dardée à la verticale frémit dans un flux de fureur, s'immobilise, se plante dans la table avec une vibration sonore. Le bouclier résonne en tombant à ses pieds. Jaillissant du fourreau, la spatha fait voler un éclair blanc dans la nuit. J'imagine des dieux et des héros penchés, tout là-haut, sur la margelle de ce puits, ivres de plaisir et d'émotion.

Bibula tombe sur les genoux, le menton contre sa poitrine, les mains sur les cuisses, paumes en l'air comme pour une offrande, laissant se dissiper en elle l'ivresse vertigineuse. La fatigue semble ruisseler lentement le long de ses membres, la vider de ses dernières forces.

Il faut l'aider à descendre de la table, la soutenir jusqu'au baquet plein d'eau qu'on a préparé pour ses ablutions.

Rénalus a beau entourer l'apparition des plats suivants de tout un luxe de présentations et de commentaires fleuris, le cœur n'y est plus. Nous sommes, depuis que Bibula s'est dépouillée de son personnage, sur le versant opposé de cette nuit magique, et nous glissons insensiblement, morts de fatigue et d'émotions, vers des réalités inéluctables.

Quelle heure peut-il être ? J'ai perdu la notion du temps mais je sais que l'aube est proche et que les feux du matin ne vont plus tarder à briller dans le camp des Barbares.

Derrière un monceau de pâtisseries ruisselantes de crème et de miel, l'évêque somnole, sa barbe luisante de graisse. Epaule contre épaule, Mincius et Nymphius ont entamé un entretien sans conviction sur les qualités comparées d'Homère et de Virgile. Argobast et Sunno se tiennent immobiles, le buste rigide, et semblent s'ennuyer. J'aperçois, au bout de la table opposé à l'escalier, Ioulianos en train de se gaver de pâtés à la crème (il est allé trois fois déjà au vomitorium). Quant aux femmes, toutes parfaitement ivres, sauf peut-être Dorcas, elles tiennent des propos sans queue ni tête.

Les officiers se sont retirés en titubant pour aller inspecter les remparts. Probus paraît absent. L'empereur semble présider un repas de funérailles. On n'a pas renouvelé les chandelles et, peu à peu, la cour centrale sombre dans la nuit. Encore toute frémissante, Bibula s'est assise à la place de Minuo ; elle ne mange ni ne boit ; je la sens encore habitée par son personnage ; elle se tient serrée contre moi ; je respire l'odeur de chat de ses cheveux et celle, moite, de son corps.

— Seigneur, dis-je à Probus, as-tu conscience de vivre la dernière nuit de Rome et sa dernière « cena » ?

Il hoche gravement la tête, tourne vers moi un visage ravagé par la fatigue, des yeux envahis de fibrilles rouges, une bouche tordue. En glissant sur le côté, son diadème de lauriers lui donne l'apparence d'un Bacchus sénile.

— Notre dernière nuit... dit-il en écho. J'aurais aimé la vivre d'une manière plus glorieuse, en présence de vrais artistes, de poètes inspirés, qui auraient donné un sens à l'événement, mais nous n'avons autour de nous que des goinfres, des prétentieux, des incapables. Sans toi, sans Bibula, je serais déjà mort d'ennui. Que veillons-nous ce soir ? Quel cadavre ?

— Le cadavre de Rome, dis-je avec emphase. Un beau cadavre couvert de défroques dorées, de parfums d'Orient, gavé d'une mangeaille digne de la table des Césars. Tu te plains de la fatuité et de la sottise de ceux de tes convives qui auraient dû tirer la philosophie de l'événement que nous vivons, mais ils sont à l'image de l'Empire. Rome ne sait plus ni rêver ni penser. La poésie, la philosophie l'ont désertée. Cette dernière nuit est telle qu'elle devait être. La fin d'une civilisation n'accouche pas de génies. Il faudra attendre que les alluvions des fleuves barbares permettent de nouvelles moissons de l'esprit.

J'ajoute d'un ton plus détaché :

— Pour le moment, un seul impératif : sauver notre peau.

Probus se cramponne aux accoudoirs de sa cathèdre.

— Suggères-tu que nous mettions bas les armes pour négocier avec les « Teutshes » ? Alors tu n'as rien compris, Vieille Peau ! Rome est morte, peut-être, mais moi, Aulus Publius Probus, je suis vivant et, même si je me trouvais seul en face d'un bataillon de ces enfoirés, je me battrais jusqu'à mon dernier souffle !

— Tu pourrais essayer de rejoindre Syagrius...

— Le « dernier des Romains » ? Sache, vieille baderne, que le dernier des Romains, c'est moi. Qu'a-t-il fait, Syagrius, pour nous secourir ? J'ai la responsabilité de cette place et la défendrai envers et contre tous, à commencer par toi, traître.

Je me rends compte, mais trop tard, que j'ai eu tort de provoquer Probus dont je connais pourtant le caractère irascible.

Il s'arrache à son siège, bondit sur moi en écartant Bibula qui tâche de s'interposer, cherche ma gorge de ses mains moites et serre de toutes ses forces. Je tente de le renverser mais il pèse de tout son poids de viande faisandée, de mangeaille et de vin dont il me souffle l'haleine au visage. Je me dis que ma dernière heure est venue quand la pression des mains se détend. Debout derrière lui, la pointe de son poignard sur sa nuque, Bibula menace :

— Vas-tu le lâcher, gros porc !

Probus se redresse lentement, regarde ses mains, puis Bibula. Ses paupières se ferment, ses mains battent l'air et il glisse sur le sol au moment où les soldats arrivent à la rescousse.

— Ce n'est rien, dis-je. Il a trop mangé et trop bu. Apportez de l'eau, vite ! Où est ma trousse ?

Tandis que Bibula court jusqu'à ma loge, je prends le pouls de Probus : il bat follement, sur un rythme irrégulier. Je lui baigne le visage, lui fais boire un émétique de tanin qui le fait vomir dans des contorsions pitoyables, sous l'œil soupçonneux de Médéric.

— Je ne cherche pas à l'empoisonner ! dis-je. Ecartez-vous. Nous allons l'allonger sur la table.

Probus semble reprendre ses esprits, tente d'articuler quelques mots, saisit ma main avec effusion.

— Tu ne pensais pas ce que tu disais, Vieille Peau ? Tu ne peux pas souhaiter nous voir déserter ? Tu me provoquais pour le plaisir ?

— Certes. Je te taquinais et j'ai eu tort, car tu t'enflammes pour des peccadilles. Nous nous battrons tous jusqu'au bout.

— Pardonne-moi d'avoir douté de ta fidélité. Dire que j'aurais pu te tuer, toi, mon ami...

Il se redresse lentement, dit d'une voix pâteuse :

— Donnez-moi du vin si ces ivrognes n'ont pas tout bu.

Sorti de sa somnolence, l'évêque s'est approché, l'air apitoyé, la tête penchée sur le côté, les mains jointes sur la croix pectorale.

— Si tu sens ton heure venue, dit-il, il faut te confesser de tes fautes afin que tu te présentes au vrai Dieu avec le cœur plein de repentir et d'espérance. Après, tu mourras en paix avec ta conscience. Je veux tout entendre de tes péchés et les absoudre.

Probus éclate de rire au visage de Marus qui recule, épouvanté, comme sous le souffle du démon.

— Mes péchés ! Le reste de la nuit et le jour suivant ne suffiraient pas à les énumérer. J'en suis couvert et ils me tiennent chaud. Mon seul regret est de n'en avoir pas commis davantage. Réserve tes sermons pour les Barbares. Si tu es capable d'en faire des agneaux, je suis prêt à me convertir.

Il vide un plein cratère de « caburnica », se lèche les lèvres, narines palpitantes.

— Ce vin a une drôle d'odeur, dit-il. Il sent la fumée.

— Ce n'est pas le vin, dit Bibula. Quelque chose est en train de brûler.

Nous inspectons du regard les parois de la forteresse et soudain, des premières galeries, nous voyons jaillir des pétales de lueurs et des fumerolles claires. Les aboiements de Myia me serrent le cœur.

— C'est un incendie ! crie Bibula. C'est chez toi que ça brûle, Eudoxe. De l'eau, vite !

Saisissant tous les récipients que nous trouvons, nous nous précipitons vers les galeries. Ce n'est pas chez moi que s'est déclaré le sinistre, mais chez Ioulianos. J'arrache le carré d'étoffe qui sert de porte et la surprise me cloue sur le seuil.

Sigen a entassé toutes les paperasses de Ioulianos au milieu de la loge et en fait un feu de joie. Elle alimente le foyer en plongeant à pleines mains dans les liasses, arrache au feu des poignées de feuillets incandescents et les jette au-dehors avec des rires hystériques. Je lui crie d'arrêter, mais elle ne m'entend pas. La grande giclée d'eau que j'envoie sur le foyer fait voler des flammèches jusqu'au plafond et suscite une épaisse fumée qui nous fait suffoquer. La folle ! La voilà maintenant qui, arrachant sa tunique, la jette sur le brasier, et se met à danser en poussant des cris inarticulés. Je tente de l'empoigner mais elle me glisse entre les mains. L'arrivée de Dorcas et de Ioulianos met un comble à la confusion et à la panique. La vieille momie se met en transes, trépigne et, soudain, tombe dans les bras de son épouse. Je me précipite, le tire hors de la loge, colle l'oreille contre sa poitrine : un faible battement, puis plus rien.

— Il a cessé de vivre, dis-je. Ce sera le premier mort de la Porte Noire.

Ce n'est pas une mort héroïque. Cette larve, je n'avais pas de mépris pour elle : simplement une grosse pitié de praticien pour un pauvre fou fasciné par la possession des biens terrestres. Des immenses domaines d'illusion accumulés par la ruse et l'opportunisme, il ne reste que ce tas de cendres et ces fumées. Cet homme avait pour la richesse la boulimie des Romains.

— Ton père est mort, dis-je à Sigen. Tu l'as tué. Est-ce que tu me comprends ?

Elle rit bêtement, s'approche du cadavre, le touche du pied, le secoue puis se dirige vers un angle de la pièce où elle s'assied, grelottante, les genoux repliés contre sa poitrine. Il me semble qu'elle pleure, mais je n'en suis pas certain. Je jette une couverture sur ses épaules, l'oblige à s'allonger sur sa paillasse. Quant à Ioulianos, qu'on en fasse ce qu'on voudra !

Je me penche à travers une des baies de la galerie. Dans la lumière vacillante des dernières chandelles, j'aperçois Probus en train de se démener et de donner des ordres :

— Débarrassez ce foutoir, salopards ! Assez dormi ! Le premier que je prends à glander, je lui botte le cul ! La bouffe qui reste, jetez-la aux gueux qui attendent dehors. Gardez le vin ; nous en aurons besoin. Toi et toi, enlevez les tables ! Toi, les sièges ! Et vous, les musiciens, au boulot, fainéants ! Vous ne serez pas de trop. Exécution !

Il ôte ses vêtements, se plonge dans le baquet, s'ébroue comme un chien, s'essuie avec une nappe, sans cesser de donner des ordres.

— Médéric, ouvre l'œil ! A la moindre alerte, fais-moi prévenir au prétoire. Je vais tenir un conseil de guerre avec mes officiers.

La tête de Bibula sur mon épaule.

— Et nous, dit-elle, qu'allons-nous faire en attendant l'aube ?

7.

LA CROIX ET L'ÉPÉE

L'évêque d'Orléans, Anianus, je ne l'ai jamais rencontré, mais m'en suis fait une idée tellement précise qu'elle s'est imposée à moi et n'a jamais été modifiée par les événements. Il ne devait ressembler à Marus ni par son apparence physique, ni par son caractère ni par son comportement. Abusivement peut-être, je l'imagine sous les traits et l'apparence d'un de ces généraux glabres, cheveux ras, grands, pâles, à l'image de César, portant le glaive au côté et la croix sur la poitrine. Marus, lui, a plutôt l'apparence d'un vieil ermite aigri par les mortifications, déçu de n'avoir pas rencontré Dieu dans la solitude. Anianus se portait volontiers aux remparts, exhortait les soldats à la défense, appelait à la rescousse les légions célestes ; Marus n'est capable que de montrer les crocs sur les talons des païens et des hérétiques pour les inciter à rejoindre les voies de la « véritable religion » et de comptabiliser les âmes gagnées par la foi ; je ne le vois guère maniant le glaive pour mener les fidèles au combat.

Des évêques soldats de la même chair et de la même âme que l'évêque d'Orléans, nous en avons rencontré quelques-uns sur les chemins de l'invasion, il y a un quart de siècle.

C'étaient des stèles incandescentes dressées à la proue des villes assiégées, des meneurs d'hommes, des tribuns de la foi. Leurs paroles et leurs actes formaient un tout que rien ne pouvait ébranler, ni les périls ni les menaces ; ils avaient fait de leurs ouailles des soldats, parfois des héros ; ils étaient les gardiens armés du royaume de Dieu, sa parole et sa volonté incarnées : violents, certes, mais pas de cette aigre violence verbale dans laquelle Marus semble se complaire : la leur, faite de laves, rayonnait sur le troupeau et en faisait une armée. Autant me répugne le zèle intempestif des destructeurs d'idoles et de temples, d'idées et de cultures, autant j'admire le courage de ceux qui, armés de leur foi, ne se battent pas contre des pierres et des livres, mais contre des hommes.

Anianus était de cette trempe. Attila le craignait, comme il avait redouté Servatus à Tongres, Lupus à Troyes et, devant Lutèce, la petite vierge chrétienne.

C'était moins cette bourgade campée sur la Loire qui l'impressionnait que ce personnage mystérieux que les prisonniers décrivaient comme un héros inspiré, descendu des nuées pour mener au combat les soldats de la foi. Dès qu'un mouvement lui était signalé aux remparts ou aux portes de la cité, le khan des Huns s'y rendait, s'avançait jusqu'à une portée de flèche et cherchait du regard l'évêque Anianus : il devait apparaître dans son esprit comme un personnage mythique issu de ces religions occidentales qu'il était incapable de pénétrer ; s'il avait pu le capturer, je crois qu'il ne l'aurait pas fait crucifier ou empaler mais l'aurait gardé près de lui pour découvrir les secrets de son énergie.

Carpillo me manquait.

Le départ de mon ami avait creusé dans mon existence un vide, que je m'évertuais à combler par des étreintes sans passion avec des filles alaines, grandes créatures au teint mat, aux yeux sauvages qui mettaient dans l'amour beaucoup d'ardeur et peu de passion.

Attila m'avait tenu rigueur du départ de Carpillo, m'assurant qu'il le retrouverait et lui ferait subir les pires supplices. Il avait fallu toute la persuasion de Calliste et l'éloquence d'Oreste pour qu'il renoncât aux tourments dont il me menaçait, me jugeant complice de cette désertion.

Ma peine, je la trompais également en exerçant avec célérité mes fonctions de médecin et de chirurgien. Ma tâche, pourtant lourde, ne l'était jamais assez à mon gré ; je voyais avec inquiétude arriver la nuit et le moment où je devrais regagner ma tente et renouer avec les tourments de l'absence.

Mon service était sans cesse requis pour le soin des blessés car, chaque jour, nous subissions les assauts de groupes d'Alains, sujets du roi Sangiban qui, après avoir promis son concours à Attila, s'était déclaré pour Aetius et avait envoyé des contingents à sa rencontre.

Oreste avait fait installer, dans les faubourgs de la ville, pillés et incendiés, une sorte d'hôpital de campagne dont j'assumais la responsabilité. Les quelques chamans, magiciens et guérisseurs, qui gravitaient autour de moi, m'irritaient par leur charlatanisme, leurs chants et leurs contorsions destinées à chasser les esprits du mal qui tournoyaient comme des essaims autour des blessés, mais je n'avais pu obtenir du khan qu'il les éloignât de mon service. Ils jalousaient mes prérogatives, mes réussites, ne perdaient aucune occasion de dénoncer mes pratiques diaboliques, mais cela m'importait peu et Attila me garda sa confiance.

La joie que j'aurais eue à rencontrer l'évêque Anianus me fut refusée. J'avais idée que nous ne prendrions jamais cette ville, moins en raison de la puissance de ses remparts que de la volonté et du courage de ses défenseurs. Mon expérience des Bagaudes m'avait appris qu'une ville, aussi forte soit-elle, ne résiste victorieusement que si ses défenseurs sont animés d'une âme et d'une détermination à toute épreuve. De la pierre et des hommes, c'est la pierre la plus vulnérable ; l'homme, animé d'une idée et possédé par elle, est indestructible ; même mort il reste une puissance. Il est des hommes héroïques ; les pierres ne le sont jamais. Pourtant, de l'alliance des uns et de l'autre peuvent naître des prodiges.

Depuis des jours et des jours, inlassablement, la horde battait les remparts d'Orléans.

Les machines construites sur les conseils de Calliste et d'Oreste faisaient merveille, mais il eût fallu un miracle pour ébranler les murailles et entamer le moral des assiégés, et les dieux n'étaient pas avec nous. Attila le sentait confusément ; il se vengeait de ses revers par des actes de cruauté inutiles, donnant à l'ennemi le spectacle des potences, des croix et des pals qui hérissaient les prairies riveraines. A sa déconvenue s'ajoutait une inquiétude : Aetius venait, après de difficiles négociations, de circonvenir le roi des Wisigoths, le vieux Théodoric, celui dont le système pileux avait fait s'esclaffer le « tanjou » Khara. A marches forcées, glanant sur son passage des contingents barbares, il fonçait vers la Loire pour délivrer Orléans. Le temps n'était plus notre allié ; il s'alourdissait de ces échecs et de ces menaces.

Un jour, à l'heure de la sieste, dans la grande chaleur de midi, un parti d'Alains traversa en trombe notre camp principal, dispersant les chevaux, mettant le feu aux tentes et aux chariots, criblant de traits les hommes mal éveillés. Attila, à la suite de cette escarmouche, réunit son conseil de guerre et demanda aux chamans de lui révéler l'avenir dans les organes des animaux sacrés : ils lurent la mort d'un roi et la défaite des Huns. C'était plus qu'il n'en fallait pour décider le khan à la retraite. Il effectua une dernière tentative, lança ses béliers contre les portes, accablant la ville de jets de pierres, répondant aux cantiques qui déferlaient sur les chemins de ronde par des grêles de flèches. Il y avait dans notre camp, au soir de cette terrible journée, tant de morts et de blessés que je ne pus suffire à la tâche.

Pour comble de malchance, le corps d'armée envoyé par Attila vers le sud se heurta aux avant-gardes d'Aetius, à quelques lieues de la ville, et fut défait. Le départ fut décidé pour le lendemain.

Il était temps. Des nuages de poussière annonçaient déjà, dans le lointain, sous un ciel de cendres, les avant-gardes de l'armée du patrice.

Oreste m'avait dit :

— L'ambition et l'aveuglement perdront Attila. Ses alliés menacent de l'abandonner. S'ils le suivent dans sa retraite c'est qu'il n'y a pas d'autre voie pour retourner dans leur pays. Le moment est venu pour nous de décider entre Rome et les Barbares, entre l'Occident et l'Orient, entre notre conscience et notre intérêt.

— Qu'as-tu décidé toi-même ?

— Quand tu m'auras donné ta réponse, je te donnerai la mienne.

— Je reste, dis-je, mais ce n'est pas par intérêt. Je n'occupe auprès d'Attila qu'un poste subalterne et je n'ai pas accumulé, comme toi et Calliste, une fortune. Seule la curiosité me pousse à rester, plus qu'un sentiment d'attachement à ce peuple. Si je suis fidèle, c'est à moi-même, qui suis le témoin d'un monde en mouvement. Les événements qui se préparent, je les vivrai plus intensément de ce côté-ci que de l'autre. Je n'aime guère Attila, mais il me fascine.

— A ton aise. Moi et Calliste, nous prenons le large, comme Carpillo l'a fait avant nous. Nous aurions dû le suivre.

— Les rats quittent le navire en perdition...

— Garde tes sarcasmes pour toi. Quand le navire sombre, il n'y a pas d'autre recours que de se jeter par-dessus bord. J'ai confiance en toi ; je sais que tu ne révéleras rien de notre projet.

Je ne devais plus les revoir. Accompagnés de quelques otages, ils disparurent à l'aube du jour fixé pour la retraite. De nouveau, Attila me reprocha amèrement cette désertion qui le privait de conseillers efficaces, mais, cette fois-ci, il ne proféra aucune menace, de crainte sans doute de me voir prendre le même chemin. J'eus droit au couplet sur la pusillanimité des citoyens de Rome, fussent-ils mâtinés de Barbares, et je n'étais pas loin de lui donner raison.

Contrairement à ce que j'appréhendais, et bien que je ne lui eusse fait aucune promesse de fidélité, qu'il ne sollicita d'ailleurs pas, le khan ne me fit pas surveiller. Il avait deviné que je souhaitais vivre son odyssée jusqu'au bout.

La retraite, dans l'épaisse chaleur de juillet, fut pénible.

Nous traversions des pays plats ou légèrement vallonnés, tapissés de profondes forêts où, parfois, nous attendaient des partis de Sarmates et d'Alains qui semaient la panique dans nos rangs. Notre armée n'était plus qu'un troupeau de bœufs sauvages fuyant devant l'incendie. Le soir, du haut des collines, nous découvrions dans le lointain les feux de camp de l'ennemi et la nuit se passait dans la crainte d'une alerte.

Un matin de la mi-juillet, alors que nous étions parvenus dans les plaines de Champagne, Attila décida de faire front. En cas de revers, nous pourrions en quelques étapes gagner le Rhin.

J'ai noté sur un calepin le nom de cet endroit. Dans le pays on l'appelle « Campi Mauriaci », en raison des nombreuses « maures » ou marécages qui tapissent les bas-fonds, ou encore les « Campi Catalaunici » : les Champs Catalauniques. C'est une immensité de vallonnements mous, une houle de collines qui donnent une idée pathétique de l'immensité du monde. A dix lieues de distance, la moindre fumée ou le moindre nuage de poussière prend la dimension d'un prélude de tragédie. Le ciel écrase le paysage démesuré d'un charroi de nuages qui se déplacent avec une lenteur hallucinante.

A peine avait-on décidé en conseil que ce lieu serait celui de la bataille, je montai avec Attila et quelques « bériks » au sommet d'une puissante levée de terre couverte de guérets. Le pays fumait de toutes ses brumes dans le soir rouge. Par une échancrure dans ce magma nous pouvions observer l'armée des fédérés : quelques poignées de graines noires répandues sur l'aire de l'été, dans une plaine moite de chaleur.

— Tu devrais faire occuper cette colline, dis-je à Attila. Tu y serais en sécurité.

Ses petits yeux gris se plissèrent, son visage couturé de plaies se contracta d'un rictus.

— Les batailles ne se gagnent pas sur les hauteurs mais en rase campagne, dit-il. Comment faire manœuvrer nos escadrons sur cette pente ?

Je ne discutai pas et m'inclinai, mais je savais que ma suggestion allait occuper l'esprit du khan et l'inciter à changer d'avis, ce qui se produisit.

A l'aube, Attila envoyait un détachement de Gépides et de Huns, sous la conduite du chef Ardaric, en direction de l'armée adverse. Des rumeurs de bataille ne tardèrent pas à se propager jusqu'à nous. De notre observatoire, nous pouvions suivre les mouvements de la mêlée qui tourbillonnait dans un pli de terrain, à un quart de lieue environ de l'armée des fédérés. Ce fut notre seconde défaite. Attila fit trancher la tête de quelques rescapés, confia à ses chamans aruspices le soin d'interroger les fibres des victimes ; le verdict d'Orléans se renouvela : c'était la défaite assurée, compensée par la mort d'un roi du parti adverse. Quel roi ? Théodoric, Sangiban ou Aetius ?

Il se passa une journée avant qu'Attila décidât de suivre mon conseil et d'envoyer un détachement hunnique occuper la position élevée, mais il était trop tard : un des fils du vieux Théodoric, Thorismond, avait déjà envahi le versant opposé lorsque les Huns amorçaient leur mouvement, et ils étaient à mi-côte lorsque, voyant surgir les enseignes wisigothes et des centaines de cavaliers, ils durent battre en retraite.

Ce fut notre troisième défaite. Je commençais à me demander si je n'avais pas eu tort de refuser l'invitation de mes amis romains.

Cela se passait par une matinée chaude et brumeuse. Nous manquions d'eau pour nous et nos chevaux, les « maures » étant asséchées par la canicule. Les moindres points d'eau boueuse étaient assaillis par une multitude d'hommes et de chevaux, serrés comme des mouches sur une goutte de miel.

Attila décida de se former en bataille à la neuvième heure, occupée d'ordinaire par le repas de midi et la sieste. Ses corps de troupes manquaient d'allant. Les Barbares, en règle générale, sont dépourvus de constance dans l'effort et répugnent aux longues épreuves — César l'avait déjà constaté dans son livre sur la guerre des Gaules. Les fédérés, au contraire, stimulés par leur victoire, quoique moins nombreux, donnaient l'image d'une belle ardeur combative, faisant galoper leurs chevaux à travers la plaine, chantant et dansant comme à une fête. A la légère j'avais misé sur les discordes entre des peuples aussi divers que les Sarmates et les Armoricains, les Francs et les Burgondes, les Wisigoths et les Alains qui marchaient derrière le patrice. Apparemment, ils s'entendaient bien. Aetius avait dû leur faire la leçon.

Mes pérégrinations dans les Bagaudes m'avaient appris à reconnaître à distance telle ou telle nation, à la façon qu'avaient les guerriers ou les soldats de s'ordonner, de galoper, de tenir leurs armes, d'exprimer leur ardeur combative par des chants ou des cris, d'arborer enseignes et boucliers. J'en remontrais aux officiers d'Attila et au khan lui-même, qui n'avaient eu à ce jour en face d'eux que des peuples de la steppe.

Attila avait regroupé le grand camp à un quart de lieue de la colline occupée par l'adversaire. Avec ses escadrons massifs de Huns et de Thuringiens, il occupait le centre du dispositif de bataille. A sa droite, il fit ranger les cavaliers gépides d'Ardaric et, sur l'aile gauche, les escadrons des Ostrogoths de Valamir ; les premiers équipés à la légère ; les autres dotés de cuirasses d'écailles qui les faisaient ressembler à de gros poissons frétillant au soleil.

Du poste où je me tenais, sur les arrières de la horde, entre les derniers rangs et les chariots formés en rond, je pouvais apercevoir dans son ampleur l'armée fédérée, gigantesque mosaïque de peuples hier ennemis, aujourd'hui regroupés en une même force par la subtile diplomatie d'Aetius. Le cœur serré, je pensais à Carpillo, à Oreste et à Calliste qui se trouvaient parmi eux, mais comment les reconnaître dans cette multitude ? Probus aussi était présent, mais je ne l'appris que longtemps après.

Le patrice, lui, était reconnaissable à la cape rouge et au thorax de bronze. Il se tenait non pas au centre comme son adversaire, mais sur l'aile gauche qu'il occupait avec ses contingents de légionnaires romains, ceux qui avaient effectué la longue marche depuis l'Italie. Au centre, se trouvait un ramassis de Burgondes, de Francs et d'Alains, sous la conduite du « roi » Sangiban dont Attila s'était juré d'avoir la peau et de s'y tailler une paire de braies. Dans de moindres proportions, s'alignaient des contingents de Saxons, de Bréones, d'Armoricains et de Sarmates. Sur l'aile droite, face à leurs frères de race, les Ostrogoths, se tenaient les escadrons étincelants de Théodoric, assisté de son deuxième fils, Euric, Thorismond campé toujours sur la hauteur.

Je n'ai rien d'un stratège, mais je compris vite l'erreur d'Attila et l'avantage dont bénéficiaient les fédérés. Le khan allait précipiter ses escadrons dans le bloc occupant le centre adverse, le plus disparate et le plus vulnérable, et les troupes d'élite d'Aetius et de Théodoric se refermeraient sur lui comme un étau.

Pétrifié d'inquiétude, j'écoutais le tumulte des préparatifs, les sons des trompes, les ronflements obsédants des voix barbares, le concert croisé des ordres donnés dans toutes les langues d'Occident et d'Orient, les hennissements des cavales impatientes, le barrit sourd des légionnaires et, derrière moi, le hululement tragique des femmes rassemblées devant les chariots.

De la harangue qu'Attila adressait à ses troupes et que des interprètes transmettaient à mesure, je n'ai rien entendu, si ce n'est un chapelet de sons inarticulés, suivi d'un épais silence.

De l'horizon montaient des nuages roux et bleus, traversés par endroits de gerbes de rayons qui faisaient flamber des prairies dorées. Des corbeaux tournaient en rond au-dessus du champ de bataille. Très loin vers le sud, au-delà d'une succession de collines fondantes comme du miel, montaient les fumées d'un village ou de quelque incendie allumé par les hommes ou par l'été. Ce silence et ce paysage, si parfaitement accordés, je n'ai pu les oublier : ils avaient la saveur âcre de l'angoisse.

L'engagement débuta par des bordées de flèches qui mirent quelque animation dans les rangs figés, de part et d'autre. Des chevaux blessés se cabraient avant de s'écrouler ou de prendre le large.

Alors que les dernières trajectoires de flèches voletaient dans le soleil, Attila fit sonner la charge. Il en prit lui-même la tête, petite boule de poils roux, suivi de la grande cavalcade hunnique : des centaines de cavaliers qui semblaient portés par l'aile sauvage d'un ouragan.

J'avais prévu la dislocation du front central d'Aetius ; ce fut pire : il éclata sous le choc ; les enseignes du « roi » Sangiban furent balayées dans une danse de papillons. Après cet engagement bref mais farouche, les premiers éléments de l'attaque s'en prenaient aux Wisigoths qui, lourdement équipés, se défendaient mal contre cette marée mouvante. J'aperçus le roi Théodoric, reconnaissable à sa barbe blanche, galopant devant ses troupes pour les exhorter à la défense ; atteint d'un javelot, il s'effondrait, vidait les étriers et demeurait immobile sur le sol, face aux Ostrogoths de Valamir qui entraient aussitôt dans la danse. Frappé de coups, piétiné par les chevaux fous, il disparut dans la mêlée.

La conclusion des aruspices se révélait exacte. Se seraient-ils trompés pour la seconde partie de leurs prédictions ? Attila semblait tenir la victoire. Le centre d'Aetius balayé, l'aile droite gagnée par la panique sous les coups de boutoir conjugués des Huns et des Ostrogoths, le sort des armes semblait pencher en notre faveur.

Je m'apprêtais à crier victoire lorsque je vis se détacher de la colline une avalanche de cavaliers : les troupes de Thorismond, à leur tour, se mettaient en branle et, se portant au secours de leurs frères d'armes en déroute, ramenaient la confiance et l'ardeur dans leurs rangs disloqués. Pris entre les carrés des Wisigoths qui s'étaient reformés et la marée qui déferlait sur eux, les Huns durent décrocher en désordre pour regagner leur position initiale.

Opposés au torrent des cavaliers gépides qui les harcelaient de flèches et de javelines, les contingents du patrice formaient un bloc inébranlable, protégé par un mur de boucliers, hérissé de lances sur lesquelles venaient s'embrocher les hommes et les chevaux. La guerre retrouvait là sa cohérence historique : l'opposition fondamentale entre la force violente et désordonnée des Barbares et la puissance tranquille et massive des légions ; j'y redécouvrais, à des siècles d'intervalle, un écho au déferlement de la cavalerie gauloise contre les légions de César.

J'avais perdu la notion du temps. La chaleur était toujours aussi intense et la soif n'avait cessé de me torturer. Sous les feux rasants du soleil, des brumes rosâtres commençaient à se tasser dans les vallées lointaines.

La bataille durait depuis plusieurs heures, mais le sort des armes demeurait indécis. Regroupés, les Huns poussaient attaque sur attaque avec une inlassable énergie, pratiquant des brèches sanglantes dans les rangs des Wisigoths, pourchassant les cavaliers de Sangiban qui tentaient de regagner le nœud du combat. Il n'y avait pas un front de bataille mais une multitude d'escarmouches, comme dans ces jeux du cirque où une trentaine de gladiateurs s'affrontent deux à deux. Seule, la légion d'Aetius offrait encore une image cohérente dans cette mêlée ; le reste n'était que désordre et confusion.

Au crépuscule, la bataille durait encore et les cadavres s'accumulaient, sans que l'on pût prévoir l'issue de l'engagement.

C'est alors qu'Attila fit sonner la retraite. La horde reflua vers le rond des chariots où les femmes avaient allumé des feux pour le repas du soir. Je regardais s'écouler autour de moi cette marée d'hommes et de chevaux traînant la patte. En passant près de moi, Attila me jeta un regard furieux et désespéré : il semblait persuadé que la bataille était perdue, par la faute, en partie, de ses alliés qui s'étaient battus sans conviction, et dont certains même avaient pris la fuite.

Un peu plus tard, alors qu'il se restaurait au milieu des ses « bériks », il me dit :

— Tu dois regretter de n'avoir pas suivi tes amis Calliste et Oreste. A l'heure qu'il est, ils doivent chanter victoire malgré la mort de Théodoric et la blessure d'Aetius.

— Aetius a été blessé ?

— Il a reçu un javelot gépide dans le flanc. On l'a vu tomber de cheval, mais il n'est pas mort, sinon la victoire aurait changé de camp.

— Qui a tué Théodoric ?

— Andage, un jeune noble ostrogoth, ce garçon que tu vois, là-bas, entouré par les femmes qui lui servent du vin. Il n'a pas vingt ans, mais c'est déjà un vrai chef. Bientôt il sera roi à la place du vieux Valamir qui n'est bon qu'à se saouler et à raconter ses souvenirs de campagne.

— Je n'ai jamais eu l'intention de te quitter, seigneur, dis-je après un long silence. Si tu décides de te retirer au-delà du Rhin, je te suivrai. Il y aura suffisamment de Romains ou de Gaulois pour raconter l'épopée d'Aetius, mais qui, sinon moi, pourra raconter cette bataille, vue de ton côté ?

Il eut un mince sourire.

— J'ai toujours eu de l'estime pour toi, Eudoxe, moins en raison de ta science que de la sympathie que tu nous portes. Reste près de moi si tu le désires, mais tu es libre de me quitter quand bon te semblera. Je te regretterai, mais je te dois cette marque d'amitié.

Il se leva, me serra contre sa poitrine, ôta de son cou un large collier d'or portant une plaque représentant un cavalier scythe affrontant un monstre.

— En souvenir d'Attila, dit-il. Maintenant prends un peu de repos avant de t'occuper de nos blessés. Tu as du travail pour toute la nuit. Les femmes t'aideront.

Dépourvu de tout, et même d'eau, allant de chariot en chariot, je constatai un étrange remue-ménage. Des hommes entassaient des selles et des harnais au milieu du camp. Un des « bériks » d'Attila, qui baragouinait le latin, me fit comprendre que le khan avait décidé, si la prochaine attaque des fédérés réussissait, de mettre le feu à ce monticule et de s'y laisser brûler.

— C'est la coutume dans notre pays, dit-il, et notre khan ne saurait s'y soustraire.

La nuit était tombée depuis longtemps lorsque surgirent les escadrons de Thorismond : un petit nombre de cavaliers animés d'une hargne farouche. La surprise, dans notre camp, fut totale. Une percée en flèche ouvrit une brèche dans le rang des chariots, mais le jeune prince wisigoth ne put pousser plus avant son succès. Encerclé, blessé, jeté à terre, il n'eut que le temps de se replier, emporté par ses cavaliers.

Dans la plaine baignée de lune, la bataille se poursuivait avec acharnement. Des cavaliers gépides et ostrogoths, qui s'étaient éloignés du champ de bataille, revenaient en force, prenaient à revers les troupes d'Aetius et les contraignaient au combat et au repli précipité vers le camp des Wisigoths.

L'aube se leva sur un spectacle de désolation. Des milliers de cadavres jonchaient le champ de bataille. Parmi eux, peut-être, mon bien-aimé Carpillo. Le cœur serré, je l'imaginais percé de coups, sanglant comme le saint Sébastien des chrétiens, pantelant, mort peut-être. Le contact de sa chair satinée était encore sensible à mes doigts et à mes lèvres. J'aurais aimé être près de lui pour recueillir son dernier souffle.

Les fédérés, ayant retrouvé le corps de Théodoric, l'inhumèrent sur place avec son équipement, puis, dans un concert d'armes frappées contre les boucliers, élurent roi son fils aîné, Thorismond, qu'ils promenèrent sur un pavois.

De toute la matinée, rien ne bougea. Une calotte de nuages fuligineux recouvrait l'immensité du paysage. Des pluies lumineuses estompaient les lointains ; la chaleur était moins intense que la veille.

Des patrouilles ennemies passèrent non loin de notre camp sans qu'on daignât leur donner la chasse. On attendait une attaque qui tardait à venir. Les troupes d'Ostrogoths et de Gépides qui, dans la nuit, avaient harcelé l'ennemi s'étaient fondues dans la campagne.

— Nous ne bougerons pas, me dit Attila, Aetius non plus. La conduite du jeune Thorismond l'inquiète. L'alliance opportune avec les Wisigoths, qui sont ses pires ennemis, est précaire. Si l'issue de cette bataille tourne à l'avantage de nos ennemis, c'est aux Wisigoths qu'il la devra, il est trop fier, trop prudent pour accepter cette humiliation et courir ce danger. Il a obtenu ce qu'il voulait : nous repousser hors de la Gaule. Il n'en demande pas davantage.

Sans accorder trop de crédit à ces propos, j'admirai la subtilité d'Attila. Il est vrai qu'il connaissait bien le patrice, Aetius ayant passé une partie de son existence chez les Huns, dans les plaines du Danube ; ils avaient noué des liens d'amitié que les circonstances avaient dénoués. De plus, Aetius ne voulait pas risquer, dans une nouvelle bataille, de sacrifier une partie de sa légion et de se trouver ainsi à la merci de ses dangereux alliés, auxquels Sangiban, personnage peu sûr, se hâterait de prêter main-forte.

Les prédictions d'Attila se révélèrent à demi exactes. A plusieurs reprises au cours de cette journée, les fédérés attaquèrent le camp sans parvenir à y pénétrer et en laissant de nombreux morts sur le terrain, sans qu'Attila jugeât bon d'effectuer une sortie. Il se tenait dans son chariot, au milieu du camp, à quelques pas du monticule de selles et de harnais près duquel on avait planté des torches qui brûlaient en permanence.

Fourbu à la suite d'une nuit blanche, ivre de vin, je somnolais sous mon chariot en compagnie d'une femme sarmate qui écartait les mouches de mon visage. Il restait de nombreux blessés à secourir, mais j'étais incapable du moindre effort.

Au soir de cette deuxième journée, Attila m'annonça triomphalement le départ du contingent wisigoth pour Toulouse. Il ignorait les raisons de cette retraite précipitée, que j'appris peu après : pour éviter que les Wisigoths prennent trop d'importance et s'attribuent le mérite de la victoire, Aetius avait suggéré au nouveau roi de repartir pour sa capitale, de crainte que ses frères, apprenant la mort du vieux Théodoric, fassent main basse sur ses trésors et que l'un d'eux s'approprie la couronne. Thorismond n'avait pas flairé la ruse et avait plié bagage. Cette version est-elle la bonne ? Je l'ignore, mais elle est bien dans la manière du patrice qui n'avait pas son pareil pour manier les hommes au mieux de ses intérêts et de ceux de Rome, qu'il avait tendance à confondre.

Un matin nous trouvâmes en face de nous l'espace vide. Du camp des fédérés ne restaient que les blessures rectilignes des circonvallations sur la prairie dorée. Attila, malgré les souffrances que nous éprouvions, ainsi que les chevaux, du fait du manque d'eau et de vivres, décida d'attendre une journée encore, de crainte que cette retraite cachât un piège.

Aetius était parti pour de bon. Attila pourrait, sans se presser, rejoindre le Rhin et les vastes espaces de la Germanie où, après avoir refait ses forces, il méditerait à son aise de nouvelles entreprises contre Rome ou Constantinople.

Surgis des forêts avoisinantes où ils avaient trouvé refuge, ces chiens hargneux, les Francs, nous suivirent jusqu'au grand fleuve, harcelant nos arrières sans causer de pertes sérieuses. Les campagnes opulentes de l'été nous procuraient du fourrage en suffisance et le pillage suppléa à la disette que nous avions subie.

Comme nous pénétrions dans le « limes » rhénan, Attila me confia :

— La grande aventure de la Gaule est terminée pour moi. Je ne reviendrai jamais dans ce pays car il n'y a pas de place pour mon peuple. Je le regrette. J'aurais aimé en faire ma nouvelle patrie car je suis las des steppes et de la vie nomade. Mon peuple aussi est las de ces courses perpétuelles.

A sa manière de caresser ce pays du regard, je devinais que la Gaule lui convenait. Le sort en a décidé autrement.

— Puisque les portes de la Gaule me sont fermées, dit-il, je vais ouvrir celles de l'Italie.

Il ajouta :

— Toi, que fais-tu ? Tu restes ou tu nous suis ?

— Je suis toujours des vôtres. Quand j'ai commencé à lire un livre ou à vivre une aventure, je souhaite aller jusqu'au bout.

Cette expédition en Gaule fut le grand événement de mon existence. Nulle part, en nulle autre époque, je n'ai senti avec une telle intensité la palpitation de l'histoire, sa chaleur, ses fièvres, ses soubresauts. La Gaule ouverte aux Huns, Attila triomphant, le monde aurait changé de visage, mais mon pays, la Gaule, façonne des hommes et crée les civilisations exceptionnelles par le don qu'elle a d'accueillir les éléments étrangers, de les intégrer, de les policer, de faire renaître un nouvel art de vivre des guerres et des révolutions. Il a le pouvoir de transformer, à la longue, une défaite en victoire.

J'ai vécu là, dans les Champs Catalauniques, une grande date de l'histoire de l'Occident. Derrière cet homme providentiel, Aetius, que j'aurais aimé rencontrer, derrière cet agrégat de peuples disparates qu'il a rassemblés autour de lui, j'ai vu le monde occidental se dresser et faire front à la nuée orageuse des peuples d'Orient. Ce fut le premier face à face entre l'Occident et l'Asie. Aujourd'hui où Rome vit ses derniers jours, ses dernières heures peut-être, est en train de naître l'idée d'une grande nation susceptible de prendre en main les destinées de ce coin du monde qui semble créé par les dieux pour le bonheur des hommes.

8.

COMBAT DANS L'AUBE GRISE

C'est Myia qui m'a réveillé avant l'aube, et non la cloche de la chapelle, singulièrement muette. Pas par un gémissement, comme d'habitude, lorsqu'elle veut arroser sa borne préférée de la Porte Noire, mais en grattant ma poitrine avec sa patte et en faisant courir sur mon visage son haleine fétide. Je me plais à observer le comportement des animaux, surtout ceux qui vivent au contact de l'homme, leurs alliés et parfois leur double. On trouve en eux d'étonnantes aptitudes à la prescience des événements.

Ce matin, ma vieille chienne manifeste son inquiétude par des signes éloquents. La voilà maintenant qui se met à tourner en rond en faisant ballotter ses tétines suintantes, ce qui trahit une incitation formelle à me lever. Je ne résiste jamais à cet appel. Me voici debout, dénouant les liens de cuir maintenant fermée la tenture qui me sert de porte.

Myia ne prend pas, comme d'ordinaire, la direction de l'escalier ; elle se dresse contre l'appui d'une baie donnant sur le camp des Barbares, gémissante, la truffe dardée sur la nuit. Pourtant tout paraît calme ; la semelle ferrée d'une sentinelle grince sur la galerie supérieure ; s'il y avait un risque d'attaque, les guetteurs s'en seraient aperçus et auraient donné l'alerte. Myia, qui, depuis quelque temps, avec l'âge, a des sommeils difficiles, se serait-elle laissé abuser ?

Ce n'est pas l'aube encore. Pourtant, lorsque le banquet de Probus a pris fin, j'avais l'impression, en voyant une buée de lumière bleuâtre lisérer la colline de l'orient, que le jour allait paraître, mais ce devait être un effet de la lune.

La nuit dernière, personne dans l'assistance n'a été tenté de demander l'heure ; en prélude à une journée qui promettait d'être tragique, cette vacuité temporelle nous était offerte comme un don des dieux ; cette marge de temps fluide, je l'avais prolongée par un somme bienfaisant, collé à Bibula, ses fesses brûlantes contre mon ventre, mes mains emprisonnant ses seins durs. Je devinais que le temps allait brusquement, l'aube venue, se contracter sous la pression des événements. Déjà, à des signes impondérables, je savais qu'il changeait de nature et de densité — c'est peut-être ce que Myia, elle aussi, avait éprouvé.

Malgré la proximité de l'aube, la nuit est encore douce. Une haleine de pluie et de fleur pourrie flotte mollement autour de la forteresse. Le ciel est couvert de nuages, sauf au ras de l'horizon des Pémans où une seule étoile brille d'une intense luminosité avant de basculer vers d'autres mondes. Carpillo, sa tête dans mon épaule, m'enseignait jadis à reconnaître les principaux éléments de la géométrie céleste, et je revois le mouvement dans la nuit de sa main baguée d'or scythe voletant comme un papillon au milieu des prairies nocturnes. J'étouffais sur ses lèvres les noms magiques d'Andromède, de la Lyre ou du Cygne. Nous roulions en riant dans la rosée, au milieu des prés descendant vers le grand fleuve.

— Pauvre Myia, dis-je, tu te fais vieille et un rien t'abuse. Allez, va pisser !

Myia geint doucement, sans cesser de se tenir debout sur ses pattes arrière, comme pour me reprocher mon incapacité à ne rien percevoir de ce qu'elle ressent. Et soudain, je vois ! En apparence, peu de chose : les feux du camp se signalent encore par quelques points d'ignition autour desquels tout semble dormir ; en revanche, aux abords de la grande voie des tombeaux, sur la route de Cologne, j'aperçois des mouvements d'ombres. La nuit se met à bouger insensiblement, coulée de poix refroidie ou de laves mortes. Je respire l'odeur des chevaux — une masse de cavalerie qui ondule dans une lumière de cendres — et celle des Barbares.

Les Barbares seraient-ils assez fous pour tenter un assaut de nuit contre la Porte Noire, cette forteresse qui semble les fasciner comme si sa chute pouvait leur livrer la ville entière ? Ils ont dû recevoir des renforts, car les premiers éléments qui ont tenté d'escalader les remparts aux échelles ne disposent que d'un corps de cavalerie très modeste. Ces nouveaux contingents ont dû arriver pendant que nous banquetions ; ils sont en train de se mettre en place, en silence. En quoi une cavalerie pourra-t-elle être utile ? On ne lance pas des chevaux contre une forteresse. Leur espoir est sans doute de susciter chez Probus une nouvelle sortie ; il leur serait aisé de dissimuler leurs escadrons derrière les bois sacrés entourant temples et tombeaux et, le combat engagé, de les lâcher sur les défenseurs.

Il faut prévenir Médéric. Tout de suite. Médéric puis Probus qui, en présence de son conseil de guerre, doit être en train de concocter un nouvel exploit.

— Merci, Myia. Bon chien...

Je lui gratte le sommet du crâne, dans le sillon entre les deux yeux. Mission accomplie, elle prend la direction de l'escalier et je la suis en tâtonnant. Une lampe à graisse brûle dans la loge de Ioulianos et j'entends les gémissement des femmes autour du cadavre de l'araignée. Mincius et Nymphius ronflent dans leur loge. Sunno et Argobast, déjà éveillés, doivent se préparer à la résistance.

— Médéric, réveille-toi !

Il se dresse vivement sur sa couche où il s'est allongé tout habillé, se voile les yeux.

— Les Barbares se préparent à attaquer. Fais prévenir Probus !

— Ils s'y prennent de bonne heure, ces sauvages ! Va toi-même le prévenir et lui dire ce que tu as observé. Moi je vais engueuler les sentinelles et réveiller mes hommes.

Probus ne m'est jamais apparu dans un état physique aussi délabré. Assis à sa table de travail, entouré de ses officiers, il semble s'être vidé peu à peu de sa substance et de son « anima ». A ma demande, en grognant, il montre ses fesses molles et blanches comme du poulet froid : la blessure rouverte libère du sang mêlé de pus.

— J'ai perdu conscience à trois reprises depuis que je suis retourné au prétoire, dit-il. Tâche de me requinquer.

De ma trousse, que j'ai pris soin de regarnir du nécessaire, je retire un petit flacon d'esprit de vin et des bandages propres. Je redoute la gangrène et le lui dis.

— Merde pour la gangrène ! Je serai crevé, et vous tous avec moi, avant qu'elle me bouffe le cul ! Nettoie cette saloperie, Vieille-Peau ! Si ce que tu me dis est vrai nous aurons mieux à faire qu'à nous occuper de nos petites misères.

Il s'allonge sur le bord de la table. Deux officiers le maîtrisent tandis que je désinfecte la plaie, large comme une bouche, d'où s'écoule une lymphe rosâtre. Il lui faudrait un long repos immobile, mais autant lui prescrire d'aller prendre les eaux en Auvergne ! Il cesse de se débattre, vomit des injures et je peux, tranquillement et sans risque, réaliser un chef-d'œuvre de pansement capable de résister aux contorsions de cet énergumène.

Probus ne souffle mot et reste immobile : pour la quatrième fois, il vient de lever le pied et se promène dans les limbes.

— Préparez du vin, dis-je aux aides de camp. C'est la première chose qu'il va réclamer en revenant à lui.

— Tu crois qu'il peut mourir ? demande Nazarius.

Mourir, Probus ? Là ? Maintenant ? Ridicule ! Même percé de dix coups de lances, il trouverait le moyen de donner des ordres et de monter à cheval. Son corps est fait pour l'obéissance ; il ne lui concède qu'un privilège : celui d'être un réservoir d'énergie nécessaire et de lui donner du plaisir. Pour le reste, il le traite comme un cheval de trait, à coups de fouet, en le maintenant aux extrêmes limites de la résistance ; le jour où il flanchera, c'est que Probus aura cessé d'être.

Probus ne va pas mourir, mais il est mal en point. Dégagé de sa torpeur, il se tient appuyé des deux mains à la table, debout, les traits tirés, le regard trouble. Il n'a plus la force ni le courage de s'en prendre à son tortionnaire et, ce qui me surprend, il ne touche pas au vin que Statius lui présente.

— Reprenons, dit-il d'une voix molle. Les « Teutshes » ont reçu des renforts de cavalerie et vont sans doute chercher, en nous provoquant, à nous attirer dans un piège. Hier, c'était facile ; aujourd'hui ce serait trop risqué. Nous resterons sur nos positions. Il se peut aussi qu'ils effectuent une démonstration de force devant la Porte Noire pour faire diversion et portent ailleurs le gros de leur contingent. Publius, quel est notre point faible ?

— L'amphithéâtre, seigneur. Si les « barbatus » le prennent, la ville est à leur merci. Nous n'aurons plus qu'à nous enfermer dans la Porte Noire avec suffisamment de réserves pour attendre du secours.

Le préfet Publius a parlé comme on récite une leçon. La main de Probus s'abat sur la table.

— Bien dit, préfet ! Vous avez entendu, vous tous ? En apparence, l'amphithéâtre est à lui seul une forteresse, mais il est difficile à défendre. La population peut se battre avec les armes qu'elle nous a volées, mais ces gens ne m'inspirent pas confiance : tous ou presque sont des brigands, la lie de la société. Il faut les encadrer sérieusement. Icavo ! Opianos ! prélevez une cinquantaine de Trévires sur les remparts, occupez-vous de mettre un peu d'ordre dans ce bordel, et tenez-moi en permanence au courant de la situation.

Vous me trouverez ici. Publius, tu surveilleras le reste des remparts avec quelques vétérans. Faites passer cette consigne : tout homme pris de boisson sera passé par les armes ; la moindre défaillance sera punie de mort.

Il jette un regard d'envie au cratère que Statius vient de déposer sur la table mais le repousse.

— Mes amis, dit-il, la fête est finie. Dites-vous bien que nous sommes les derniers défenseurs de Rome. Je ne vous demande pas de faire le sacrifice de votre vie. Je veux que vous vous battiez jusqu'à votre dernier souffle.

En apparence, l'aube n'a rien changé.

L'immense paysage du fleuve respire largement sous un vélum de cendres froides effrangé au flanc des collines, au milieu des vignes qui commencent à roussir. Le décor familier semble se resserrer sur les prémices du drame. Il n'y a pas eu d'aube ; la nuit a simplement changé de robe et celle de ce matin a la couleur d'un crépuscule d'hiver. Elle est comme magique ; elle me fait peur. Bibula s'est collée à mon dos, le corps secoué de frissons, ses bras autour de ma poitrine ; elle doit ressentir elle aussi cette impression bouleversante d'une ville morte abandonnée à des forces menaçantes comme l'approche de l'orage. Elle sait comme moi que le destin du monde occidental est en train de se jouer là, sous nos yeux, et que nous nous y perdrons corps et biens, sans profit pour Rome. A supposer que nous parvenions à repousser les envahisseurs, le destin de l'Empire en sera-t-il changé ? On ne retient pas une avalanche avec ses mains. Ce n'est pas avec une seule bataille gagnée que Rome pourra échapper à son destin : il se joue autre part, dans les marais de Ravenne, autour de l'enfant Romulus qui attend sa destitution, son exil ou sa mort. Notre combat est perdu d'avance, même si les apparences faisaient de nous des vainqueurs. Nous allons nous battre comme ces soldats d'Auguste, encerclés dans la forêt de Teutebourg, qui sont morts jusqu'au dernier. Teutebourg... Trèves... A des siècles de distance, l'histoire se répète. La première défaite n'a fait qu'entamer la confiance de l'empereur dans l'infaillibilité de ses légions ; celle qui se prépare sonnera la fin de la puissance romaine.

Le son de la cloche me fait sursauter.

Il se trouve donc encore quelqu'un, dans cette ville à l'agonie, pour prendre la mesure du temps et rappeler la présence d'un Dieu de justice et de clémence ? Quel est l'homme qui tire sur la corde ? Proclame-t-il son espoir dans l'issue de cette lutte ? Cède-t-il tout bonnement à l'habitude ? Pour la première fois, cette sonorité de marmite fêlée m'émeut. Dans le cœur des chrétiens elle doit faire se lever une dernière vague d'espoir et de courage.

— Nous allons nous séparer, dit Bibula, mais nous nous retrouverons. Je vais me battre comme jamais je ne me suis battue dans l'arène, et je te promets que j'en réchapperai car je lutterai en pensant à toi.

Elle ajoute d'une voix étouffée, contre mon dos :

— Avant ce soir, toi et moi nous serons libres.

— Libres ? Tu veux dire morts ?

— Ne m'en demande pas davantage, Eudoxe. Aie confiance. Surtout ne cherche pas à jouer les héros : tu n'en as pas l'étoffe. D'ailleurs tu auras assez à faire à soigner les blessés. Les femmes de la Porte Noire t'aideront ; elles sont en train de préparer de la charpie. Adieu !

Je la regarde s'éloigner de son allure ample et souple, un peu masculine, pieds nus, ses cheveux attachés par un lien de cuir sur la nuque. Dans quelques instants, elle aura revêtu sa tenue de soldat et combattra avec les siens, dans l'amphithéâtre.

Une voix étouffée murmure en moi que je ne la reverrai plus.

Apparemment, le camp des Barbares est calme. Les cavaliers surgis de la nuit ont disparu. Entres les rangées de tombeaux, un escadron manœuvre à son de trompe ; un groupe de fantassins vient de prendre position au milieu du camp, entre les grandes tentes des chefs, rangés en bon ordre derrière les enseignes de bronze. Nous n'aurons pas à faire face à une horde mais à une véritable armée ; ces gens ont appris, depuis qu'ils font la guerre aux Romains, à mener une opération de siège.

Des hurlements de femmes éclatent dans la loge de Ioulianos. Je m'y précipite. Deux soldats sont en train de nouer aux poignets de Sigen une corde reliée à un crochet fixé dans un joint de la muraille.

— Il vaut mieux l'attacher, me dit l'un d'eux, sinon elle va faire des conneries, comme la nuit passée.

Le cadavre de Ioulianos est toujours là, allongé sur le dallage, enveloppé d'une couverture, au milieu des cendres de ses paperasses.

Seul le visage dépasse : traits sereins, lèvres rentrées, l'aspect d'une momie au seuil de son éternité de pierre et de nuit ; Dorcas a posé pieusement le boulier démantibulé sur le ventre creux — si l'on enfermait ce cadavre dans une chambre funéraire, cet objet serait avec le coffre, son compagnon pour la nuit des temps.

Graves, muets, adossés au mur, appuyés des deux mains à leur javelot, les défenseurs civils de la Porte Noire semblent attendre les ordres. J'ai peine à contenir un fou rire en voyant Nymphius et Mincius coiffés d'un casque de métal, le visage maussade comme s'ils étaient en train de faire dans leurs braies. Je leur adresse un salut militaire auquel ils répondent par un regard de chien hargneux. Sunno et Argobast, eux, ont plus de dignité : de vrais soldats.

Je rejoins les femmes qui, dans un angle du rez-de-chaussée, sont en train de découper au ciseau de vieilles étoffes pour en faire des pansements ; des lits de camp ont été installés pour recevoir les blessés.

A travers une herse, je peux constater que l'espace qui sépare la Porte Noire du camp des Barbares est désert. La bataille de la veille a laissé quelques flaques de sang que la pluie qui a commencé à tomber diluera rapidement.

Tout est trop calme pour que l'attaque ne soit pas imminente. Chaque instant qui passe est pour moi un supplice. J'ai peur, oui, moi dont la vie n'a été qu'un tissu d'aventures et de dangers. Bibula a raison : je ne suis plus un héros, si je le fus jamais. Appelé à me défendre, saurais-je seulement manier une arme ? Jadis, j'avais une prédilection pour le javelot et à quinze pas, je manquais rarement mon adversaire. Aujourd'hui, le simple contact d'une arme me répugne. Je suis exclu de cette nouvelle aventure, la dernière sans doute, et j'en souffre comme d'une humiliation.

La corne a retenti comme un coup de tonnerre, et la peur diffuse que j'éprouvais s'est brusquement nouée dans mon ventre.

Ils sont là : un groupe d'une centaine d'hommes en ordre de combat, à une cinquantaine de pas de la Porte Noire, immobiles et muets. Sur leurs avants, drapé d'une ample cape rouge, caracole un cavalier ; il s'avance vers nos murs et, d'une voix puissante, dans un mauvais latin, demande bataille. Le piège s'organise, mais nous n'y tomberons pas. Médéric leur répond en bonne langue germanique, la main en porte-voix : qu'ils aillent se faire foutre !

— Qu'est-ce qu'ils s'imaginent, ces empaffés ! me dit Médéric, rouge de colère. Ils croient peut-être que nous allons tomber dans le panneau ? Ils essaient de faire diversion, d'attirer ici le plus de soldats possible tandis qu'ils s'en prennent à l'amphithéâtre.

— Ils ont attaqué l'amphithéâtre ?

— Ils y ont jeté plusieurs centaines d'hommes, des Ripuaires et des Alamans, et ça chauffe ! Les défenseurs pourront tenir une heure, guère plus. Les « Teutshes » ont rompu les premières défenses et on se bat dans la place à l'heure qu'il est. Je viens d'avoir des nouvelles par une estafette.

Le jeune centurion envoyé par Médéric vient de remonter en selle et de repartir en direction du forum. Je cours après lui, mais en vain. Bibula ! Il faut que je la voie. Telle que je la connais, elle doit combattre au premier rang, s'exposer, défier l'ennemi. Des images de la pyrrhique me reviennent à la mémoire et je vois dix blessures ouvertes dans son corps.

J'emprunte un cheval à Médéric et galope en direction de l'amphithéâtre, à travers une ville balayée par une pluie glacée. La rumeur du combat se précise au fur et à mesure que j'approche de ce gros gâteau de pierre entamé, posé sur la colline. Un gros bouillon de cris et de sons de trompes déborde sur les ruines.

Parvenu au niveau des thermes de César, j'aperçois un premier groupe de blessés qui se retirent, les moins éclopés portant les autres ou les aidant à marcher.

L'un d'eux, voisin de Bibula, m'interpelle.

— Ne va pas plus loin ! Nous sommes en train de craquer.

Sans l'écouter, je pousse mon cheval sur la pente. A ma gauche, sur l'hippodrome, on se bat par petits groupes. Les Barbares ont déjà planté leurs enseignes sur le monument, en signe de possession ; je vois avec terreur surgir une ligne serrée de Ripuaires qui déferlent à travers la piste. Si je poursuis ma progression, je risque, au retour, de me voir couper le chemin de la retraite, et je ne porte pas d'arme sur moi. Une flèche venue je ne sais d'où passe à deux doigts de ma tête et va se ficher dans le talus bordant la voie. Les deux entrées donnant sur la ville semblent libres ; je m'engouffre dans l'une d'elles et je débouche sur une vision de cauchemar.

On se bat de tous côtés, mais surtout dans l'arène qui n'a jamais été à pareille fête. La confusion semble totale. Saisi de stupeur, je bloque l'élan de mon cheval que l'odeur du sang, le cliquetis des armes et la rumeur du combat affolent.

Soudain, je prends conscience de ma stupidité : sans arme, sans bouclier, je suis perdu. Je glane à terre quelques javelots, un bouclier barbare en osier tressé, léger à mon bras et, laissant mon cheval libre d'aller à sa guise, je m'avance hardiment.

Les gradins, du côté de l'orient, sont garnis de Ripuaires armés d'arcs, qui font pleuvoir leurs traits sur les défenseurs situés sur les degrés opposés, des enfants pour la plupart.

Le centre de la bataille se situe sur l'arène : une mêlée confuse, tourbillonnante, un magma en fusion au milieu duquel doit se trouver Bibula. Vêtue comme elle l'est, en soldat, comment pourrais-je la reconnaître ? Vais-je me lancer dans le nœud de la bataille ou me replier vers les gradins ? Je choisis la deuxième solution, la plus prudente. Protégé par mon bouclier, j'accède au premier rang, enjambant morts et blessés. Derrière moi, les flèches décochées par les défenseurs me sifflent aux oreilles, effectuent de gracieuses trajectoires avant de tomber en pluie sur le versant opposé. Probus avait tort de se méfier de ces gens : des malfrats, des criminels, peut-être, mais qui défendent leur coin de misère avec ténacité et courage.

Pas à pas, sans cesser de fouiller du regard la tempête, je me rapproche des gradins dominant la loge aux fauves où demeure la famille de Bibula. Arrivé à sa hauteur, je me laisse choir sur le sol feutré de détritus. La mère est là, entourée des frères et des sœurs de Bibula.

— Où est-elle ? dis-je.

La mère hausse les épaules, montre l'espace de l'arène.

— Elle est partie pour se battre et nous ne l'avons pas revue.

— Vous avez une mince chance de vous sauver, si vous partez tout de suite pour vous réfugier dans la Porte Noire.

Elle fait non de la tête et je sais qu'il serait inutile d'insister. Au moment où je franchis le seuil, je me trouve en face d'un Barbare maculé de sang, blessé à la cuisse mais fort hargneux et qui me menace de sa francisque. Acculé à la muraille, je le laisse approcher, les yeux au ras de mon bouclier, évite le choc de l'arme qui crisse durement contre la pierre, et lui enfonce mon javelot dans les côtes.

La peur m'a abandonné. Cet homme qui vient de s'abattre à mes pieds m'a fait renouer par sa mort avec les exploits de ma jeunesse, m'a exonéré de la terreur qui, tout à l'heure, me tordait le ventre.

Bibula avait raison : je ne suis pas un héros, mais je tiens à la vie et je la défendrai. Les circonstances ne font pas forcément les héros, mais elles révèlent en nous des énergies assoupies.

Cantonné en marge du tourbillon, j'hésite encore à m'y aventurer. A supposer que j'y retrouve Bibula, cette rencontre ne pourrait que nous distraire de l'action et nous faire commettre des imprudences fatales. Même là, sur cet espace de terrain de plus en plus réduit, que le combat fait s'amenuiser, je jouis d'une paradoxale impression de sécurité.

Cette idée s'impose à moi lorsque j'aperçois, à quelques pas, détaché de la mêlée, un gros Ripuaire aux cheveux teints en roux, qui porte une guirlance de scalps à son baudrier. Surpris par ma barbe grise et mon allure peu martiale, il sourit. Je dois représenter pour lui une proie facile et il ne se presse guère d'en venir à une explication. En pétrissant la poignée de sa lourde spatha teintée de sang, il m'apostrophe en langue germanique :

— Tu sembles bien pressé de mourir, vieil homme ?

Je lui réponds, dans la même langue, que je suis surtout pressé de lui voir mordre la poussière. Il éclate de rire.

— Où as-tu appris à parler notre langue, l'ami ?

— C'est une longue histoire, et tu n'auras même pas le temps d'entendre le premier chapitre.

Mon javelot l'a touché en pleine poitrine avant qu'il ait pu chercher une réplique. Je songe : « Robuste comme un bœuf sauvage mais un peu lent à la détente, mon bonhomme ! »

A peine me suis-je détourné de lui, deux énergumènes, des jeunes cette fois, surgissent en face de moi en brandissant leur hangon barbelé. Je bats en retraite vers la loge de Bibula pour les attendre, l'un après l'autre, quand je vois surgir derrière eux un soldat blond, la chevelure en bataille sous le casque : Bibula, éclaboussée de sang comme une idole barbare.

Avant que j'aie pu prononcer son nom, l'un des Ripuaires s'affaisse, un fer de lance dans le flanc. L'autre se retourne, fait front et plante sa lance dans le flanc de Bibula qui gémit, lâche son arme et s'écroule. Fou de colère et de douleur, je me rue vers lui et lui transperce la nuque.

— Tu es fou ! balbutie Bibula. Pourquoi... Pourquoi es-tu venu ? Tu vois ce que tu as fait. Sans toi, je...

Ce que j'ai fait ensuite, je ne m'en serais pas cru capable. Malgré sa mère qui pleurait en voulant me l'arracher, j'ai porté Bibula sur mes épaules jusqu'à mon cheval que j'ai retrouvé en train de brouter paisiblement une herbe rare. J'ai couché Bibula en travers de la selle et nous avons pris le chemin de la Porte Noire.

— Ne bouge pas, dis-je. Ta blessure est sérieuse, mais sans gravité.

— Et ma mère, mes frères, mes sœurs ?

— Ta mère a refusé de partir.

— Où sommes-nous ?

— Dans ma loge. Tout est calme pour le moment. J'ai trouvé jadis un peu d'opium chez Spurina, et je l'ai gardé pour les grandes occasions. Ça t'aidera à dormir.

— Je ne veux pas dormir. Où sont mes armes ?

— Cesse de t'agiter. Tu n'es plus en état de combattre. D'ailleurs les Barbares ont entièrement occupé l'amphithéâtre. Statius vient de nous l'annoncer. Les survivants se sont retranchés dans les thermes de César où ils poursuivent leur résistance.

Les « Teutshes » qui se sont présentés à l'aube sont toujours plantés devant la Porte Noire et, malgré la pluie, n'ont pas bougé. Probus a refusé les négociations qu'ils lui ont proposées.

— Combien de temps pouvons-nous tenir encore ?

— Un heure. Deux peut-être, mais avant midi toute la ville sera entre les mains de l'ennemi. Il ne restera qu'un point de résistance : la Porte Noire, et là nous pouvons leur faire attendre longtemps une reddition.

La Porte Noire est devenue, en moins d'une heure, à la fois un caravansérail et un hôpital. De temps à autre, abandonnant les blessés, je grimpe jusqu'à ma loge ; grâce à la drogue, Bibula baigne dans un demi-sommeil ; elle a perdu beaucoup de sang et l'effort terrible qu'elle a fourni l'a épuisée.

— Combien as-tu tué ou blessé de ces chiens, Bibula ?

Elle ne s'en souvient plus. Quinze... Vingt, peut-être... Elle cherche ma main.

— Eudoxe ? Je veux que nous nous sauvions ensemble. Nous réussirons, tu verras.

J'ai prié Minuo de lui tenir compagnie et de la surveiller. Il s'est assis près d'elle, sur son petit tabouret, son écritoire sur les genoux, et il griffonne je ne sais quoi de son écriture lente et appliquée. Je les ai quittés pour revenir me mêler à la cohue. Par familles entières, des réfugiés arrivent des quatre coins de la ville, encombrés de leurs balluchons, avec des airs de bêtes traquées. Des soldats et des combattants civils réclament du secours. Peu à peu, la ville déverse tous ses habitants et ses défenseurs sur la Porte Noire. Probus lui-même a jugé prudent de quitter le prétoire et arrive au milieu de ses officiers. Il n'est plus que l'ombre de lui-même.

— C'est fini, dit-il. Le dernier carré des résistants a cédé dans les thermes de César et il n'y a pas un seul rescapé. Nous allons faire évacuer les remparts.

Il ajoute en me regardant droit dans les yeux :

— Tout semble fini pour nous, Eudoxe, mais tout va recommencer.

De retour vers ses domaines du Koros, Attila sacrifia sur les rives de la Moselle quelques moutons au dieu Amalug et s'enivra de liqueurs fortes en compagnie de ses chamans et de ses « bériks », si bien qu'il se retrouva, avec sa femme, Circa, et son rejeton favori, Irnac, de l'autre côté de la rivière alors qu'il pensait être encore sur la rive gauche et donnait des ordre pour traverser.

Cet épisode de notre retraite égaya quelque peu ces jours sombres. Les Francs conduits par le roi Mérovée nous suivaient à la trace, mais à distance respectueuse. Nous n'étions pas dupes de cette astuce vieille comme la guerre qui consistait à allumer un grand nombre de feux très dispersés pour faire croire qu'ils étaient des milliers. En fait, Mérovée ne groupait autour de lui que quelques centaines de guerriers à demi morts de fatigue et de faim, car nous laissions derrière nous une terre brûlée.

Si Mérovée avait pu deviner le comportement du khan dans les pays francs que nous nous apprêtions à traverser, il eût jeté contre nous ses troupes dans un combat désespéré.

Au souvenir des atrocités de la horde, mon cœur se révulse.

Attila tint à passer par Trèves.

Il avait évité cette ville à l'aller pour ne pas ralentir l'allure de la horde, mais il en gardait une tenace nostalgie. Je la connaissais mal, à cette époque, mais j'en avais beaucoup entendu parler par des marchands et des militaires, et mon aventure des Bagaudes m'avait conduit dans les parages. Une expression qu'il avait entendue le hantait : « La Rome du Nord ». Il l'imaginait voilée d'une brume, étalant dans la plaine ses toitures de bronze et d'or, avec des perspectives de colonnades à l'infini, des thermes géants, des bordels où l'on trouvait à foison de ces femmes germaines et trévires blondes et pulpeuses comme cette Idilco dont il avait fait sa concubine favorite et qu'il comptait épouser après avoir répudié Circa. Il avait même projeté d'avoir des entretiens avec l'évêque Cyril qui régnait alors sur la communauté chrétienne du Rhin et qui, de son vivant et après sa mort, passait pour un saint, réformateur des mœurs et guérisseur de plaies et de maladies ; il était fasciné par ce grand prélat comme il l'avait été par l'évêque d'Orléans.

La déception d'Attila en arrivant sous les murs de Trèves...

Pillée et incendiée peu de temps auparavant, la ville, vue des coteaux de vignobles dominant la Moselle, où le raisin achevait de mûrir sous le soleil roux d'octobre, n'était qu'un magma de ruines dans lesquelles déambulait une population famélique et angoissée. Seul le quartier des potiers, situé derrière les remparts bordant la rivière vers le sud, paraissait voué à une activité paisible et régulière. Les thermes Barbara : ruinés ! Les thermes de César : informes ! Du palais impérial où les empereurs du Nord s'étaient succédé, il ne restait que des vestiges enrobés d'échafaudages inutiles. Les remparts présentaient en de nombreux points des brèches qui semblaient attendre le prochain assaut. En revanche, Trèves paraissait occupée par une importante garnison ; le châtelet campé sur la rive gauche, au-delà du pont à tablier de bois, semblait inexpugnable.

— Il faut se méfier des villes comme de certaines femmes, me dit Attila, sinon tu risques d'attraper une vérole qui te mange les tripes et le cœur. Celle-ci n'est pas même attirante et je ne ferai pas l'amour avec elle.

En fait il redoutait surtout de subir une attaque des troupes de Mérovée qui, depuis quelques jours, s'étaient augmentées de contingents de « lètes » venus lui prêter main-forte. Pris entre les remparts de Trèves et la horde des Francs, il était perdu.

Attila resta quelques heures seulement en face de la cité impériale, puis il décida d'aller tenter sa chance devant Cologne.

Sur les routes du pays trévire nous ne trouvions que des « castra » déserts et de petits postes livrés aux vagabonds. En se retirant, les légions avaient livré aux ronces des vestiges qui ne rappelaient qu'imparfaitement la puissance et la richesse du passé. Cette déchéance me serrait le cœur. Aux chants scandés des armées de jadis avait succédé, dans ces solitudes héroïques, le gémissement du vent du nord. Moi, homme du passé, toujours enclin à ressasser des souvenirs embellis par le temps, à glaner dans les époques révolues de ma vie de quoi éclairer mon présent, je n'ai jamais pu contempler une ruine ou une relique sans que mon cœur se serre et que je m'évertue à la peupler d'une vie imaginaire.

Les Francs de Mérovée nous attendaient à l'embouchure de l'Oure, cette aimable rivière qui descend du mystérieux pays des Pémans, mais ils furents balayés, de même que quelques contingents de Saliens, écrasés par la horde à l'embouchure de la Kyll, à une lieue environ, plus au nord.

Peu avant Coblence, nous subissions une attaque massive de hordes disparates descendues du plateau du Hunsrück, qui prétendaient nous interdire l'approche de la ville et le passage du Rhin ; elles ne parvinrent qu'à ralentir notre élan sans nous infliger de pertes sérieuses.

Coblence... Trèves... Même spectacle de désolation. Rien ne pouvait nous retenir dans cette cité. Attila fit un nouveau sacrifice en l'honneur du Rhin et du dieu Amalug, laissa vaticiner et danser ses chamans puis s'enivra. Il hésitait à descendre le fleuve en direction de Cologne, dans la crainte, malgré l'avis des chamans, de se heurter à la confédération informelle mais redoutable des Francs, des Saxons et des Chamaves qui occupaient le pays, mais la curiosité l'emporta.

Par l'ampleur des étendues de forêts et des rares vignobles, ces territoires me rappelaient les rives du Danube.

Tant bien que mal, Cologne avait survécu aux coups de boutoir des invasions. Les temples de Jupiter et de Mercure n'étaient que ruines, mais la communauté chrétienne y menait une vie intense sous la conduite d'une sainte femme venue de Bretagne, Ursula, qui dirigeait un établissement de moniales assez prospère. La citadelle de Deutz, qui constituait une tête de pont avec deux portes massives et une quinzaine de tours, était tenue par une forte garnison.

— Cette ville est séduisante mais dangereuse, dis-je au khan. Elle risque de te donner la vérole, comme tu dis, à toi et à ton armée. Il est plus prudent de prendre le large.

Attila dédaigna mon conseil, ainsi que celui de quelques « bériks » qui souhaitaient regagner au plus tôt les steppes du Koros et le village royal. Un seul assaut suffit à nous livrer la cité, tandis qu'un fort contingent de Gépides et d'Ostrogoths contenait les défenseurs de la forteresse derrière leurs remparts.

Ivre de dégoût, je dus assister au supplice d'Ursula et des onze vierges attachées au couvent. Les Thuringiens étaient les plus acharnés à tuer et à détruire, comme s'ils avaient voué une haine viscérale à tout ce qui était romain et chrétien. Dans la horde, ils n'étaient qu'en nombre infime mais c'étaient les plus cruels. Ignorant les lois de l'honneur, ils massacraient leurs prisonniers. Attila les laissait faire car c'étaient de bons guerriers qu'il fallait ménager.

Ils devaient renouveler leurs tristes exploits tout au long du voyage de retour, qui me parut interminable, au point que je sentais grandir en moi, étape par étape, le désir de déserter et de retourner en Gaule.

Alors que nous traversions les territoires qui marquent la fin du royaume de Mérovée, talonnés sans relâche par des hordes sorties des forêts, un événement m'encouragea dans ma détermination de rompre les liens d'amitié qui m'attachaient au khan.

La horde venait d'investir puis de prendre une ville franque dont j'ai oublié le nom. Les habitants eurent le tort d'opposer aux assaillants une résistance farouche, ce qui eut le don de mettre Attila hors de lui. Il ne sut pas résister à la requête des Thuringiens qui réclamaient comme prise de guerre les femmes et les filles que l'on avait capturées et qui mettaient peu d'empressement à se livrer aux guerriers.

Les Thuringiens conduisirent leurs captives sur la place du village, attachèrent les plus rétives à des chevaux et les écartelèrent. Les autres furent allongées sur le sol, les membres entravés, puis on lâcha sur elles des cavaliers. Cette fête de poussière et de sang grandit en horreur lorsque le chef des Thuringiens décida d'écraser sous les roues des chariots lancés au galop ce qui restait des survivantes. Quand l'atroce cavalcade s'acheva, que la dernière clameur de mort eut retenti, il ne restait sur la place qu'une informe bouillie de chair sanglante qui fumait dans le soir.

Le lendemain, la population mâle, qui avait été contrainte d'assister au spectacle, fut massacrée. On tua même les chiens dont les Thuringiens se régalèrent.

C'était plus que je n'en pouvais supporter.

Alors que nous n'étions qu'à deux ou trois jours de marche du Village royal, je pris discrètement et à jamais congé d'Attila avec mon cheval et des vivres pour une dizaine de jours car je comptais voyager hors des pistes. Dans mon bagage, outre quelques armes, je transportais les bijoux qu'Attila m'avait offerts, et notamment le collier d'or scythe dont j'aurais pu, dans une ville, tirer un bon prix.

Des villes, je n'en trouvai pas sur mon chemin, et d'ailleurs je serais passé au large. En revanche je m'approchais volontiers des masures de paysans pour le plaisir de respirer l'odeur des hommes et des bêtes, des feux de bois et de tourbe, pour observer les jeux des enfants et les travaux des femmes.

Pour tromper la solitude qui me pesait, je parlais à mon cheval, me racontais des histoires, me récitais des poèmes mais c'était chercher à faire illusion sur sa faim avec du vent. J'ai toujours détesté la solitude. Aujourd'hui encore, j'ai besoin de sentir des présences autour de moi, même médiocres, d'échanger des idées, de me libérer de mes humeurs et de mes passions.

Dans la solitude totale où je macérais, le temps prenait une dimension singulière. Je m'attachais à compter les jours par des encoches sur le pommeau de ma selle et je m'étonnais que le compte n'en fût pas plus important. J'étais en route depuis moins de dix jours et il me semblait avoir passé plus d'un mois à chevaucher, alors qu'au sein de la horde, je ne voyais pas passer le temps. Je philosophais sur cette matière, comparant le temps sidéral au temps solaire, cherchant à définir leur nature et mettant en cause leur réalité, contraint de reconnaître que le temps existe puisque, selon les circonstances, sa notion peut évoluer.

Ma prudence s'émoussait au fil des jours, au fur et à mesure que s'imposait à moi la nécessité de retrouver le monde des humains. Je pris l'habitude de me hasarder dans des villages où je troquais des babioles dorées ou argentées contre des vivres. Au début, j'opérais avec circonspection, plus librement par la suite, tout en continuant à m'écarter des villes. Elles étaient rares, d'ailleurs, les gens préférant la vie libre des campagnes, avec de l'espace autour de leurs masures.

L'automne revêtait une splendeur sauvage. Les montagnes déroulaient à l'horizon une houle couleur de vieil or à reflets bleutés. Des journées de soie tiède et de vent léger succédaient aux nuits fraîches. Plus tard, dans ces coins de Germanie que j'avais appris à connaître, je chassai avec les « ursarii » des régions frontalières des ours vivants destinés aux jeux du cirque dont la population de Trèves, malgré la misère des temps, était friande.

Un matin d'octobre, sous une froide averse qui sentait l'hiver, j'arrivai au bord du Rhin, entre Mayence et une petite bourgade de pêcheurs et de navigateurs, Bingen, un endroit de la vallée qui tient du coupe-gorge. J'eus beau redoubler de précautions dans ma recherche d'un passeur, ma présence, vite repérée, devint suspecte. L'heure étant tardive, un personnage qui paraissait être le chef de la communauté m'invita à dîner et à coucher. Il ne parlait pas un mot de latin et je n'avais, pour alimenter la conversation, que des connaissances rudimentaires en matière de langues germaniques. Le repas fut sinistre. Alors qu'on me croyait endormi, je constatai qu'on fouillait mon bagage, imprudemment abandonné dans un coin de la masure, à quelques pas de moi. Cette imprudence me fut fatale.

Le lendemain, le chef me fit comprendre que je devais me tenir tranquille. Son fils aîné, assis devant la porte, armé d'une méchante lance, monta la garde une partie de la journée. Mon bagage avait disparu, de même que mon cheval.

Je commençais à mûrir un plan d'évasion lorsque le chef me présenta un autre personnage, tout aussi rébarbatif mais qui parlait un latin correct et m'interrogea durant des heures, traduisant au fur et à mesure les questions et les réponses pour le chef du village et quelques autres « notables » : des vieillards qui sentaient le poisson avarié.

Avec beaucoup d'aisance, un brin d'humour semé ici et là au cours de l'entretien, j'appris à mes hôtes que j'étais un marchand gaulois trafiquant de divers articles et notamment de bijoux, avec les peuples limitrophes du Rhin oriental. Pourquoi ne m'avait-on jamais vu dans ces parages ? Parce que j'en étais à ma première année d'exercice de mon négoce, interrompu dans les environs de Cologne, quelques mois auparavant, par la retraite des hordes d'Attila. Un parti de Thuringiens m'avait fait subir des sévices et avait confisqué la quasi-totalité de ma marchandise. Connaissant la haine des Francs pour ce peuple, j'ajoutai que c'étaient les pires gens que l'on pût rencontrer.

Je n'eus pas non plus à forcer mon imagination pour raconter mon évasion et mes pérégrinations solitaires. En trois heures d'interrogatoire, l'aréopage qui me faisait face ne parvint pas une seule fois à me prendre en défaut.

Je pensais avoir gagné la partie, et par là même ma liberté, mais j'en étais loin.

— Nous sommes prêts à te faire confiance, dit l'interprète, mais les Gaulois sont de beaux parleurs et ont l'imagination fertile. Nous pourrions te rendre ta liberté, mais nous ne le ferons pas. Du moins pas encore.

Je m'informai du sort de mon bagage et de mon cheval.

— Ne crains rien, me dit l'interprète. Nous te les rendrons dès que nous aurons la certitude absolue que tu ne nous as pas trompés. Nous ne sommes pas des voleurs...

L'ironie involontaire contenue dans cette dernière phrase, je devais en prendre conscience dans les jours qui suivirent.

C'est Minuo qui m'a fait souvenir de Sinisser. J'avais oublié le vieux maître, et pourtant, dans cette ville, si l'un de nous doit absolument survivre, après Minuo, c'est bien lui, la mémoire vivante de Rome. L'inquiétude me taraude : si les Barbares ont déjà pris pied dans le quartier des bouchers et pénétré dans la maison de Sinisser, je ne me pardonnerai jamais ma négligence. Je dois tenter de le sauver. Il le faut.

Lorsque j'annonce ma décision à Bibula, elle s'écrie :

— Tu es fou ! Comment feras-tu pour conduire jusqu'ici ce vieillard impotent ?

— Je te suivrai, dit Minuo.

— Ton père s'y opposera. C'est trop dangereux.

Avant qu'il ait pu insister, je descends en trombe l'escalier encombré de réfugiés qui font un bruit de volière. Apparemment, l'avenue rectiligne qui traverse la ville jusqu'au forum est libre. Le nœud du combat se situe dans les parages des thermes Barbara où les auxiliaires trévires ont entrepris de résister et d'où montent des gerbes de cris. La basilique de Constantin semble avoir été épargnée.

Je suis arrivé à mi-chemin en longeant les murs lorsqu'une voix m'interpelle.

— Eudoxe ! Attends-mois !

Minuo arrive en courant. Je me prépare à le sermonner, mais à quoi bon ? Il me tend la main et c'est lui qui, soudain affolé, m'entraîne.

— Plus vite, Eudoxe ! Il faut le sauver !

Le quartier des bouchers est désert ; les rares habitants qui peuplaient cette « insula » puante ont fui vers la Porte Noire sans se préoccuper du sort de l'infirme. Malgré ma fatigue, je presse le pas.

En vue de la maison de son maître, Minuo prend les devants et escalade au galop l'escalier branlant. Arrivé à l'étage, je me retourne et, le cœur glacé, j'aperçois, près du forum, une mêlée : quelques défenseurs de l'amphithéâtre sans doute, qui se sont heurtés à des cavaliers barbares. Dans un moment ils seront là, fouilleront les demeures désertes, découvriront Sinisser et nous avec.

Un bruit de dispute me parvient de l'intérieur. Minuo est accroché aux deux bras du fauteuil et tente de le rapprocher de la porte, malgré les cris du vieil homme et les taloches qu'il lui administre avec un rouleau de parchemin.

— Il refuse de partir, gémit Minuo. Aide-moi !

J'écarte Minuo.

— Cet enfant a perdu la raison, dit Sinisser. C'est ici que je veux mourir, au milieu de mes livres, il le sait ! Je refuse de les voir tomber entre les mains des Barbares. Tu vois cette lampe ? Elle me servira à mettre le feu à ma bicoque. Et cette fiole ? Elle contient un poison que j'ai fait composer pour le jour où je souhaiterai hâter l'heure de ma mort. Cette heure est venue. Laissez-moi en paix.

— Il n'est plus temps de discuter, maître. Les Barbares seront ici dans quelques instants. Si tu retardes notre retraite, nous risquons d'être pris et de mourir avec toi. Que cela te plaise ou non, tu nous suivras.

Le rire aigrelet de Sinisser, à travers les trois dents qui s'accrochent encore à ses gencives...

— Tu ne vas tout de même pas me porter sur ton dos ?

— C'est mon intention, même si je dois crever avant d'arriver à la Porte Noire.

Je lui arrache des mains la fiole que je glisse dans ma tunique. Il proteste, tape du poing sur les accoudoirs, se débat lorsque j'entreprends de l'extraire de son siège.

— Vous êtes deux obstinés ! s'écrie-t-il. Qu'est-ce que vous croyez sauver ? Un trésor ?

— Tu es mieux qu'un trésor, Sinisser. Si l'un d'entre nous doit survivre, c'est toi. Il ne faut pas laisser passer cette chance.

Sa voix se brise et des larmes coulent sur ses joues. Minuo m'aide à charger le vieillard sur mes épaules. Il ne pèse pas lourd, Sinisser : un tas d'os enrobé d'une peau parcheminée, sans chair et sans muscles. Il n'aurait pas mis longtemps à devenir cendre.

Tandis que Minuo, en larmes lui aussi, allume de petits foyers, je sens contre mon dos le corps du vieillard se contracter de spasmes. Il me supplie de lui laisser regarder encore, une dernière fois, le cocon d'où cette vieille chrysalide n'a jamais pu s'extraire.

Il répète :

— Attends ! Attends encore un instant ! Mes Tacite... Mes Suétone... C'est toute ma vie qui va partir en fumée, Eudoxe. Comment pourrais-je continuer à vivre après ça ?

Minuo, ayant attaché ensemble les livres, les charge sur son épaule et prend les devants. Arrivé au débouché de l'« insula » sur l'artère principale, il recule vivement.

— Les Barbares ! Ils sont là ! Ils arrivent !

Il rebrousse chemin et me fait signe de le suivre. Je marche lentement, la poitrine haletante, les muscles de mes bras et de mes jambes tendus comme des cordes, tandis que le vieux maître continue de gémir et de pleurer. Je sens la chaleur humide de ses larmes dans mon cou.

— Nous allons passer par-derrière, dit Minuo. Le quartier de la basilique est plus calme. Je connais le chemin.

Ce chemin, je le connais moi aussi, mieux même que Minuo ; s'il est plus sûr, il est aussi plus long et je crains de ne pouvoir supporter mon fardeau jusqu'au bout. D'ailleurs rien ne dit que les Barbares n'ont pas investi la basilique. Une étrange rumeur bourdonne soudain à mes oreilles.

— Ils sont partout, dis-je. Notre retraite est coupée. Regarde !

A une centaine de pas, un groupe de guerriers est en train de danser de joie devant le monument dont on a dû leur dire qu'il porte le nom d'un des plus célèbres empereurs chrétiens, et c'est comme s'ils avaient pris le Capitole.

— J'ai une idée, dis-je. Nous allons, Sinisser et moi, nous cacher dans cette boutique éventrée. Toi, tu laisses tes livres et tu files demander du secours à la Porte Noire.

Minuo part comme l'éclair en rasant les murs. Les Barbares ont dû le repérer car ils font des signes dans sa direction et accourent en brandissant leurs armes.

— Pas un bruit, maître ! dis-je. Tout va s'arranger. Malgré les apparences, ton élève est débrouillard et courageux.

— Je lui ai fait lire les historiens grecs et stoïciens. Sur un champ de bataille, il organiserait un dispositif de combat aussi bien que les meilleurs généraux de Rome ou de Constantinople qui, eux, savent à peine lire et écrire. S'il survit au massacre, il fera son chemin. Il faudrait le protéger, mais son père, ce vieil imbécile vaniteux, en est bien incapable.

— Son véritable père, c'est toi. Si je tiens à ce que tu vives, c'est pour lui.

— Je n'ai plus rien à lui apprendre. Il a une mémoire prodigieuse. Il peut te réciter une page de l'*Odyssée* après l'avoir lue une seule fois, et...

— Tais-toi ! Les Barbares approchent.

Des semelles clapotent dans les flaques de pluie. Par un interstice de l'auvent, je vois passer deux ombres, puis d'autres. Ouverte d'un coup de pied, la porte livre passage à un « barbatus » couvert de sang comme s'il sortait d'un sacrifice à Mithra. Son regard balaie la pénombre. Il avance d'un pas, renifle les vieilles odeurs d'épices de la boutique. Un pas de plus et il nous verra. Il recule et disparaît.

— Un Alaman, dit Sinisser. Les gens de cette nation sont de fameux guerriers, avec une pointe de sauvagerie qui n'a pas disparu depuis des siècles. César a eu affaire à eux et y a laissé des plumes.

A voix basse, il me parle de ce peuple comme s'il en était originaire, avec un luxe de détails.

— Je pourrais t'en raconter bien davantage sur eux, mais ma mémoire me trahit et je suis fatigué.

Un moment qui semble interminable s'est écoulé lorsque des bruits de sabots cliquettent sur les dalles.

— Ils arrivent, Sinisser ! Nous sommes sauvés.

C'est compter sans les Alamans, qui reviennent en force en hurlant des cris de mort. Il est trop tôt pour sortir. A quelques pas, vient de s'engager un combat sauvage dont les moindres bruits nous parviennent avec une terrible intensité. Si son issue tarde trop, nous risquons de voir surgir un autre groupe de Barbares, et ç'en serait fait de nous.

La porte s'ouvre de nouveau, violemment, et Minuo s'engouffre dans la boutique, nous cherche des yeux.

— Venez ! nous dit-il. C'est le moment.

Alors que les cavaliers trévires repoussent les Alamans du côté opposé à la Porte Noire et en font un massacre, j'aide non sans mal Sinisser à se hisser sur la croupe d'un cheval puis, une fois en selle, je saisis le bras de Minuo et le hisse devant moi. Le cheval renâcle sous la charge mais démarre sans broncher.

— Accroche-toi bien ! dis-je à Sinisser. Nous allons prendre le galop. Regarde ce qui arrive à notre droite !

Je viens de voir surgir une bande d'une dizaine de « barbatus » qui se rapproche de nous avec des cris menaçants. Si nous parvenons à atteindre les « horea » situés du côté oriental de la ville, nous sommes sauvés. Une javeline érafle la gorge du cheval ; il fait un écart mais reprend avec plus de fougue son galop, pressé par mes talons et ma voix. Arrivé au carrefour des « horea », je respire. Nous sommes désormais hors de portée des assaillants et je peux déjà voir se profiler au-dessus des bâtiments plats les étages de la Porte Noire. Je me retourne vers Sinisser dont les mains viennent de relâcher leur pression sur mes reins.

— Nous sommes sauvés, dis-je. Encore un petit effort. Cramponne-toi.

— Non, soupire le maître. Pour moi, c'est trop tard.

Avant que j'aie pu maîtriser ma monture, il a glissé à terre en pleine course. Je saute de cheval et le rejoins. Il est allongé sur les dalles, inanimé, une flèche dans le dos. Le sang commence à suinter des blessures qu'il s'est faites à la tête dans sa chute. Les Barbares, qui se rapprochent de nous à une allure hallucinante, pointent leurs javelines sans cesser de courir, quand j'aperçois les cavaliers trévires qui foncent vers eux, les dispersent, leur donnent la chasse et en font un nouveau carnage. Je hisse Sinisser en travers de ma selle en priant Minuo de veiller à son équilibre et, prenant le cheval par la longe, je me dirige au pas de course vers la forteresse où nous attendent une centaine de personnes groupées comme un essaim de mouches sous les grandes portes.

Probus nous regarde approcher, les bras croisés sur la poitrine.

— Espèce de crétin ! me crie-t-il. Es-tu devenu fou ? Si j'ai perdu un seul homme par ta faute, tu le paieras de ta vie !

Je lui explique combien il était important de sauver Sinisser.

— Important ! Mais il est crevé, ton Sinisser. Regarde, son sang pisse de partout !

— Il est vivant et je le sauverai.

Quelques hommes de Médéric se présentent pour m'aider à transporter Sinisser à l'intérieur de la forteresse et à le monter jusqu'à ma loge. Sur mes talons, j'entends grogner Probus Gros-Cul. Je ferais mieux, dit-il, de m'occuper des blessés au lieu de m'acharner à sauver des gens inutiles. Je le foudroie d'un regard de haine, sans aller jusqu'à riposter car je dois convenir qu'il a mille fois raison, mais je ne peux résister à certaines impulsions de ma nature. Si c'était à refaire je le referais, quitte à risquer la vie de cent hommes. Le visage en feu, je fais face en me contraignant à ne pas éclater.

— Je vais te faire un cadeau, dis-je. Prends cette fiole. Elle contient le poison que Sinisser comptait s'administrer pour éviter de tomber vivant entre les mains des « Teutshes ». Ça pourra t'être utile. Et si tu l'absorbais tout de suite, ce serait un bienfait pour toute la communauté.

Je lui ai cloué le bec. Il contemple le liquide doré, me regarde, glisse sans un mot la fiole dans sa tunique. Sinisser a dû faire une escalade dans son estime. Il n'a pas lu les stoïciens, Probus, mais il en a entendu parler ; il doit se dire que cette intention ne manquait pas de grandeur. Pour sauver la face, il crie une nouvelle fois :

— Je veux te voir à la tâche tout de suite, Vieille Peau. Exécution !

Sinisser n'est pas mort, mais peu s'en faut. Son souffle court draine dans sa gorge des râles d'agonie. Sans que je l'en aie priée, Bibula a libéré ma couche. J'écarte doucement Minuo qui se lamente et j'arrache la flèche d'un coup sec. La plaie ne semble pas profonde mais les blessures à la tête sont plus inquiétantes et il doit avoir une épaule déboîtée. Bibula m'aide à le dévêtir. J'ai rarement vu un homme d'une telle maigreur ; Ioulianos lui-même avait davantage apparence humaine.

— Il ouvre les yeux, dit Bibula. Il veut parler.

L'oreille collé à sa bouche, j'entends dans un souffle :

— Tu vois bien... que c'était inutile. Prends bien soin de Minuo... et des livres...

Tandis que je lave les plaies me parvient le bruit d'une querelle entre Mincius et Bibula. Le « clarissime » s'en est pris violemment à son fils qu'il a giflé en lui reprochant d'avoir quitté la Porte Noire sans son autorisation.

— Ton fils ! riposte Bibula. Tu ne t'en occupes que pour le réprimander ou le maltraiter. Si je te reprends à le frapper, je t'assomme !

Mincius file doux.

J'ai fait tout ce qui était en mon pouvoir pour sauver Sinisser, mais sans conviction. Je me retire pour m'occuper des autres blessés dont j'entends les gémissements lamentables. Lorsque je le quitte, Sinisser semble dormir, le visage serein. J'ai l'impression que je ne le reverrai pas vivant.

Tandis que je prodigue aux blessés des soins sommaires, les cavaliers trévires, la rage au cœur, libèrent leurs chevaux qui ne peuvent trouver place dans la citadelle. Un jeune cavalier regarde partir sa monture et pleure, la tête contre le mur qu'il frappe du poing. Maintenant, on ferme les portes ; aux gémissements des gonds rouillés répondent les lamentations des femmes. Il n'y a que très peu d'hommes dans la forteresse, hormis les blessés.

Les réfugiés occupent les moindres espaces, les uns assis sur leur bagage, les autres debout. Je n'ose songer à la panique qui se produira lorsque les Barbares passeront à l'attaque.

Je suis en train de recoudre la plaie d'un jeune centurion quand surgit Bibula.

— Sinisser, dit-elle. Il vient de mourir.

Pour retarder le plus possible l'attaque qui semble imminente, Probus a mis au point un système de défense habile et efficace. Médéric me l'explique.

— Dans toutes les demeures qui bordent la grande voie, l'empereur a installé des soldats récupérés après l'évacuation des remparts, ainsi que les survivants de l'amphithéâtre. Ces retranchements sont de véritables hérissons. Regarde ! Les « Teutshes » se font déjà accrocher. Ordre de l'empereur : se faire tuer sur place...

Par un pertuis aménagé dans l'épaisseur d'une porte, j'aperçois dans un brouillard de pluie des images floues qui me semblent d'une grande incohérence. Des hommes courent en hurlant, tantôt des Barbares, tantôt des nôtres ; ils s'affrontent par grappes, se replient, les uns dans les demeures, les autres derrière des barricades de chariots, de futailles, de poutres, hâtivement aménagées sur plusieurs plans, comme autant de digues contre le flot qui déferle en direction de la Porte Noire. Il me semble qu'une fumée se dégage de l'une des maisons investies mais je n'en suis pas certain, tant la pluie et la brume brouillent ma vision.

— Il est malin, notre Probus, poursuit Médéric. Si nous contenons les Barbares assez longtemps et si nous leur infligeons des pertes sérieuses, ils pourraient se décourager et prendre le large.

— Je ne crois pas. Les Barbares, et les Francs notamment, ont appris cette vertu essentielle : la patience. Tu devrais le savoir, toi, Médéric...

Franc Salien jusqu'à la pointe des ongles, Médéric s'est trop romanisé pour se sentir quelque affinité avec ces gens. Lorsqu'il est d'humeur joyeuse, il parle et il chante dans la langue de ses origines, mais cela ne dure guère ; d'un regard veule, d'un sourire quêtant une complicité, il semble mendier le pardon de ses outrances. Il déteste les Barbares, quels qu'ils soient ; tout ce qui n'est pas romain lui paraît tout juste digne de vivre. Lui, il a son brevet de romanité dans la poche et ne permet à personne de le contester.

Il tombe du haut des margelles de ce puits sombre creusé dans la forteresse une pluie glacée dont les réfugiés se protègent en rabattant un pan de leur tunique sur leur tête. Les torchères qui brûlent en permanence dans la pénombre lâchent des bouquets de fumée âcre. On respire partout l'odeur de vieux chien des vêtements humides. Pour tromper leur ennui et leur angoisse, des femmes ont déballé sur leurs genoux une nourriture de pauvres, bien que l'heure du « prandium » soit encore lointaine. On mange ici et là sans faim et sans plaisir ; on boit une eau grise, un vin de tristesse, en songeant : le dernier repas, peut-être...

— Ça chauffe pour Probus, me dit Médéric. Cette nuit, au cours du conseil de guerre, il n'a pas obtenu l'unanimité lorsqu'il a proposé de sacrifier une centaine d'hommes pour contenir l'avance des Barbares. Certains ont suggéré de négocier ; Probus les a accusés de trahison et a menacé de les faire passer par les armes. Si tu veux mon avis, une rébellion est en train de se préparer.

— Si elle se déclare, dis-je, quel parti prendras-tu, toi, le chef de la garnison de la Porte Noire ?

Médéric se prend la tête à deux mains, la secoue comme s'il voulait l'arracher.

— Par tous les dieux de Rome, je n'en sais rien, mais je ne cesse d'y penser. Si Probus m'avait donné l'ordre de sacrifier ma vie, je l'aurais fait sans hésiter, mais je trouve ridicule de ne pas accepter de négocier dès qu'on sait que tout espoir est perdu. En fait, je ne suis sûr de rien et c'est là ma torture. Pour un soldat, l'incertitude est la pire des situations. Vous, les civils, vous n'avez pas à prendre de décision, à interroger votre conscience, à engager la vie des autres.

La question que je redoutais m'arrive en coup de poing :

— Toi, à ma place, que ferais-tu ?

Je m'en tire par une pirouette.

— Je ne suis pas à ta place, Médéric, mais, moi, j'attendrais les ordres de Probus, général et empereur !

Il hausse les épaules et soupire, ironique :

— Probus... Probus... Empereur de merde !

Nous avons entassé les morts dans un coin de la cour centrale, derrière le monceau de selles enlevées aux chevaux libérés. Sinisser et Ioulianos sont parmi eux. Il a fallu arracher le cadavre de Sinisser des mains de Minuo qui, lui si calme d'ordinaire, s'est répandu en gémissements et en larmes. Si le siège doit durer quelques jours, nous devrons nous débarrasser des corps en les jetant, du haut de la citadelle, le plus loin possible pour éviter qu'ils n'empuantissent l'atmosphère.

L'un des « moines » de l'évêque passe de lit en lit, assiège des agonisants pour les arracher à l'erreur païenne et leur promettre la vie éternelle ; ils marmonnent la prière des morts, font sur les cadavres le signe de la croix avant que deux autres religieux les envoient à la fosse commune, derrière le mur de selles.

Je suis en train de me demander où a bien pu passer Marus quand un bruit de voix sur les galeries supérieures attire mon attention. Je reconnais celle, aigre et forte, de l'évêque en train de se quereller avec la foule qui a envahi le moindre espace libre.

— Place ! Place ! Ecartez-vous ! Laissez passer le ministre de Dieu !

En jouant des coudes, je me rapproche de l'escalier et, dans la lumière des torches, j'aperçois, chatoyante d'étoffes et de brocarts, étincelante de joyaux, une apparition insolite dans ce lieu de misère et de peur. Marus s'immobilise au-dessus de la foule, appuyé à sa crosse pastorale, et tend la croix devant lui de l'autre main. Les « moines » réclament le silence.

— Enfants de Dieu, s'écrie l'évêque, écoutez la voix de votre pasteur. Nous sommes, vous et moi, devant notre éternité. Allez-vous demeurer accrochés à vos erreurs ? Souhaitez-vous quitter ce monde charnel avec ce fardeau de péchés qui risque de vous entraîner dans les gouffres de l'enfer ? Allez-vous, au contraire, ouvrir votre cœur et votre âme à la vérité ? En ce moment, Dieu nous écoute et nous regarde. Il est en nous. Rien de nos actes et de nos pensées ne lui échappe. Groupez-vous autour de moi pour le baptême. A défaut de vos corps périssables, Dieu sauvera vos âmes !

Malin, l'évêque a profité de l'absence de Probus et de ses officiers, occupés sur la galerie supérieure à une ultime conférence, pour faire acte de prosélytisme. Lui présent, l'intervention de l'évêque aurait tourné au drame. Le mutisme, l'indifférence de la foule ne découragent pas Marus.

— En ce moment, poursuit-il, je puis lire dans les pensées de chacun de vous comme dans un livre. Vous vous dites : « J'ai trop longtemps vécu dans le péché pour en être lavé par un simple geste ou un banal repentir. » Détrompez-vous ! Dieu vous accueillera dans son sein, fussiez-vous couverts de péchés comme un lépreux de pustules, si votre repentir est sincère, et si vous croyez au baptême.

Il recule de quelques degrés, fait sortir de la foule massée derrière lui Mincius et Nymphius qu'il fait ranger à ses côtés. Muet de stupeur, je regarde ces deux chiffes molles, la croix pendue à leur poitrine, les mains jointes sur le ventre, les yeux humblement baissés.

— Mon existence n'aura pas été vaine, poursuit l'évêque. Je viens d'opérer la conversion de ces deux personnages qui sont l'orgueil de notre province. Vous les connaissez et vous les respectez. Mincius, gloire des lettres romaines, poète inspiré ; Nymphius, génie de la philosophie et de la rhétorique. A peine m'étais-je présenté à eux, armé du symbole de la croix, ils ont confessé leurs erreurs et le baptême les en a délivrés. Et vous renonceriez à suivre un exemple qui vient de si haut ? A genoux tous ! Laissez les écailles tomber de vos yeux ! Purifiez-vous !

L'évêque achève de descendre l'escalier qui lui a servi de tribune.

En passant près de moi il me jette un regard méprisant. Accompagné des néophytes et des clercs, il s'avance majestueusement entre deux haies composées des soldats chrétiens de la garnison ; l'un d'eux entonne un chant que les autres reprennent. Malgré mes préventions, j'admets que la scène ne manque pas de grandeur ; l'émotion me serre la gorge bien que je me sente indifférent à la foi galiléenne.

Un simple baquet d'eau suffira pour le baptême des néophytes. Ils y pénètrent à tour de rôle et, de l'eau jusqu'aux cuisses, les bras croisés sur la poitrine, se laissent ondoyer avec l'eau que l'évêque puise avec une coquille. Je jette un regard inquiet vers l'escalier où je m'attends à voir surgir Probus. Il ne va plus tarder : un soldat est allé le prévenir, envoyé par Médéric qui semble fort embarrassé.

Lorsque le dernier candidat baptiste se retire de la cuve en grelottant, l'évêque, juché sur un escabeau, se met à vaticiner.

— Les gens qui sont derrière cette porte ne sont nos ennemis qu'en apparence. En réalité, ces créatures de Dieu sont nos frères. Comme vous il y a quelques instants, ils baignent dans l'erreur païenne parce que la parole du Seigneur n'a pas pénétré leurs âmes obscures. Dans quelques instants cette porte s'ouvrira et, sans haine, avec confiance et avec amour, je m'avancerai vers eux. Je ne crains ni leurs lances ni leurs épées. Comme Daniel face aux lions, j'en ferai des agneaux. Que ceux qui se sentent touchés par la grâce me suivent !

Descendu de son piédestal, il lance aux soldats :

— Au nom du Dieu tout-puissant, ouvrez cette porte !

Pas un ne bouge. Même ceux qui portent le symbole restent immobiles. Dans un silence oppressant l'évêque répète son injonction. Les soldats se rangent devant la porte, la lance en travers des cuisses. L'un d'eux, un centurion, tombe à genoux, implore l'évêque de renoncer à son projet.

— Seigneur évêque, dit Médéric, sans ordre de Probus cette porte restera close.

Une voix lui fait écho, à l'autre bout de la cour centrale. Probus vient d'apparaître sur les dernières marches de l'escalier, les poings dans le creux des hanches, le visage bouffi de colère.

— Encore un de tes exploits, l'évêque ! Cette porte est fermée et le restera, à moins que ton Dieu accomplisse un miracle et la fasse s'ouvrir en soufflant dessus. Gardes, saisissez-vous de cet énergumène ! Le premier qui hésite, je lui tranche la gorge !

J'avale une salive dure comme du gravier. Dans le silence épais roulent quelques ronflements de colère. Une houle profonde parcourt cette molle sargasse de têtes encore humides du baptême, sans que l'on puisse y déceler aucun mouvement cohérent. Il va se passer quelque chose, mais j'ignore quoi. Le temps est suspendu au-dessus de cette haute cheminée barbouillée de vieilles suies, une pointe de temps aiguë comme un diamant. Il a fallu des siècles et des siècles de civilisation, de gigantesques tempêtes d'hommes, d'idées et de dieux pour en arriver à cette cristallisation dramatique de l'événement, à cette confrontation entre le soldat et le prêtre, entre le temporel et le spirituel, là, sur cet espace dérisoire, sur cet îlot de sable et de boue.

Ils sont face à face maintenant, à quelques pas de moi, si près que je peux entendre ronfler leur colère dans leur souffle.

— Je t'avais prévenu, dit Probus, qu'à la moindre tentative pour détourner nos hommes de leur devoir je sévirais rudement. Tu sais que je n'ai pas l'habitude de parler à la légère. Tu devrais te souvenir des paroles de Paul : « Il faut obéir à ceux qui tiennent l'épée. » L'épée, aujourd'hui encore, c'est moi qui la tiens. Je ne t'empêche pas de prier ton dieu et je te défendrai même contre ceux qui voudraient te l'interdire, mais laisse-moi mener cette guerre comme je l'entends !

Rigide comme un if, frappant le sol de sa crosse, Marus répond avec hauteur :

— A chacun son règne, tribun. A toi les corps, à moi les consciences ! J'ai montré à ces gens la voie du salut. Ils me suivront malgré toi pour aller au-devant de leurs frères. Au nom de Dieu, fais ouvrir cette porte !

— Soit ! dit Probus. Je m'incline. Cette porte va donc s'ouvrir, mais tu la franchiras seul. Ceux qui restent pourront prier pour ton salut. Après tout, si tu aspires au martyre, il serait ridicule de t'en priver.

Le grincement des verrous et des gonds répond à un nouveau sursaut du temps. Après un moment de surprise, Marus reprend son aplomb. Tournant le dos à Probus d'un mouvement plein de mépris, il s'avance vers la porte au milieu des néophytes qui s'accrochent à ses vêtements, s'allongent à terre devant lui. Avant de franchir le seuil, il se retourne vers eux, esquisse un grand signe de croix avec son crucifix et repousse doucement ceux qui tentaient de le suivre, les « moines » qui le supplient à genoux de ne pas les abandonner.

Bousculant le groupe qui s'est agglutiné derrière moi, je me glisse dans la foule qui obstrue l'escalier et gagne péniblement ma loge où de nouveau, fiévreuse, Bibula s'est allongée, Minuo près d'elle.

— Marus vient de franchir la porte, dis-je. Il est seul. Il veut parler aux Barbares, tâcher de les convertir.

— Le pauvre fou ! Nous ne le reverrons pas vivant. Aide-moi à me lever.

Je soutiens Bibula jusqu'à la plate-forme supérieure où, malgré la pluie et le froid, des groupes de curieux se sont formés, au milieu desquels je remarque quelques officiers du conseil de Probus. Basile, que l'on a enfermé dans sa cage avec son compagnon, se démène en vomissant des imprécations et des injures.

Lentement, sans la moindre apparence de faiblesse, Marus s'avance en direction des Barbares qui sont en train d'enlever la dernière barricade avant la Porte Noire. A cette distance, au milieu des pavés humides de pluie, il a l'aspect d'un gros scarabée tombé du ciel dans une flaque. Une centaine de pas le séparent du lieu du dernier combat. Un cavalier barbare se détache, fonce droit sur lui, la lance prête à la détente. Bibula, grelottante, se tait. Sous le manteau que j'ai jeté sur ses épaules, je sens la moiteur de sa fièvre et les frissons qui la secouent.

Le Barbare ralentit son allure, abaisse sa lance, interloqué par cette apparition insolite. Il s'arrête à quelques pas de Marus, contourne au pas ce curieux personnage et soudain détale au galop. Marus a-t-il eu le temps de lui parler ? Le guerrier a-t-il décidé d'aller prévenir ses chefs ?

Immobile sous la pluie, appuyé sur sa crosse, l'évêque attend. Le ventre tordu par l'angoisse, je vois s'avancer un groupe de Barbares derrière un cavalier qui doit être une sorte de chef ou de roitelet car il porte un casque orné de grandes cornes de bronze et un manteau rouge sous lequel scintille une cuirasse d'écailles. Il s'immobilise à trois ou quatre pas de l'évêque, entouré par ses hommes, la lance en avant. Ce qu'ils se disent, personne ne le saura jamais. Aux gestes de Marus, je comprends qu'il est en train d'exposer sa mission ; il a dû se montrer peu persuasif car le chef et les soldats se tiennent les côtes. La partie semble perdue pour lui et ce ne sont pas ses grands gestes dramatiques et le crucifix qu'il brandit qui pourraient convaincre ses interlocuteurs. On ne traite pas avec les Barbares lorsqu'on se trouve en état d'infériorité ; Probus le sait bien, lui qui s'oppose à toute négociation.

Un des soldats vient d'arracher à Marus sa crosse et son crucifix pour les confier au chef qui les examine longuement avant de les confier à une ordonnance.

— Marus ne pourra pas échapper au supplice, dit Bibula. Je détestais cet homme mais je n'ai jamais souhaité pour lui une telle mort.

— Lui, si. Il doit se dire qu'il va entrer dans la légion des bienheureux, qu'on fera de lui un saint et que peut-être une église portera son nom.

Sur un ordre du chef, les soldats se mettent en devoir de dépouiller le scarabée de ses atous jusqu'à ce qu'il soit nu, les mains croisées sur le bas-ventre. Il n'a pas bougé d'un pouce ni esquissé la moindre résistance. Simplement il s'est tourné vers la Porte Noire et a paru chercher des yeux un secours ou un encouragement. Autour de lui, la petite place semble s'élargir à la dimension d'un désert ; on ne voit que lui dans cet espace de pluie et de brume, petite graine de chair blanchâtre, frémissante, noyée dans une insondable solitude.

A une quinzaine de pas de l'évêque, le chef au manteau rouge a fait aligner archers et lanceurs de javelots. Le corps de Bibula se contracte contre le mien ; ses ongles pénètrent la paume de mes mains. Quelque chose bouge en moi, qui est moins de la pitié pour cet homme qui a choisi délibérément son destin et son martyre qu'une monstrueuse curiosité et cette ivresse qui me possède en face des soubresauts de l'histoire.

A la première flèche qui l'atteint (à l'épaule, semble-t-il), Marus chancelle, fait un pas en arrière, cambré, puis reprend sa position comme une statue ébranlée qui retrouve ses assises. Le second trait, un javelot, s'enfonce dans sa cuisse et lui fait ployer les genoux, mais il se redresse en vacillant, gonfle sa poitrine en signe de défi et entonne un chant qui ne nous parvient que par bribes. Le troisième trait le manque et va ricocher sur les dalles. Lorsque je vois un jeune guerrier lever lentement sa francisque, la balancer par-dessus son épaule d'avant en arrière, je me dis que, cette fois-ci, Marus est mort. L'arme l'atteint en plein ventre ; sous le choc il se renverse en arrière, hurlant, bras battant de part et d'autre du corps comme des ailes de papillon. Au prix d'un effort surhumain il parvient à se redresser et à se tourner vers nous, la bouche grande ouverte, ses mains plaquées contre son ventre crevé. Il fait quelques pas en direction de la Porte Noire et, sous la grêle de traits qui s'abat dans son dos, s'écroule pour ne plus se relever.

Près de nous, un jeune officier chrétien embrasse la croix pendue à sa poitrine, pleure et gémit. Les autres se taisent. Moi, qui n'aurais jamais cru Marus capable d'un tel courage, je suis bouleversé. Il est mort comme un bon soldat du Christ et je respecte cette mort, comme j'ai respecté ses croyances. Sacrifice inutile ? Peut-être, mais je pense : qui donc, dans les légions, aurait donné sa vie pour Jupiter ou pour Mercure ?

— Maintenant, dis-je à Bibula, il faut nous mettre à l'abri. L'assaut final ne va plus tarder.

Les dernières bicoques occupées par les soldats de Probus et les combattants de l'amphithéâtre brûlent de chaque côté de l'artère centrale ; les défenseurs qui les désertent sont abattus sans pitié les uns après les autres dès qu'ils ont franchi le seuil. Du côté opposé de la Porte Noire, sur la voie de Cologne, la troupe se tient toujours en bon ordre ; à intervalles réguliers, le chef réitère sa demande de négociations sans obtenir de réponse autre que des bras d'honneur, des quolibets ou des jets de flèches.

— Maintenant, dis-je, il faut nous préparer à mourir.

— Non, dit Bibula. Si la chance ou les dieux sont avec nous, c'est une nouvelle vie qui commencera.

Les pêcheurs qui m'avaient recueilli étaient de drôles de gens.

De tout le temps que je passai avec eux, je n'eus pas à leur reprocher de mauvais traitements, sinon durant les premiers mois de ma captivité.

Peu convaincus de la véracité de mes récits, ils m'avaient enfermé durant des semaines dans une sorte de bauge jouxtant la demeure du chef, qui se nommait Genno. Ce colosse, en apparence débonnaire et taciturne, qui se teignait les cheveux en roux pour se donner l'air farouche, se méfiait de moi ; en revanche, j'avais suscité une certaine sympathie, qui n'allait pas jusqu'à l'amitié, chez l'interprète, affligé d'un curieux patronyme : Baïnobaude.

C'est à l'une des filles de Genno, Rodberga, une gamine délurée, que l'on confia le soin de ma subsistance.

Les rudes mois d'hiver, je les passai dans cette ancienne porcherie, sur un lit de joncs pourris que l'on changeait une fois par semaine. Pour tout mobilier — si je puis dire — un grand vase de terre pour les nécessités. De la toiture constituée par un monceau de fumier filtraient par temps de pluie de grosses gouttes brunâtres et malodorantes. Mes seuls compagnons étaient des rats que je chassais à l'aide d'une trique que Rodberga m'avait confiée. C'était mon seul divertissement avec, de temps à autre, les spectacles de l'extérieur, que j'observais par un pertuis large comme la main : celui des pêcheurs (ou des brigands) qui amarraient leur barque au ponton pourri. A la longue, je m'accoutumai au froid, à l'humidité, à la solitude, mais c'est cette dernière épreuve que j'avais le plus de mal à supporter.

Lorsque Rodberga m'apportait ma subsistance — un plat de

lentilles, de fèves, un poisson sec, du pain dur comme de la pierre — je la retenais le plus longtemps possible. On lui avait interdit de franchir le seuil de ma bauge et elle s'en tenait à la lettre à cette consigne. Accroupie devant la porte étroite, sa saie malignement relevée sur les cuisses, elle m'écoutait parler dans un charabia auquel elle n'entendait rien, riant à tout propos et surtout hors de propos, sans rien me dissimuler de ses charmes intimes. C'était une belle fille un peu hommasse, d'une rudesse paysanne assez plaisante. Longtemps je l'ai crue sotte, mais la rusée cachait bien son jeu et s'amusait cruellement du spectacle que je lui offrais.

Le printemps venu, on me fit sortir de ma tanière pour me conduire au fleuve. J'étais hideux : rongé de vermine, couvert de dartres, barbu jusqu'à la poitrine. Rodberga se chargea de ma toilette sous la surveillance de Genno et de son épouse, qui craignaient sans doute que je m'échappe pour franchir le fleuve, ce dont j'eusse été incapable, paralysé que j'étais par une longue période d'immobilité. La glace qui faisait craquer mes os fondit vite. Rodberga me coupa la barbe et les cheveux, veillant à ce que pas un poil subsistât sur mon corps, qui pût servir de support à la vermine.

Lorsque la fille me tendit le miroir d'acier poli, je faillis m'étrangler de stupeur : ce visage émacié, blanchâtre, constellé de dartres, ces yeux cernés de rouge, ce crâne en forme d'œuf, tavelé de rouge, c'était moi ! Ce jour-là j'ai décidé de laisser pousser ma barbe et de garder les cheveux longs comme les philosophes et les artistes. Je n'ai jamais éprouvé la moindre complaisance pour mon apparence physique, soucieux d'être plus que de paraître, mais je redoute la laideur comme une maladie honteuse ou un symptôme de sénilité.

Baïnobaude savait tout de moi. Comment il l'avait appris ? Je l'ignore. Lors de notre première entrevue après mon émergence, il me révéla d'un air indifférent ce qu'il connaissait de mon passé. Que je fusse médecin lui importait peu ; mon séjour chez les Huns et ma campagne de Gaule le laissaient indifférent ; en revanche il paraissait intéressé par mon action dans les Bagaudes. Sans trace d'animosité, il m'interrogea sur cet épisode de ma vie, me faisant répéter certains détails de mes exploits, préciser les conditions dans lesquelles j'établissais mes plans et les exécutais.

Où voulait-il en venir ? Durant des semaines, il ne me révéla rien de ses intentions et je me gardai bien de l'y convier, persuadé que tout viendrait à son heure.

Un matin de printemps, alors que j'étais occupé à tremper du fil dans l'eau, près de la hutte de Genno, il s'assit près de moi, resta un moment silencieux, puis il me dit :

— Tu meurs d'envie d'aller voir ce qui se passe de l'autre côté ?

Je lui avouai qu'à diverses reprises l'envie m'avait pris de traverser le Rhin car je n'aimais guère ma condition de prisonnier. Cet aveu parut le mettre en confiance.

— Tu n'es plus prisonnier. Si tu veux vraiment partir, tu le peux, à condition de laisser tes bijoux et ton cheval à Genno, mais tu n'en as pas vraiment envie, reconnais-le.

Je reconnus volontiers qu'une évasion présentait trop d'aléas. Où serais-je allé ? J'aurais pu rejoindre les troupes de Syagrius ou d'Aetius mais on découvrirait vite mon identité et mes antécédents.

Je m'allongeai dans l'herbe tiède. De gentils nuages de printemps glissaient sur un lac de lait bleuâtre. Des vols de cigognes traversaient le ciel avec une lenteur pathétique. Près de la hutte de Genno, d'où montaient des rires de femmes, un bouquet d'aubépines embaumait. Depuis longtemps je n'avais pas connu une telle paix, un bien-être aussi profond.

— Pourtant, Eudoxe, la Gaule est ta patrie ?

Je songeai à la riposte célèbre du « Ploutos » d'Aristophane : *« Où l'on est bien, là est la patrie… »* Dans cette contrée, après mon épopée dans la horde, je me sentais en accord avec moi-même, captif, d'une certaine manière, mais avec une apparence de liberté dont je me suffisais. Combien de temps durerait cet état de grâce ? Je m'en souciais peu. Il y avait ce printemps élyséen et il y avait Rodgerba. Une sorte de bonheur naissait de cette conjonction.

— J'en viens à me demander où est ma véritable patrie, Baïno (j'employais ce diminutif pour la facilité). Lorsque je me lasserai de cette existence, je préviendrai loyalement Genno de ma décision de le quitter.

Il s'allongea près de moi, une pâquerette aux dents.

— Je te connais bien, Eudoxe, mieux même que tu pourrais le penser. Tu seras repris sans tarder par tes démons. Tu es de ces gens qui supportent mal une vie sans aventure et qu'un bonheur paisible ennuie vite.

Je me redressai sur un coude en me demandant où il voulait en venir. Dans sa langue, dont j'avais perfectionné la pratique en sa compagnie et celle des femmes, je lui demandai sans ambages s'il n'avait pas quelque « occupation » à me proposer. Le mot le fit sourire.

— Tu es trop malin, dit-il, pour n'avoir pas compris que notre travail de pêcheurs n'est qu'un paravent. Nous avons d'autres activités plus lucratives.

— Le pillage des convois, par exemple.

Il rit doucement, se redressa à son tour.

— Par exemple. Tu connais la tribu de Bodo, à une lieue d'ici, en pleine forêt, où Rodberga t'a conduit l'autre jour pour en ramener des moutons ? C'est notre quartier général et Bodo est notre véritable chef, Genno n'étant, malgré ses grands airs, qu'un simple informateur. Il y a là une centaine d'hommes qui se consacrent à des coups de mains de l'autre côté du fleuve. Nous traversons une période très favorable. Après la retraite d'Attila, les villes reprennent leur activité, les marchands sillonnent de nouveau le pays et, comme il n'existe pas d'armée susceptible d'assurer la police des routes et des cours d'eau, nous agissons en toute impunité. Nous aimerions que tu sois des nôtres. Ton expérience dans les Bagaudes nous serait précieuse.

— Les Bagaudes sont loin et je n'ai plus le goût de ce genre d'aventure. Je n'aspire qu'à vivre en paix avec mon prochain. Propose-moi un travail honnête et je te promets de l'accomplir au mieux de mes compétences. Je suis médecin et ne demande qu'à exercer ma profession. Je connais les plantes et la manière de les administrer.

— Ce ne sont pas ces services que nous attendons de toi. Nos sorciers nous suffisent. Si tu souhaites exercer une activité honnête, nous avons ce qui te conviendra. Les jeux du cirque ont repris à Trèves depuis peu. Les gens que tu as vus débarquer hier de leur magnifique embarcation sont des organisateurs de jeux. Ils cherchent des bêtes sauvages : des loups, mais surtout des ours, dont ils font une grande consommation. Veux-tu devenir un chasseur d'ours, un « ursarius » ?

Baïnobaude me jeta un regard de commisération lorsque j'éclatai de rire. Il ajouta :

— Je ne plaisante pas. Tu as l'habitude de la forêt et du pistage. Un seul homme pratique encore convenablement cette chasse : un nommé Rando, un Alaman, mais il est vieux et nous ne pouvons plus guère compter sur lui. Tu pourrais le seconder. Sais-tu combien les gens de Trèves paient un ours vivant ?

Il me jeta un chiffre qui m'éblouit et me donna à réfléchir. « Ursarius... » « Ursarius »... C'est vrai, j'aimais la forêt ; elle était mon domaine de prédilection, mon refuge au temps des Bagaudes et n'avait plus de secrets pour moi. J'acceptai. Radieux, Baïnobaude me serra contre sa poitrine et me dit :

— Tâche d'être prêt à partir d'ici deux jours. Je vais faire prévenir nos clients que sous peu nous aurons ce qu'ils demandent.

Je profitai du délai qui m'était accordé pour m'entretenir avec quelques chasseurs de fauves qui vivaient du piégeage des sauvagines et des loups dont ils envoyaient les peaux en Italie par le fleuve, à travers le territoire des Alamans et des Burgondes. Chacun prétendait connaître les secrets de piégeage et les habitudes des animaux mieux que personne, mais c'étaient de grands hâbleurs dont je ne tardai pas à démasquer les mensonges. Les ours, ils n'aimaient guère en parler, ou alors ils débitaient des fables sans consistance. En recoupant leurs informations les plus crédibles, je parvins néanmoins à me faire une idée approximative de cette chasse, l'une des plus dangereuses qui soient, car l'ours est un animal intelligent.

Avec Rando, j'en appris beaucoup plus.

Ce vieux chasseur se vantait d'avoir vécu une saison entière, enveloppé d'une peau d'ours, en compagnie de ces fauves, pour les observer au plus près et les traquer plus aisément par la suite. J'ignore s'il a dit vrai et même si cela est possible. Ce qui est certain, c'est que, pour la sauvagerie, il n'avait rien à envier aux animaux qu'il traquait ; à leur contact, il avait pris certaines de leurs habitudes, leur démarche notamment, lourde et balancée lorsqu'ils sont debout, et aussi ces silences ponctués de grognements dont il m'était difficile d'apprécier la signification.

Comme il était trop tard pour les chasses d'hiver, les plus redoutables selon Rando, mais les plus fructueuses, il fallut bien se rabattre sur celles du printemps. On était en avril et les fauves sortaient de leur hibernation. Rando connaissait les endroits où les débusquer.

— Ils sont méfiants, me dit-il, lorsqu'ils cherchent une caverne ou un trou pour s'y terrer. Ils s'y installent avec précaution, en ressortent au moindre bruit, à la moindre odeur suspecte, et se rendorment, mais d'un œil. Pas comme le loir ou la marmotte. J'ai observé un vieux solitaire en train de préparer sa niche. Durant huit jours, je suis resté à vingt pas de lui, veillant à me tenir dans la bonne direction par rapport au vent. Pour l'ouïe et l'odorat, l'ours n'a pas son pareil, mais, surtout s'il est vieux, tu peux rester à dix pas de lui, il ne te voit pas. Celui-ci était un monstre. Je l'ai vu un jour traîner jusqu'à sa tanière le cadavre d'un bœuf en le tenant dans sa gueule. On n'en trouve plus de ce poids et de cette taille. Celui-là, c'est mon copain. Je ne trahirai sa cachette sous aucun prétexte.

Je ne craignais pas les ours. Ils ne s'attaquent à l'homme que s'ils sont traqués, mais alors ils peuvent devenir féroces. Si l'on fait le mort, ils n'attaquent pas. Mystère des alliances entre les hommes et les animaux... Rando aurait pu en dire beaucoup sur ce sujet s'il avait eu d'autres préoccupations que la chasse qu'il pratiquait d'ailleurs davantage par goût que par intérêt.

Au cours de la première campagne qui nous entraîna loin dans l'arrière-pays, aux limites des territoires des Ripuaires et des Alamans avec notre caravane de chariots, nous eûmes la bonne fortune de ramener un vieux mâle qui paraissait à bout de force pour avoir été tiré de son hibernation par des piégeurs et pourchassé aux limites de sa résistance. Nous prîmes à quelques jours de là une femelle et ses petits, bien que les chiens eussent un peu abîmé leur fourrure.

— Parmi les plus beaux sujets, m'expliqua Rando, celui que je préfère, c'est l'ours de deux ans qui a hiberné avec sa mère et qui a la garde des petits. Il est aisé de le capturer parce qu'il se sacrifie pour sauver la nichée. C'est aussi le plus facile à élever. Les autres, ses frères cadets, ne sont que de gros chats. Les marchands les revendent aux dames de Trèves et de Cologne, et quelquefois jusque dans les villes d'Italie, pour l'amusement des enfants.

Nous perdîmes trois chiens de notre meute mais l'expédition fut fructueuse et les marchands se montrèrent généreux. La campagne d'été, pour laquelle nous repartîmes peu après, sur les rives du Lahn, fut à la fois plaisante et dangereuse, les fauves ayant atteint leur puissance maximale. Nous prenions plaisir, Rando et moi, à regarder ces monstres gratter délicatement de la patte une fourmilière et se régaler de ces friandises, fouiller du museau un tronc d'arbre pour y dénicher un essaim d'abeilles sauvages, se gorger de miel et se rouler sur le sol lorsque les insectes les tourmentaient. Mon compagnon avait de curieux caprices ; il évitait de donner la chasse à certains sujets qui passaient à notre portée et que nous aurions pu capturer aisément. Il me disait :

— Celui-là, il faut lui foutre la paix.

Il n'y avait pas à discuter. C'était peut-être, entre lui et l'animal, une affaire d'amitié. Je n'insistais pas, espérant qu'un jour il me livrerait les raisons de son comportement.

Au bout de quelques mois de cette vie errante, je commençais à m'ensauvager au point de me demander si ma véritable vocation n'était pas celle d'« ursarius » et si je n'allais pas m'y vouer pour le restant de mes jours, mais Rodberga me manquait et nous n'avions pas emmené de femmes avec nous, le vieux maître chasseur s'y étant opposé.

— Fais comme moi, me dit-il au départ avec un sourire salace et en me montrant son poignet tendineux. Les femmes ne sont bonnes qu'à nous emmerder.

Cette existence dura trois ans.

Alors que Rando hibernait seul dans son coin de forêt comme un ours dans sa fosse puante, je tentai, pour distraire mon ennui, de chasser pour mon propre compte et pour mon plaisir, et j'y réussis assez bien. Accompagné des quatre chiens de ma meute, je débusquais des fauves rendus dangereux par la colère et l'indifférence au danger qui les caractérisent au cours de cette période. Je les tuais pour leur fourrure que je faisais apprêter par les femmes et que je vendais à la belle saison aux négociants des villes rhénanes. J'errais dans des forêts hantées par des loups qui nous regardaient passer de loin, moi et mes chiens, avec leurs yeux de braise ; parfois ils nous suivaient et, quand ils n'étaient pas en troupeau, qu'il s'agissait d'un couple ou d'un vieux mâle à l'échine plongeante, je leur donnais la chasse et les tuais de mes mains.

Sur la fin d'un été, Baïnobaude, traduisant la requête de Genno, me demanda de convoyer jusqu'à Cologne une dizaine d'ours que le comte commandant la place avait l'intention de jeter dans l'arène pour célébrer je ne sais plus quelle fête. Ce lot de bêtes de cirque avait été l'objet d'une enchère sérieuse avec un ancien « ursarius » trévire qui était pour le chef Boto un client fidèle.

J'embarquai à bord d'une des grosses péniches qui servaient

d'ordinaire à nos livraisons, en compagnie de trois hommes de Boto dont les mines patibulaires ne me disaient rien qui vaille, ainsi que quatre manœuvriers et deux des hommes de Cologne qui avaient surenchéri sur le Trévire.

J'en étais encore à me demander ce que je faisais à bord de cette vieille embarcation pourrie, à regarder les ours se balancer dans leurs cages, lorsque nous arrivâmes, au soir de cette première journée, dans une sorte de coupe-gorge, à une lieue à peine en aval de Coblence dont nous pouvions apercevoir, sur le lointain brumeux du fleuve, une corne de remparts éclairée d'un beau soleil roux. Je protestai : pourquoi ne pas poursuivre notre chemin alors qu'il restait encore une bonne heure de jour ?

— Toi, me dit un des hommes de Boto, tu fermes ta gueule et tu te tiens tranquille.

Sous la menace d'un poignard, on me fit coucher à la poupe, sous la rembarde. Impuissant, j'assistai au massacre des clients de Cologne qui furent jetés au fleuve, délestés de leur bourse. Profitant des derniers feux du jour, les nautonniers reprirent la route en sens inverse, sans que l'on daignât me fournir la moindre explication, en menaçant même, si je bronchais, de m'enfermer dans la cage occupée par une femelle hargneuse.

A la nuit tombée, les trois hommes de Boto disparurent. Le lendemain, au milieu du jour, nous touchions à l'appontement proche de la demeure de Genno. Le client de Trèves était toujours là. Sans poser de question, il prit livraison de la marchandise, régla recta, et bonjour !

— Tu me dois une explication ! dis-je à Baïnobaude.

— Une explication ! s'écria-t-il. Une explication ! Tu as laissé massacrer nos deux clients de Cologne sans intervenir et tu as le toupet de demander des comptes ?

— J'ai été victime d'une machination dont j'ignore les motifs. Vous n'aviez pas besoin de moi pour convoyer ces animaux et vous avez touché deux fois le prix du chargement !

Baïnobaude esquissa un méchant sourire et détourna les yeux. Sa main se posa sur mon épaule.

— Ne te mets pas en colère ! dit-il. Genno a décidé de passer l'éponge, mais à une condition : tu te souviens de la proposition que nous t'avons faite, il y a trois ans, de nous aider à repérer des actions juteuses de l'autre côté du fleuve ?

— Ma réponse n'a pas changé : c'est non !

— Tu as toute la nuit pour réfléchir, Eudoxe.

Je passai cette nuit sous la garde d'un homme de Genno auquel il n'aurait pas fait bon demander des nouvelles de sa famille, histoire de faire la causette. Le lendemain, après que Rodberga m'eut apporté ma soupe d'orge et mon pain de la journée, Baïnobaude vint me rendre visite.

— Tu as réfléchi ?

— Ça n'a pas été nécessaire. Ma décision est irrévocable. Vous pouvez me tuer si ça vous chante.

C'était un mensonge ; je savais qu'on ne me tuerait pas car j'étais devenu un homme précieux pour cette tribu de malandrins et de criminels, et que Genno ne perdait pas l'espoir de me faire changer d'avis.

— Puisqu'une nuit n'a pas été suffisante, soupira Baïnobaude, nous allons t'accorder généreusement quelques mois de réflexion. Ta « chambre » est prête.

Je frémis d'épouvante lorsqu'il me montra la tanière où j'avais passé le premier hiver et qui, depuis, avait servi à entreposer une réserve de viande fraîche sous forme de sangliers vivants capturés dans la forêt. La gorge sèche, je dus me contraindre à prendre un air indifférent et à articuler :

— Tu remercieras le chef Genno de sa bonté. Je commençais à être fatigué de courir la forêt. Quelques mois d'hibernation me feront le plus grand bien.

Je retrouvai avec dégoût l'odeur du fumier froid, mes compagnons les rats et l'humidité de ma paillasse de joncs. L'absence de Rodberga m'était insupportable. Comme on lui avait interdit de me revoir, c'est une vieille femme sourde et muette qui venait vider mon pot et m'apporter une nourriture de chien.

Trois mois de ce régime suffirent à me faire changer d'avis. On me rendit Rodberga avec ma liberté. La fille de Genno était enceinte de mes œuvres mais toujours aussi ardente au plaisir. Nous passâmes le reste de l'hiver à dormir et à faire l'amour dans la chaleur des fourrures, l'âcre fumée qui noyait notre hutte, donnant à notre peau l'odeur de la viande boucanée.

La première campagne au-delà du Rhin fut décidée pour le début d'avril, alors que le trafic reprenait sur les routes et le fleuve.

On m'affecta, pour me seconder — surtout pour me surveiller —, un colosse du nom de Thrudo. Ce n'était pas un mauvais compagnon, bien qu'il m'inspirât peu confiance. J'étais persuadé qu'au premier écart il n'hésiterait pas à m'envoyer rejoindre mes ancêtres, ce qu'il finit par reconnaître de bonne foi, plus tard, un jour où il était en veine de confidences.

Au début j'exécrais ma mission parce qu'elle m'avait été imposée par la contrainte ; à la longue, elle me plut assez car elle comportait une part de jeu. Le jeu est ma manière de faire pièce aux aléas de l'existence, de prendre ma revanche sur les revers, de m'affirmer comme maître de ma destinée, moi qui ne crois pas en la Providence.

Chevaucher dans la défroque des pèlerins, m'asseoir à des tables d'auberge, parfois à celle des bourgeois et des notables, tirer les vers du nez à mes interlocuteurs ou leur faire avaler des couleuvres, préparer des plans d'action, des embuscades, ce sont des plaisirs ineffables qui me changeaient de la rude chasse à l'ours. Désormais c'est un gibier humain que je traquais ; il demandait autant de technique et de subtilité, sinon davantage.

Nous apprenions tantôt qu'un convoi de céréales était en route pour Trèves, tantôt que la poste militaire allait convoyer un chargement d'or en direction de Cologne ou de Mayence, ou encore qu'on attendait, venant des côtes de la mer Germanique, avec une escorte de Saxons et de Lombards, une caravane d'ambre et de perles. Renseignements pris, nous regagnions le plus rapidement possible notre cantonnement du Rhin pour informer Boto et ses lieutenants qui, avec notre aide, mettaient en place un guet-apens sur le fleuve ou sur la route. Ce qui se passait ensuite ne nous concernait pas.

Au début de l'été, Rodberga mit son premier enfant au monde. J'avoue ne me souvenir ni de son sexe ni de son nom. Elle devait m'en donner deux autres sans éveiller en moi le moindre instinct paternel. Sa maternité lui donnait des allures de reine ; elle avait gagné en sérieux ce qu'elle avait perdu en légèreté et en gaieté, sans pour autant renoncer à satisfaire une insatiable soif d'amour — elle paraissait avoir été mise au monde pour donner du plaisir. J'ai gardé le souvenir de ses longues jambes nerveuses qui se nouaient autour de mes hanches comme pour me faire pénétrer plus profond en elle, d'une chevelure torrentielle qui, sur les marchés de Rome, aurait atteint une fortune et qui dans le plaisir m'apportait ce complément de beauté sans lequel il est imparfait.

Aujourd'hui je pense à Rodberga sans émotion et sans regret car trop de femmes ont traversé ma vie. Seules deux compagnes m'ont profondément marqué : la première, Gloria, et la dernière, Bibula.

9.
LA LÉGION DES SACRIFIÉS

Un soldat s'est présenté devant les herses ; il avait l'apparence d'un chef mais n'était pas armé. Il a demandé à voir le « roi ». Maintenant, il attend. Les officiers seraient d'accord pour le laisser entrer et parlementer car il n'y a rien d'autre à faire si l'on tient à sauver sa peau. Probus a refusé. Il a fallu l'intervention d'Argobast et de Sunno pour qu'il se décide à accepter cette entrevue.

On lève une des herses, juste à la hauteur nécessaire pour qu'il puisse se glisser dessous, et elle retombe aussitôt. C'est un Alaman, bel homme au visage net comme un galet entre ses nattes tressées et teintes en rouge, des moustaches qui semblent laquées de sang frais. Sans une ombre d'inquiétude sur le visage, il se tient debout au milieu de la foule qui s'est resserrée autour de lui. Il parle un bon latin pour avoir servi quelque temps dans une légion. Cet aveu fait froncer les sourcils de Probus ; je l'entends murmurer :

— Tu es un déserteur, c'est bien ça ?

— Non, seigneur, ma légion a été dissoute et j'ai été licencié. Je me suis battu avec Syagrius. Regarde.

Il découvre le muscle de son bras droit jusqu'à l'épaule. On y lit le nom de la légion : « Ursus », un chiffre, au milieu de quelques dessins de femmes aux gros tétons.

— A ma connaissance, dit Probus, il n'y a pas eu de légion dissoute en Gaule depuis fort longtemps. J'aimerais voir ton certificat de licenciement.

Le préfet Publius s'avance, irrité du tour que prend la conversation.

— Tout cela est sans importance, seigneur, dit-il. Qu'il nous dise plutôt ce qu'il propose.

— Je vous propose de négocier, dit l'Alaman. Nous avons déjà subi des pertes importantes et nous ne faisons pas la guerre pour le plaisir. Quant à vous...

Il parcourt la foule d'un regard méprisant et ajoute :

— Vous ne pourrez tenir plus d'une journée. Si vous refusez de traiter, vous serez exterminés.

— Précise-nous tes conditions, dit Probus, avec l'air de qui écoute poliment avec l'intention ferme de refuser.

— Nous avons occupé toute la ville, poursuit l'Alaman. Il ne reste à conquérir que la Porte Noire et il nous la faut. Il ne vous sera fait aucun mal. Vous nous remettrez toutes les armes en votre possession ainsi que votre trésor de guerre. Ensuite vous serez libres.

— Voilà qui semble honnête, dit Publius.

— Mensonges ! s'exclame Probus. Vous, les « Teutshes », je vous connais bien et je sais ce que vaut votre parole.

— Tu te trompes, seigneur. Nous avons comme vous le respect de la parole donnée. Je vois autour de toi des femmes et des enfants. Si tu refuses...

— Ces civils sont sous la protection de Rome. Moi vivant, aucun Barbare n'entrera armé dans la Porte Noire. Va dire à tes chefs qu'ils aillent se faire foutre !

— Soit ! dit l'Alaman en reculant de deux pas, mais cette forteresse sera nôtre plus tôt que tu l'imagines.

Autour de Probus les officiers murmurent, s'agitent, pressent l'empereur de revenir sur sa décision, tentent de retenir le Barbare qui s'éloigne vers la herse, le supplient de parlementer encore : si les défenseurs pouvaient sortir en armes, avec les honneurs de la guerre...

— Bande de minus ! s'écrie Probus. Comment osez-vous ajouter foi à ces promesses ? Vous allez apprendre ma manière à moi de parlementer avec les Barbares ! Gardes, saisissez-vous de cet homme et qu'on le pende !

— Tu es fou ! dis-je. Les lois de la guerre...

Il m'écrase d'un regard méprisant, me repousse d'une main brutale, jette des ordres : qu'on trouve une corde, vite, et qu'on en finisse avec ce déserteur ! Les gardes hésitent, tendent l'oreille aux officiers qui protestent, puis à Probus, s'interrogent du regard les uns les autres.

— Exécution ! crie Probus. Magnez-vous, tas de vérolés, ou je vous botte le train !

Il écarte violemment Publius, Statius et les autres officiers qui tentent de s'interposer, saisit la corde qu'on lui tend, réalise lui-même avec dextérité un nœud coulant qu'il passe au cou du Barbare dont le visage vient de virer au vert, mais qui ne bronche pas.

— Regarde le beau collier de chanvre ! ironise Probus. C'est un cadeau de Rome. Conduisez cette chiffe molle à la première galerie et jetez-la dans le vide, doucement, pour qu'on la voie gigoter !

Tandis que l'on entraîne le prisonnier vers l'étage, le préfet Publius, dressé sur les premières marches de l'escalier, fait face à la foule, les bras écartés au-dessus de sa tête pour réclamer le silence.

— Mon devoir est de vous prévenir en ma qualité de second, s'écrie-t-il d'une voix calme et profonde, que notre chef a perdu la raison. Alors qu'on nous proposait de parlementer, il nous livre à la fureur des Barbares. Si cet homme est exécuté nous n'aurons plus aucune indulgence à attendre de nos ennemis. En bafouant les lois de la guerre et de l'honneur, Probus s'est montré indigne de la loi des légions. Je propose qu'on le mette à mort sans jugement. Soldats, c'est moi votre chef, désormais. Saisissez-vous de ce dément et empêchez-le de nuire !

Il écarte la foule qui s'est resserrée derrière lui, interpelle les gardes pour qu'ils sursoient à l'exécution. Trop tard ! Le cri déchirant des femmes me fait dresser la tête. Précipité de la première galerie, le négociateur gesticule au bout de la corde, agité de violents soubresauts, se cambre en raclant la muraille des pieds puis se détend.

— Nous voilà dans de beaux draps par la faute de cet énergumène ! s'exclame Statius.

— Ecartez-vous ! crie Probus. Le premier qui approche, je lui fends le crâne !

Armé de son glaive, guettant de l'œil le moindre geste hostile, il tourne sur lui-même. J'observe que sa blessure s'est rouverte car une traînée de sang macule ses cuisses.

— S'il existe encore un véritable soldat de Rome dans cette putain de forteresse, qu'il se joigne à moi ! Toi, Varus ! Toi, Marcellus ! Toi, Villoneo ! Nous nous sommes battus ensemble, les gars, nous avons chié du sang pour l'Empire et nous avons mis plus d'une fois la paille au cul aux sauvages. Vous n'allez pas baisser vos braies pour vous laisser enculer par ces singes ? Allons, approchez ! Ils veulent la Porte Noire ? Ils l'auront ! Mais nous allons faire une sortie et leur montrer comment savent se battre et mourir les vétérans des légions !

— Tu parles dans le désert, dit Marcellus. Rends ton glaive et ferme ta grande gueule. Ta connerie va nous coûter la vie à tous. Apprête-toi à mourir, empereur de mes fesses !

Il arrache un javelot à un soldat, se campe devant Probus qui se met en garde, les mains crispées sur la poignée de son glaive. Je me précipite pour tenter de m'interposer.

— Attendez ! Vous allez commettre un acte d'une extrême gravité. Probus vient de vous faire une proposition : organiser une sortie avec tous les hommes en état de porter les armes. Nous sommes moins nombreux que les Barbares mais nous savons mieux nous battre. C'est peut-être la seule chance qui nous reste et nous ne devons pas la gâcher.

— Merci, Vieille Peau, murmure Probus, mais tu perds ton temps. Tu ne vois pas que ces chiffes molles font dans leurs braies ?

— Toi, me dit Marcellus en m'écartant de la pointe de sa lance, mêle-toi de ce qui te regarde sinon tu subiras le même sort que ton protégé.

Qui a frappé le premier coup ? Je l'ignore. Probus se cambre, un javelot dans les reins, fait quelques pas en direction de Marcellus, lève son glaive à deux mains et s'abat lourdement, la face contre les dalles. Je m'avance pour le secourir mais on me tient en respect, le tranchant d'un glaive sur la gorge. Je supplie d'arrêter ce meurtre mais personne ne semble m'entendre. Probus a disparu : ils sont une dizaine autour de lui, armés de lances et de javelots qui se lèvent et s'abaissent avec une cadence de fléaux sur l'aire. A travers les jambes des assaillants je vois soudain se former un filet de sang qui grossit, devient une flaque, s'écoule lentement vers moi. Je tente un dernier effort, désespérément, mais un choc brutal à la tête me cloue au sol.

C'est Bibula qui m'a ranimé.

— Je suis parvenue à t'éviter le pire, dit-elle. Ces sauvages étaient sur le point de retourner leur fureur contre toi. Comment te sens-tu ?

Mes jambes se dérobent sous moi. A chaque geste que je fais, ma tête semble sur le point de se disloquer. Ma vue est floue et les yeux me sortent du crâne.

— Probus ! dis-je. Où est-il ?

— Ils ont pendu son cadavre de l'autre côté de la galerie, en face du négociateur. Regarde !

Le corps de Probus, nu, pendu par les pieds, bras écartés, barbouillé de sang, se balance doucement comme s'il cherchait un endroit où se laisser tomber. Le sang s'écoule encore de sa tête. Sous le sexe ridicule, le ventre crevé de toute part fait comme une poche. L'empereur Probus, deuxième du nom, le dernier soldat de Rome, suspendu comme un goret qu'on vient de saigner...

— Et maintenant, dis-je, la gorge serrée, que va-t-on faire ?

— Je n'en sais rien. Personne n'en sait rien. Les officiers ne sont plus d'accord entre eux et se disputent. Certains veulent effectuer une sortie mais la plupart refusent de quitter la Porte Noire car nous sommes cernés de toute part. Si tu peux marcher, suis-moi.

Je hasarde quelques pas sans trop de difficulté. Les forces me reviennent insensiblement. Bibula m'aide à monter jusqu'à la plate-forme, mais nous devons nous arrêter fréquemment pour retrouver notre souffle. En passant près de la loge de Ioulianos, j'entends des gémissements : Myia demande à sortir. Sigen, toujours prisonnière, hurle en se débattant dans ses liens.

Une belle journée d'automne se prépare. La pluie a cessé et le paysage baigne dans un paisible lac de brume. On aperçoit la Moselle par des échancrures que le vent du matin pratique dans la masse laineuse. Un bleu de pastel colore le ciel du côté de l'orient, par-dessus les « horea » militaires. De l'amphithéâtre, de la basilique, des thermes de César, du forum, on ne distingue que des traces de cendres.

La cloche de la chapelle sonne interminablement.

— Ce sont les Barbares, dit Bibula. Ils s'amusent comme des enfants.

Leur masse compacte encercle maintenant la citadelle, côté ville et côté campagne : à l'estime, plus de deux mille hommes qui, les combats terminés, se tiennent en bon ordre sous leurs enseignes, derrière les chefs aux casques ornés de bronze doré. Par intermittence, un grondement lourd et scandé monte de leurs rangs.

— Ils réclament leur négociateur, dit Bibula. Personne n'a osé leur annoncer sa mort. Dans un moment, quand ils ne le verront pas revenir, ils seront fous de rage. Je connais bien ce chant : c'est celui de mon peuple. Il signifie que nous allons tous mourir.

En passant près de la cage de Basile, j'ouvre le couvercle. L'ermite en jaillit, se met à galoper le long de la corniche où, jambes pendantes dans le vide, se sont installées des familles de réfugiés, comme au spectacle de l'arène. Il pousse des clameurs inarticulées, lève les bras au ciel, mains croisées. Comment cette vermine peut-elle imaginer Dieu ? Sous quelle forme, de quelle dimension, doté de quelle voix ? Et si le Dieu des chrétiens était semblable à lui : un vieillard fou perdu dans la grande folie du monde qu'il a créé, impuissant à maîtriser sa créature, à juguler les forces mauvaises qui le déchirent ? L'idée me fait sourire mais c'était peut-être celle qui incitait l'évêque Marus à vénérer cette momie infecte.

Au fond de la cour centrale, la résistance s'organise, de part et d'autre des deux cadavres qui semblent se narguer. J'entends la voix de Publius.

— Gardez votre calme ! Nous avons décidé de tenter une sortie. Que tous les civils en état de se battre se joignent à nous. Nous allons leur distribuer des armes.

Comment, dans cette masse humaine pressée comme harengs en baril, le préfet, devenu commandant de la place, va-t-il pouvoir organiser un corps de troupe cohérent ? La réponse me vient, immédiate :

— Que les femmes et les enfants se regroupent dans les galeries. Dépêchez-vous ! Le temps presse.

— Toi, me dit Bibula, ne fais pas le fanfaron. Ceux qui vont sortir sont sacrifiés. Pas un ne reviendra. Tu seras plus utile ici. Nous nous tirerons de ce mauvais pas avec un peu de chance.

— Que veux-tu dire ?

— Ne me pose pas de question. Fais-moi confiance.

En quelques instants, la cour s'est vidée des éléments de la population qui l'encombraient. On apporte des équipements et des armes. Quelques vieillards se sont portés volontaires pour cette légion des sacrifiés, ainsi que des adolescents, et moi, avec ma bosse à la tête, je reste là à les regarder et à me morfondre dans mes scrupules et ma lâcheté. Médéric fait partie de ceux qui resteront dans la forteresse dont il continue à assumer la responsabilité. Il réunit les arcs, les flèches, les javelots, les boucliers qu'il a pu trouver sur les cadavres et fait rassembler sur la première galerie, dont on a abattu les loges pour libérer l'espace, les hommes et les femmes valides de notre communauté. Les armes distribuées, il se lance dans une harangue bien frappée, dans le style de Probus :

— Vous en avez du pot, bande de péquenots ! Est-ce que vous vous rendez compte que, dans un moment, vous serez les derniers défenseurs de l'Empire romain ? Est-ce que vous comprenez ça, foutus macaques vérolés, blattes à deux pattes ! C'est pas simplement ce tas de pierres que vous avez à défendre, mais une civilisation. Considérez-vous comme les héritiers des vétérans de la « Martiale » qui ont enculé les « barbatus » à chaque rencontre. Alors, les gars, pas de défaillance ! Je veux un combat à mort. Compris ?

Je me retrouve au premier rang de ce bataillon de minables, entre le comte Argobast et Sunno le paysan, avec ma tête lourde et mes jambes molles, un javelot dans une main, un arc en bandoulière, un carquois avec une vingtaine de flèches au côté. Bibula est juste derrière moi, entre Mincius et Nymphius, ces « gloires de la culture romaine », comme disait Marus. Derrière, ce n'est pas plus brillant. Un seul Barbare surgissant dans la Porte Noire suffirait à semer la panique dans cette poignée de défenseurs foireux. Bibula m'a rassuré sur le sort de Minuo : il est « en lieu sûr », en compagnie des réfugiés, de Basile et de son cochon, sur la plate-forme supérieure.

Toujours aussi mystérieuse, Bibula m'a dit tout à l'heure :

— Surtout, quoi qu'il arrive, ne t'éloigne pas de moi. Si les Barbares envahissent la place, nous ne devons pas nous séparer. Il y va de notre vie et de celle de Minuo.

Sans en demander plus, j'accepte l'augure. Bibula semble confiante et cela me chauffe le cœur sans parvenir à me faire évacuer la peur qui me tord le ventre. Cette impression déprimante, je ne l'ai connue dans son intensité qu'une fois dans ma vie, il y a un quart de siècle : lorsque les escadrons d'Aetius attaquèrent en pleine nuit la redoute des chariots hunniques.

Les Barbares sont dans tous leurs états. Ils ont compris qu'ils ne reverront plus leur négociateur vivant et ils se préparent à sonner l'assaut. De quelle manière ? Ils n'ont pas de matériel de siège : onagre, balise, bélier, et les échelles dont ils ont tenté de se servir pour escalader les remparts ne constituent qu'un moyen inefficace contre la Porte Noire. Tout ce qu'ils peuvent espérer, c'est nous affamer, ce qui demanderait plusieurs jours, mais ils sont sur le chemin de l'invasion. Des chants de mort roulent sur la multitude ; des tambours de guerre ronflent sur leurs arrières, mêlés aux hululements poignants des femmes. Par intermittence, les guerriers frappent leurs armes contre leurs boucliers, et cela rend un son métallique, comme des myriades et des myriades d'insectes qui frotteraient leurs élytres l'un contre l'autre.

Les herses donnant sur la route de Cologne viennent de se lever. En bon ordre, les soldats réguliers devant, sous la conduite du préfet monté sur un cheval, la cohorte des sacrifiés s'évacue lentement : une centaine d'hommes, tout au plus, mais qui paraissent décidés à ne pas laisser passer une telle occasion de montrer que Rome est toujours Rome.

Dans le camp des Barbares, soudain, c'est le silence.

Le civisme, la moralité, le sentiment : autant de conceptions mouvantes selon les époques. Ce qui, dans la jeunesse, paraît un acte naturel, même s'il engage à corps défendant quelqu'un d'autre que soi, même s'il doit causer des préjudices à des tiers, semble plus tard répréhensible. A l'égoïsme sauvage des premiers temps succède un altruisme serein, comme si l'homme, au seuil de la vieillesse, harcelé par l'angoisse d'un jugement divin, s'efforçait de se mettre en accord avec les puissances éternelles. C'est le contraire qui devrait se produire. J'ai toujours rêvé d'une vieillesse tendue, à l'approche de la fin, non vers la sagesse mais vers la folie. L'expérience devrait produire, au lieu de ces cosses sèches que les vieillards mâchent entre leurs gencives pour en tirer un fade suc de souvenir, des fruits juteux, afin qu'au seuil de la mort la vie prenne un nouvel essor et donne vraiment un désir d'éternité. Je fuis le renoncement, signe d'une vie ratée, qui ne laisse qu'amertume et regrets. Renoncer, c'est ouvrir la porte à la mort. La mort ne m'effraie pas ; je l'ai trop souvent côtoyée pour ignorer que, lorsque l'heure est venue pour elle de pousser la porte, elle n'attend pas d'y être invitée. Je ne la sollicite pas non plus car elle est ce qui est : l'image parfaite de la fatalité, de l'inéluctable. Il est aussi ridicule de prétendre la repousser que de l'appeler, sauf si la vie est devenue un fardeau insupportable.

Avant le dernier combat de la Porte Noire, j'ai voulu revoir Sinisser.

J'ai pris Minuo par la main et je l'ai conduit jusqu'au charnier situé derrière le mur de selles et de harnais.

Le vieux maître est installé face à face avec Ioulianos, comme si, au-delà de la vie, ils entretenaient un dialogue muet, pareils à ces deux personnages du *Dialogue des morts* de Lucien de Samosate prolongeant dans l'au-delà leurs passions et leurs ridicules. Le visage de Sinisser a gardé sa sérénité mais il s'y ajoute je ne sais quelle lumière qui donne à sa chair la transparence du marbre, comme si quelque lampe brûlait en lui ; à travers ses paupières mi-closes, le regard vitreux contemple avec une apparence d'ironie bienveillante le visage de Ioulianos qui, lui, s'est fermé, aussi impénétrable qu'un galet de rivière.

Minuo n'a pas pleuré. Il a caressé du bout des doigts le visage du mort, comme s'il voulait emporter le souvenir tactile de ses traits. Il s'est incliné pour embrasser les lèvres blanches, rentrées dans les mâchoires sous un délicat éventail de rides.

J'aime que Sinisser n'ait pas renoncé à sa passion, que chaque jour ait été pour lui comme un fruit gorgé de sucs riches et vivifiants. J'aime que nous ayons partagé ce pain de vie. J'aime qu'il ait vaincu le temps.

Le civisme, la moralité, le sentiment étaient, au temps des Bagaudes, les moindres de mes soucis.

Voler, piller, dans ce monde où le vol et le pillage, au sein du froid appareil de l'administration romaine, étaient devenus une institution, ne me causait aucun remords, mais, de toute mon existence, je n'ai tué ni détruit pour le plaisir ou par une nécessité de ma nature, mais poussé par les événements. Il m'est arrivé rarement de haïr d'autres hommes ou de juger leur comportement à mon aune, la tolérance étant une de mes vertus fondamentales.

Sous la houlette du chef Boto, de Genno et de Baïnobaude, je retrouvais l'âpre bonheur de vivre du temps des Bagaudes. J'avais, il est vrai, la partie belle et ma conscience ne pouvait me reprocher que de susciter des occasions de pillage ; de plus, je n'agissais que sous la contrainte ; au moindre écart de conduite, Thrudo me rappellerait mes engagements.

Au cours de cette longue période, j'aurais pu retrouver ma liberté en tuant, par exemple, mon compagnon, mais j'avais pour lui une de ces grosses amitiés qui répugnent à la trahison. Il l'avait bien compris, d'ailleurs ; parfois, par jeu, pour m'éprouver, il me laissait la bride lâche, sûr d'avance que je ne chercherais pas à en profiter pour lui échapper.

Ma liberté, d'ailleurs, qu'en aurais-je fait ? J'aurais pu rejoindre Syagrius, le « Roi des Romains » comme l'appelaient les Barbares, m'installer, en dissimulant mon identité et mes antécédents, au cœur de ce royaume dérisoire constitué autour de Soissons, coupé à jamais des grandes villes de l'Empire. Respirer avec cet obstiné le dernier souffle de la « res publica » ne me tentait guère. Ancien général de l'Empire d'Orient, Syagrius avait été à bonne école avec son père, Aegidius. Ce dernier, maître de la Milice et ennemi juré des Barbares qu'il connaissait bien — les Francs et les Wisigoths notamment —, avait le premier établi les bases de cet îlot de résistance entre Saône et Loire avant de revenir à Rome prendre part aux intrigues qui se nouaient autour du comte Ricimer.

Je jouissais avec une telle intensité de cette existence de nomade qui satisfaisait pleinement mes goûts, que les séjours, entre deux campagnes, dans le village du fleuve, en compagnie de Rodberga, ne m'enchantaient guère.

Ma compagne avait pris de la corpulence sans que s'estompe la lumineuse beauté de ses traits. La fidélité était le moindre de mes scrupules. Au cours de mes pérégrinations avec Thrudo, j'avais connu tant de femmes séduisantes et ardentes, épouses ou filles de notables, servantes d'auberges, putains en tous genres, que l'amour que je partageais avec la fille de Genno me paraissait fade.

A la fin de l'automne, lorsque nous revenions, mission accomplie, vers notre cantonnement, j'appréhendais l'interminable hiver qui allait suivre. Pour moi, rien n'est pire que l'ennui, et je m'apprêtais à y macérer durant des mois, sans un livre où me plonger, sans un compagnon avec qui m'entretenir au coin de l'âtre du sens de la vie et de la mort. La chasse était mon seul divertissement, mais je ne m'y livrais que pour échapper aux affres de la vie familiale, dans la hutte où nous étions confinés. Le vieux Rando était mort au cours d'une campagne d'hiver très rude ; il s'était égaré, avait tourné en rond, et on l'avait retrouvé au printemps dévoré par les loups — une fin que, peut-être, il avait souhaitée.

Le chef Boto s'était constitué une sorte de principauté. Il y entassait des richesses, grâce aux indications que je lui fournissais et qui lui permettaient de mener des actions efficaces aux moindres risques.

Lui et moi étions liés par un pacte tacite où l'amitié n'avait aucune part, mais l'intérêt, beaucoup. Il payait mal mes services, mais ce qu'il me donnait me suffisait car je n'avais guère de besoins ; je parvins d'ailleurs à me constituer, sous forme de bijoux, de monnaies ou d'objets d'art, autant de richesses à cette époque où le métal jaune était rarissime, une solide réserve. Genno, à contre-cœur, sur les instances de Baïnobaude, avait consenti à me restituer mes biens, et notamment le collier d'or scythe.

Cette existence aurait pu durer jusqu'à la fin de mes jours si, trop confiant dans sa puissance et malgré mes avertissements réitérés, Boto n'avait abusé d'une situation qui aurait dû l'inciter à la modération et à la prudence.

Mis en alerte par les coups de mains répétés contre les convois routiers et fluviaux, les fonctionnaires et les marchands des grandes villes rhénanes avaient mis sur pied une milice qui, sans égaler celles qui opéraient au temps des empereurs du Nord, avait fait échouer plusieurs attaques préparées sans discernement. On m'accusa de négligence, mais je me défendis avec tant d'ardeur et de conviction qu'on chercha d'autres boucs émissaires.

A diverses reprises, j'eus des entretiens avec celui qu'on appelait le « maître du fleuve ». Aveuglé par son orgueil, Boto refusait de restreindre son activité, de s'effacer pour un temps, de laisser se tarir la source de sa puissance.

L'hiver, cette année-là, fut rude et précoce.

Dès le début de novembre, la neige enfouit la forêt dans une épaisseur de laine blanche et grise. Rodberga enceinte de notre quatrième enfant, j'avais en permanence sous les yeux le spectacle de cette grosse femme au visage bouffi, aux cheveux rêches, qui traînait dans son sillage une odeur de graisse rance et de lait aigre. Je la négligeais et elle m'en tenait rigueur.

Je me reprochais amèrement de n'avoir pas, une fois de plus, cédé à l'insistance amicale de Thrudo : il m'avait proposé de venir passer l'hiver en sa compagnie, dans son « palais » de Mayence, où il entretenait une gynécée bien garni en concubines grasses et ardentes, comme il les aimait.

Un jour de soleil froid et dur comme une banquise, alors que la neige recouvrait encore le pays, j'eus la surprise de voir surgir mon ami Thrudo.

— J'ai de mauvaises nouvelles, dit-il. Vous n'allez pas tarder à avoir sur le dos la milice de Mayence. Les notables veulent en finir cet hiver avec Boto. Ils vont recevoir des renforts. Préviens le « maître du fleuve » pour qu'il gagne au plus vite l'arrière-pays. Quant à toi, fous le camp sans plus tarder.

— Et toi ?

— J'ai choisi d'aller m'installer dans l'île de Bretagne, sur les conseils d'un Saxon de mes amis. Nous passerons la mer au printemps dans une de leurs foutues barques de cuir. En attendant, je vais me terrer chez les Bataves. Avec tout le brouillard qui stagne sur ce pays de merde, bien malin qui viendra me dénicher.

Le lendemain, je sellai mon cheval et, en compagnie de Baïnobaude, j'allai trouver le « maître du fleuve », qui hibernait dans une grande hutte gardée militairement, débordante de trésors.

Pour nous réchauffer, Boto nous fit boire du vin brûlant, nous servit des friandises écœurantes et des gâteaux au miel. Le récit que je lui fis de la visite de Thrudo n'eut pas l'air de l'émouvoir. Il l'écouta distraitement, la bouche pleine d'une pâte aux amandes qui laissait couler une salive verte dans sa barbe.

— Nous n'avons rien à craindre avant les beaux jours, dit-il. Il y a trop de risques, même pour des gens qui connaissent la forêt, à s'aventurer sur notre territoire. J'ai installé des postes de surveillance. A la moindre alerte, nous serons sur pied de guerre dans l'heure qui suivra.

La neige s'étant remise à tomber, Boto insista pour nous garder le temps nécessaire à repartir sans encombre ; il nous fit cette proposition, moins par générosité que parce qu'il s'ennuyait entre ses concubines et ses officiers. Nous passâmes là, Baïnobaude et moi, quelques jours inoubliables, nous gavant de nourritures riches et de bons vins, partageant notre couche avec les filles, évoquant avec le « maître du fleuve » les campagnes de printemps.

Boto avait raison au moins sur un point : les milices n'entrèrent en action qu'aux calendes de février, alors que la forêt prenait sa robe de printemps et que les ours commençaient à sortir de leur hibernation.

Discrètement, Thrudo était venu me faire ses adieux avant son départ pour la Bretagne et m'inciter de nouveau à le suivre, sans succès. A quelques jours de là, j'eus l'occasion de me repentir de mon refus.

Je dormais paisiblement lorsque, au cœur de la nuit, j'entendis des cris sourds derrière la porte. Baïnobaude tenait sa main contre son épaule blessée par la pointe d'une flèche qu'il venait d'arracher maladroitement.

— Ils sont là, dit-il. J'ai essayé de les égarer en faisant un crochet par la forêt, mais ils sont accompagnés d'une meute. Tu les entends ?

Je tendis l'oreille. Les seuls aboiements qui traversaient la nuit étaient ceux de nos chiens.

— Fous le camp tout de suite, me dit-il. S'ils te prennent, tu seras égorgé sur place comme mes compagnons. Moi, j'ai eu beaucoup de chance.

— Partir ! Partir ! Pour aller où, et comment ? Et Rodberga qui est enceinte ? Et nos enfants ?

— C'est toi qu'ils cherchent ! Ils ne leur feront aucun mal à eux. Passe le fleuve immédiatement !

— Les barques sont au sec. Le temps de les tirer jusqu'à la berge et la milice sera là.

— Alors pars à la nage. Tu n'as pas le choix.

— Je ne partirai pas sans toi.

— Avec cette blessure, je serais bien incapable de nager.

— Je t'aiderai.

Après un rapide adieu à Rodberga nous plongeâmes dans les eaux glacées du fleuve. A peine engagés dans le nœud du courant, nous perçûmes sur la berge que nous venions de quitter une rumeur de cris, d'aboiements et des mouvements confus.

— Je n'en puis plus, me dit mon compagnon. Poursuis sans moi.

Il perdit connaissance et je dus, au prix d'efforts surhumains, l'entraîner avec moi jusqu'à la rive gauche. Une fois au sec j'essayai vainement de le ranimer : son cœur avait cessé de battre ; je le rejetai au fleuve qui l'emporta.

Par quel prodige ai-je pu échapper à cette nuit de cauchemar ? Quel dieu inconnu m'a évité de succomber comme Baïnobaude au froid et à la fatigue ? Jamais je n'ai accueilli le soleil avec autant de joie. Il me fallut une matinée pour faire sécher mes vêtements sur un tapis de sable. De l'amoncellement de rochers derrière lesquels j'avais trouvé refuge, enfoui sous un amas de détritus végétaux, j'assistai à l'incendie du village de Genno ; les cris qui me parvenaient m'oppressaient de douleur et de remords. J'avais beau me répéter que Rodberga et nos enfants n'auraient pas survécu de toute manière à cette attaque, que le sacrifice que j'aurais consenti en restant parmi eux aurait été inutile, j'étais mortifié. Une fois de plus le destin, en me rejetant hors de la tiède banalité de la vie conjugale, en me séparant des miens à jamais, avait fait éclater mon présent.

Durant cette interminable matinée passée dans ma bauge, je me sentais accablé par l'âge, incapable de me lancer dans de nouvelles aventures, condamné à ne demander à la vie que d'être quotidienne. Je n'avais pas d'autre bien que mes hardes. Dans ma précipitation, je n'avais même pas songé à prendre ma trousse de médecin, dont je ne me suis jamais séparé, et à y glisser un peu d'or. J'étais le plus miséreux des miséreux.

Le cadavre de mon compagnon s'était échoué dans une anse du fleuve, au milieu d'une pellicule de déchets grisâtres, et la tache rouge de sa tunique, là, à quelques pas de mon refuge, attirait inexorablement mon regard.

Sur la fin de la matinée, une patrouille longea la rive gauche et passa si près de ma cachette que je pouvais entendre les conversations. Je n'eus que le temps de rassembler mes vêtements qui achevaient de sécher et de me replonger dans mon nid de détritus.

L'alerte passée, je décidai de reprendre la route. Non seulement je ne possédais rien, mais je ne savais où aller. Sans bien, sans patrie, sans famille, sans amis... En d'autres circonstances, peut-être aurais-je apprécié en philosophe cette situation, tiré partie de sa vacuité, de ma liberté totale, pour supputer de nouveaux choix. Mais qu'avais-je à choisir ?

Comme lors de mon départ de la horde, quelques années auparavant, je devais éviter à tout prix les contacts humains, mais alors, comment subsister ? Passé la houle des hautes collines tapissées de vignobles qui bordent le fleuve, je me dirigeai à travers la forêt vers l'occident, en évitant de marcher trop vite, de manière à ne pas ajouter la fatigue à la faim. Durant quatre jours, je ne trouvai, en guise de subsistance, que des escargots que je ramassais sous les pierres. Les « racines » dont se sustentent, dit-on, les ermites du désert me firent vomir. Le jour où je parvins, sous la menace, à obtenir du pain et de la viande séchée dans la hutte d'un colon fut jour de fête.

Après ces errances faméliques, je parvins sur le bord de la Moselle, au cœur d'un pays tourmenté. A bout de forces, je fis halte dans une bourgade de pêcheurs et de passeurs, sous un ancien « castrum » romain haut perché qui se confondait avec la pierre brunâtre : le château de l'Ours [1]. Le pays était sinistre, mais d'une sauvage beauté. Quelques vignes d'un vert tendre tapissaient les collines abruptes, comme des pièces de drap.

Dans l'espoir de passer pour un malheureux plus que pour un mendiant, je m'allongeai, face contre terre, entre deux maisons de pêcheurs. C'était l'heure du repas de midi et il venait des cabanes de bouleversantes odeurs de viandes rissolées. Je salivais dans cette position incommode, lorsque des voix d'enfants résonnèrent à mes oreilles. A travers mes paupières mi-closes, j'aperçus leurs pieds sales dansant autour de moi, me poussant pour essayer de me faire retourner et susciter une réaction de ma part, mais je persistai à faire le mort. Vinrent ensuite des pieds de femmes, larges et plats, aux ongles bordés de noir, puis deux pieds d'homme qui, si près de mon visage, me parurent énormes et menaçants. Une poigne rude me retourna. Sur le rideau rouge de ma fatigue des ombres gigantesques bougeaient entre le soleil et moi, et des voix répétaient : « Il est mort ! » « Non, il vit encore. » « Il respire. » « Ses yeux ont bougé. » Enfin vinrent les paroles que j'attendais :

— Aidez-moi ! On va le transporter jusqu'à la maison.

Les pêcheurs m'hébergèrent durant huit jours, le temps de me refaire une santé.

Je racontai que j'avais été assailli par des vagabonds alors que j'allais porter mes soins à un malade, à Trèves. On me témoigna du respect en apprenant que j'étais médecin et on me pria humblement de guérir la femme du chef, qui souffrait de maux d'estomac, ce que je fis aisément à l'aide de simples. On se pressait à ma porte, les uns montrant leurs furoncles, d'autres leur gorge irritée. Lorsque je décidai de partir, les gens qui m'hébergeaient me donnèrent un sac de victuailles, une gourde de leur meilleur vin et, comble d'ironie, me remercièrent d'avoir daigné partager durant quelques jours leur misérable existence. Grâce à eux, j'avais repris goût à la vie ; je leur

---

1. Bernkastel.

devais tant que je leur donnai la seule richesse dont je disposais : mon émotion et mes larmes.

Je pris la direction de Trèves en longeant la Moselle.

Mon bref séjour dans cette région avec la horde d'Attila m'avait donné envie de revenir un jour dans cette capitale du nord, toute scintillante encore, malgré les incendies et les destructions, de la gloire impériale. La Porte Noire notamment me fascinait : c'était la dernière forteresse importante érigée par les Romains sur les confins de la barbarie ; elle était si majestueuse et si puissante malgré sa couleur sinistre que les Barbares les plus acharnés n'oseraient et ne pourraient la détruire ; elle semblait proclamer que Romer, foulée aux pieds, vaincue, recouverte du limon barbare, ne pouvait mourir tout à fait et qu'à travers les siècles, grâce à de tels monuments, elle témoignerait de son éternité.

Et puis, j'avais depuis si longtemps baigné dans la barbarie, mangé le pain noir de l'aventure et de la guerre avec des gens dont le mode de vie et les préoccupations m'étaient étrangers, pour ne pas souhaiter, au terme de mon odyssée, écouter un latin correct, bien frappé, parler de Virgile et d'Horace, manger une nourriture d'homme, baiser des femmes qui ne hennissent pas dans l'amour.

Retrouver, en un mot, un monde à ma convenance.

Mon voisin de latrines était un homme corpulent, rouge de visage, du genre, je le devinai d'emblée, constipé opiniâtre. Il était assis près de moi et nous étions seuls au milieu de cette ville qui paraissait abandonnée. De grosses mouches bleues pétillaient dans le soleil avec des éclats de scarabées ; la chaleur exaltait des odeurs acides d'urines et de vieilles merdes.

A la dérobée, en silence, j'observais mon voisin. C'était un militaire, à n'en pas douter, à en juger par ses croquenots ferrés et ses tatouages. Sûrement pas un personnage important, sinon il n'aurait pas choisi les latrines publiques pour déféquer. Peut-être un de ces vétérans fatigués par des années et des années de campagnes et qu'on relègue dans une garnison perdue aux frontières de l'Empire. Il portait au front le signe de Mithra.

Lorsque je suis entré, il a jeté un regard méprisant à ma saie poussiéreuse, effrangée dans le bas, à ma barbe grise, à mes sandales éculées, à mon bagage de pauvre, mais il avait trop de soucis en tête, et des plus urgents, pour attacher davantage d'importance à ma modeste personne. Je ressentais physiquement les efforts qu'il faisait pour se libérer, et je lui dis :

— Le remède souverain, c'est une infusion d'écorce de grenade. A défaut, tu fais infuser des aiguilles de pin dans du vinaigre.

— Merci du renseignement, dit-il. Putain de boyaux !

Il m'apprit qu'il venait fréquemment se soulager dans ces latrines désaffectées parce qu'il y était plus tranquille qu'au prétoire. J'appris aussi qu'il commandait la place de Trèves avec le titre de tribun et qu'il se nommait Probus.

Ils sont restés un moment à s'observer, comme surpris de se trouver les uns en face des autres, attendant, semblait-il, un signe des dieux pour s'affronter. Publius n'a pas oublié les leçons de César et Auguste : dispositif en carré. Cette tactique réussissait jadis avec des légionnaires aguerris et disciplinés, marchant sous les aigles et qui savaient pousser le barrit à vous glacer le ventre. Mais là, avec ces amateurs et ces éclopés, qui peut dire comment l'engagement va tourner ?

Ils sont encore à se regarder dans le blanc des yeux lorsque des cris jaillissent de la face opposée de la Porte Noire, côté ville. Je cours à l'extrémité de la plate-forme qui domine la cité et reste pétrifié. Abrités par leurs boucliers, les Barbares sont en train d'entasser fagots, futailles et meubles prélevés sur les barricades contre les deux portes, dans l'intention évidente d'y mettre le feu. Le tas, de part et d'autre, est déjà impressionnant. Du haut des ouvertures ouvrant sur l'extérieur, les nôtres les arrosent de flèches et de javelines. Les portes incendiées, la Porte Noire ne constituera plus qu'un rempart dérisoire contre la ruée. Désormais rien ne peut nous sauver.

Un grondement m'avertit que, de l'autre côté, le combat est engagé. J'y cours. Après une bordée de flèches, les Barbares ont donné l'assaut contre le carré. Installé sur son cheval, au milieu de la cohorte, le préfet Publius lance des ordres et fait des gestes désordonnés ; une flèche s'est piquée à la verticale dans son épaule mais il semble l'ignorer ; exposé comme il l'est, il ne tiendra pas longtemps debout : il constitue une cible idéale pour les fameux archers saliens et ripuaires. Avant que l'irrémédiable se produise, il décide de renoncer à jouer les statues équestres. Libérant son cheval, ôtant sa cape rouge qui entravait ses mouvements, il se jette dans la mêlée.

A un quart de siècle de distance, cet engagement me rappelle celui d'Aetius opposé aux Barbares dans les Champs Catalauniques : le patrice avait adopté le même dispositif en carré pour affronter les féroces gépides. Les cavaliers francs poussent des charges forcenées contre le mur immobile des lances, l'enfoncent sous leur élan avec des cris sauvages, disparaissent dans une mêlée confuse, et le mur se reforme pour attendre une nouvelle charge, tandis que les chevaux débarrassés de leurs cavaliers tournent en rond, désemparés, et que les « Romains » rejettent les cadavres vers l'extérieur comme on crache des glaires.

Assailli de toute part, enfoncé, démantibulé, le carré de Publius se reforme sans relâche, comble ses brèches, et c'est le même hérisson de lances que les Barbares, à chaque nouvel assaut, trouvent devant eux. Ils ne semblent pas pressés, les « Teutshes » ! Entre chaque vague de cavaliers, dont aucun ou presque ne revient, ils se reposent, entonnent un de ces chants scandés qui font froid dans le dos, adressent des signes d'intelligence aux femmes dont les groupes se sont rapprochés insensiblement du lieu du combat et qui ne cessent d'encourager les guerriers par leurs cris sinistres.

— Va voir où ils en sont de l'autre côté, dis-je à Minuo.

Il part, revient en courant. Les portes commencent à brûler. Ce sont de vieilles portes épaisses mais sèches comme de l'amadou, qui doivent dater de Dioclétien ou de Constantin ; intérieurement, à hauteur d'homme, elles sont recouvertes de graffiti et de numéros de légions ; de gros sexes d'hommes, des culs de femmes, des cœurs avec un nom de soldat, parfois, voisinent avec ceux des légions : « la Glorieuse », « la XXIIe ». Le dernier défi de Rome aux ténèbres de la Barbarie va s'envoler en fumée.

Les chefs barbares, renonçant à la cavalcade qui leur a coûté beaucoup d'hommes et de chevaux pour un maigre résultat, décident de faire donner l'infanterie. Le combat va changer de nature.

Sans empressement, en silence, les Barbares prennent position à quelques pas des « Romains ». Le mugissement profond qui monte en s'amplifiant derrière leurs boucliers semble prendre naissance dans la terre et s'y dissoudre de nouveau, après avoir flotté sur la masse humaine immobile. Les « Romains » répliquent par un barrit un peu grêle et des injures qui auraient mis en joie ce pauvre Probus.

Minuo court comme une flamme sur la plate-forme, louvoyant à travers les groupes de réfugiés, suivi par le cochon de Basile qui, sans nourriture depuis la veille, essaie de lui mordre les mollets. Il revient porteur d'une nouvelle rassurante : puisant dans les réserves d'eau, les défenseurs déversent de pleins seaux sur le sinistre. Une fumée blanche s'élève jusqu'au sommet de la forteresse.

— Minuo, dis-je, toi qui es passionné d'histoire, observe bien cette bataille. C'est la dernière que Rome livre à ses ennemis. Regarde-la bien et plus tard tu pourras la raconter dans tes livres.

— Sinisser, dit Minuo. S'il pouvait être encore vivant... Tu crois que nous allons mourir nous aussi ?

— Toi, mon petit, ils t'épargneront sûrement.

— La mort ne me fait pas peur. Si je la redoute, c'est parce qu'elle m'interdirait de poursuivre mes études. Si elle m'épargne, j'irai à Rome pour y enseigner et je parlerai de Sinisser et de toi à mes élèves.

Assis côte à côte sur le rebord de la corniche, les jambes pendantes dans le vide, nous regardons se déclencher la phase ultime de la bataille. Une bataille perdue d'avance tant l'affrontement est inégal.

Insensiblement, les rangs des « Teutshes » se sont resserrés sur le carré comme la quadruple mâchoire d'un étau. Un flottement dans la cohorte indique un début de panique chez les nôtres. Protégés par leurs boucliers, les attaquants avancent pas à pas, la framée, l'angon ou l'épée en avant : c'est une ruée d'insectes aux élytres de feu, aux pinces de métal, qui progresse avec une lenteur hallucinante. J'aperçois encore, au centre du carré dont les bords ont éclaté, le préfet Publius ; il court d'un bord à l'autre, dégage un poste pour en couvrir un autre, hurle des ordres qui me parviennent nettement. Il semble avoir perdu environ le tiers de ses hommes et, par endroits, il ne reste qu'un mince rideau de combattants. Soudain...

Soudain, ce que je redoutais depuis un moment se produit : un flanc du carré cède, éventré, et, par cette brèche, les Barbares se précipitent en torrent. Une épée enfoncée dans le ventre, Publius tombe sur les genoux, tente de se relever, mais un angon le cloue au sol. De rigoureuse qu'elle était, la géométrie de la bataille devient floue. Les lignes du carré brisées, il est désormais impossible de distinguer les « Romains » de leurs ennemis, mais la confusion n'est qu'apparente : ce n'est plus un combat mais un massacre, une monstrueuse et lente manducation. De ce gros essaim qui semble bourdonner autour d'un prédateur monte un cri de victoire.

— C'est fini, dis-je. Ça va être notre tour à présent.

— Je suis prêt ! me répond crânement Minuo.

J'écarte Basile qui fait des signes désordonnés pour quémander de la nourriture, sans se soucier des événements. Prenant Minuo par la main, je cours rejoindre Bibula.

— Nous ne pouvons plus les arrêter, dit-elle. Ils attaquent au bélier la porte qui a le plus souffert de l'incendie. Elle ne va pas tarder à céder. Où en est le combat ?

— C'est fini, dis-je. Nous n'avons pas un seul survivant. Qu'allons-nous devenir ? Que faire ?

— Tout d'abord rester ensemble, nous trois, quoi qu'il arrive. Je te répète qu'avec un peu de chance, nous survivrons.

— La chance, Bibula...

Du haut des galeries, les défenseurs tirent leurs derniers projectiles : flèches et javelots. Assis le dos contre le mur, Mincius et Nymphius présentent l'image de la résignation. Minuo se détache de nous pour courir vers son père.

— Tu n'es pas blessé, père ?

— Non, mon fils, mais nous allons mourir, tous.

— Pas moi, dit Minuo : je sais que je ne mourrai pas. Il faut que j'aille enseigner à Rome. Il le faut absolument.

— Reste près de moi. Tu es ma seule consolation.

Bibula s'avance à son tour.

— Ne prive pas ton fils d'une chance de survivre. S'il reste avec toi, il est condamné. Avec nous, il peut s'en tirer.

— Alors gardez-moi avec vous !

— Impossible ! Nous ne pouvons rien pour toi. Quand le fruit et l'arbre sont séparés, rien ne peut faire qu'ils retrouvent une vie commune.

— Vous êtes des chiens ! s'écrie Mincius. Votre vie seule vous importe. Les autres peuvent crever. Et toi, Eudoxe, tu es le pire de tous !

Je laisse sans répondre Mincius évacuer sa colère et Nymphius son chagrin. Ces deux caricatures de la culture romaine ne sont pas dignes de survivre à la débâcle. Moi non plus, d'ailleurs, mais si une chance se présente, je ne la laisserai pas s'échapper.

Le bélier vient de faire céder un battant de la porte. J'en suis prévenu par un hurlement de joie du côté de la ville et par un long gémissement des femmes dans la forteresse. La voix de Médéric ordonne un repli général vers les galeries. La poignée de soldats qui restent sous ses ordres défendront l'accès des étages par l'escalier. Cela ne constituera qu'un écran dérisoire et un gain de temps négligeable, mais mourir pour mourir, autant que ce soit les armes à la main. Argobast et Sunno, avec une dizaine de civils, défendront la première galerie. Je suis chargé, avec Bibula, de barrer la route aux Barbares vers le deuxième étage où devront se replier les survivants. Nous aurons à défendre quoi ? Ce dernier espace de liberté ? Défendre qui ? Ces faux moines agenouillés devant une croix, en cercle, comme des moutons devant l'orage ? Cette folle de Sigen qui hurle de peur ? Assise sur son arrière-train, le museau barbouillé d'une neige de poils, ma chienne Myia me regarde en inclinant la tête pour réclamer sa pâtée. Oui : résister est inutile, mais il n'y a rien d'autre à faire. La plupart des défenseurs refusent d'adopter l'attitude de Mincius et de Nymphius et de se laisser massacrer après avoir imploré leur grâce.

La cour centrale a été envahie rapidement par les Barbares. Leur premier soin a été de lever les herses, et le flot a envahi la forteresse de toute part. En loyal soldat de Rome, Médéric résiste avec une poignée de Trévires, mais des piétinements sourds nous préviennent que le premier barrage a été balayé en quelques instants. Sous la conduite d'Argobast et de Sunno, le second ne tient pas longtemps ; j'entends des femmes demander grâce. Vainement : les Barbares n'épargnent personne.

— C'est notre tour, dit Bibula. Dans quelques instants, nous serons morts ou nous serons libres. Toi, Minuo, monte sur la plate-forme. Nous te préviendrons lorsque tu pourras redescendre sans danger. Si nous ne pouvons te faire signe, tu as deux possibilités : te laisser massacrer ou te jeter dans le vide. Mais peut-être, en raison de ton âge, t'épargneront-ils.

Nous l'embrassons et il nous quitte sans se retourner. Cette sérénité qui émane de lui, cette curiosité qu'il manifeste dans les circonstances dramatiques que nous vivons, j'en reçois comme une bouffée de confiance rayonnante et généreuse.

Le bruit des piétinements monte jusqu'à la deuxième galerie. Nous nous attendons à tout instant à voir déboucher les Barbares, mais c'est un groupe de femmes qui reflue vers nous : celles qui ont pu échapper au viol et à la tuerie : Randa et sa petite esclave Gaïsa, Dorcas, les trois femelles d'Argobast, échevelées, leurs vêtements en lambeaux flottant autour d'elles.

— Echappez-vous ! crie Dorcas, ils massacrent tout le monde !

Les folles ! Nous échapper ! Nous envoler, peut-être, à travers l'espace, comme Icare, nous fondre dans la muraille comme une dryade dans son arbre, nous précipiter dans le vide en espérant un prodige ?

— Repliez-vous sur la terrasse supérieure, dis-je, et surtout jetez vos armes !

C'est maintenant un bruit de souliers ferrés qui monte jusqu'à nous. Je tiens ma lance serrée dans mon poing, mon autre main dans la gauche de Bibula. A l'instant précis où surgissent les premiers Barbares, elle leur crie, d'aussi loin qu'elle les aperçoit, en langue alémanique :

— Dites au chef Agilo que je souhaite le voir ! Prévenez-le tout de suite ! S'il nous arrivait malheur vous en répondriez sur votre vie. Je suis sa sœur.

Surpris, je regarde Bibula, puis les guerriers, puis de nouveau Bibula. Leur élan interrompu, les deux hommes barbouillés de sang qui précèdent la meute écartent les bras pour faire barrage au flot qui les presse.

— Qu'est-ce qui prouve que tu dis vrai ? dit l'un des hommes.

— Ceci, dit Bibula.

Elle enlève prestement le collier de perles alternées, rouges et noires, portant un médaillon de bronze figurant un ours dressé sur ses pattes. Elle le lance au soldat.

— Voici l'insigne de notre tribu. Mon frère Agilo porte le même. Notre père était le chef des Malaric. Veux-tu que je te parle de lui ?

— Inutile, dit le soldat. Et celui-là, dit-il en me montrant de la pointe de sa lance, c'est qui ?

— C'est mon époux. Et notre fils est tout près d'ici.

Elle appelle Minuo qui accourt aussitôt, le serre contre elle.

— N'allez pas plus loin. Il n'y a personne là-haut, que de pauvres innocents. Nous vous attendons ici. Voici nos armes. Dis à tes hommes d'assurer notre protection, dans ton intérêt comme dans le nôtre. Fais vite !

Nous jetons nos armes à nos pieds. Un groupe de Barbares s'avancent, nous repoussent vers un coin de la galerie, nous enferment dans un demi-cercle de lances pour nous protéger tandis que retentissent les ordres lancés par des voix gutturales : qu'on laisse les survivants indemnes ; il n'y a plus rien à tuer ; il faut attendre les consignes...

Plus rien à tuer ? Si, pourtant. Tandis que nous guettons l'apparition du chef Agilo, de la tribu des Malaric, voilà que déboule par l'escalier de la terrasse le porc de Basile, pourchassé par Myia qui nous a suivis tout à l'heure sur la terrasse supérieure. Il passe entre les jambes des soldats qui, leur surprise passée, se lancent à sa poursuite. Percé de plusieurs coups de lance, assommé par une hache, la bête tourne en rond en couinant avant de se coucher sur le flanc.

— Le dernier mort de Rome ! dit Bibula.

Tandis que Myia lèche le sang qui coule sur les dalles, une rumeur nous parvient des étages inférieurs. Nous voyons surgir un jeune Barbare alaman ; des nattes tressées, teintes en roux flamboyant, encadrent un visage piqueté de taches de rousseur ; il est petit de stature mais large d'épaules ; un sourire se dessine sous ses opulentes moustaches rousses. Il porte au bras une blessure d'où le sang coule en abondance. Bibula, en larmes, se jette contre sa poitrine.

— Les dieux soient remerciés ! dit-elle. Nous sommes sauvés.

— Qui sont cet homme et cet enfant ? demande Agilo en nous montrant du doigt.

— Eudoxe, mon compagnon, et Minuo, ton neveu.

Agilo fronce les sourcils.

— Eudoxe... Minuo... Ce ne sont pas des noms de notre peuple, mais nous en reparlerons. Je suis heureux de savoir que tu as réchappé de ce drame. Je t'avais déconseillé d'aller chez les Romains mais tu ne m'as pas écouté, pas plus que notre père. Si je n'avais pas fait partie de cette expédition...

— Je savais que tu en étais. Hier soir, je t'ai aperçu et mon cœur a bondi de joie. Tu passais ta troupe en revue, mais je n'ai pu te faire signe. Je pensais que vous renonceriez à faire le siège de cette ville et que vous passeriez votre chemin pour arriver plus vite en Gaule.

— Nous ne pouvions pas laisser une garnison romaine sur nos arrières, comprends-le !

Son regard parcourut l'espace de la galerie.

— Où sont les nôtres ? Notre mère, nos frères et sœurs ?

— Ils ont voulu rester dans l'amphithéâtre et tu sais mieux que moi le sort qui a été réservé aux gens qui défendaient cette place.

— La guerre est cruelle, dit Agilo, le visage crispé par l'émotion. J'espérais revoir ma mère vivante, et...

— Que vas-tu faire de nous ? l'interrompt Bibula.

Agilo caresse ses moustaches, l'air embarrassé.

— Je ne puis rien décider seul. Je vais parler au chef de l'expédition en votre faveur. Lui seul a le pouvoir de gracier les prisonniers ou de les faire exécuter, mais je suis persuadé qu'il m'écoutera et vous épargnera. Il ne peut rien me refuser car j'ai sa confiance et je me suis bien battu.

— Tu es blessé ! dit Bibula.

— Oui, et la plaie est profonde. Il faut arrêter ce flux de sang, sinon...

— Ne t'inquiète pas. Eudoxe va te soigner. Il est médecin...

Ce morceau de parchemin portant une écriture à l'encre rouge délavée, presque illisible à force d'avoir été léché par les pluies et brûlé par le soleil, c'est le seul souvenir que je garderai de l'autorité impériale sur ces terres lointaines. Il s'agit d'une « indiction » signée d'un fonctionnaire du temps de l'empereur Anicius Olybrius, qui régnait il y a quatre ou cinq ans, si peu de temps qu'il ne laissera pas un grand souvenir. Cet écrit fixait pour les tributs exigés des Trévires une somme exorbitante. Je l'ai décloué de la porte du prétoire où Probus l'avait laissé afficher comme un défi et je le conserve précieusement.

Ce document avait été apporté à Trèves par Crispus, inspecteur du cens, petit « notarius » merdeux, au teint grisâtre, affecté d'une floraison de poils dans les narines, les oreilles et sur la glabelle, entre ses yeux de rat.

Crispus se présenta au tribun Probus, commandant de la place, avec des ronds de jambe et des circonlocutions fleuries de cette politesse romaine qui vous met de la glace dans le dos car elle semble toujours cacher quelque mauvaise surprise. Après avoir donné lecture du document, chapitre par chapitre, en prenant son temps et en laissant son corps maigrelet se reposer tantôt sur une jambe, tantôt sur l'autre car, ostensiblement, personne ne l'avait invité à s'asseoir, il le roula avec précaution, le glissa dans son étui en prenant soin de faire s'épanouir le bouquet de rubans et de sceaux de cire ou de plomb dans le bas, comme on fait, par coquetterie, bouffer un toupet de cheveux sur son crâne. Il tendit le rouleau à son secrétaire et attendit la réaction de Probus.

En ce temps-là, Trèves avait cessé d'être un centre administratif et commercial pour devenir une place militaire sur laquelle régnait Probus. Le dernier des décurions, Spurina, le « perfectissime », avait déserté ses fonctions après quelques autres collègues, impuissants comme lui à assurer la rentrée des impôts et à les acheminer vers Rome, pour la simple raison que l'argent et l'or ne circulaient plus et que la population subsistait grâce au troc.

Lors de la visite du « notarius », je me trouvais près de Probus qui sortait d'une de ces crises de fièvre des marais qui le laissaient sur le flanc, avec une humeur de dogue. De tout le temps que dura la lecture, le tribun ne souffla mot, promenant un regard distrait sur le plafond, sur la suite du « notarius » : un secrétaire, trois ganaches de légionnaires en fin de carrière, aux jambes velues, et une sorte de guenon qui devait servir à tous usages...

Pour rompre un silence interminable, le « notarius » demanda :

— Eh bien, seigneur tribun, que penses-tu de cette « indiction », et quelle est ta décision ?

— Je n'en pense rien, dit Probus en bâillant, et je m'en torche le cul.

Crispus chancela comme sous une bourrasque. Il poursuivit, d'une voix qui accédait aux aigus les plus vertigineux :

— Il est prescrit dans ce document que le décurion, *ou son remplaçant,* doit s'acquitter de cette somme avant un mois. Je suis chargé par le ministre des Finances de notre vénéré empereur Anicius Olybrius de veiller à son recouvrement et au transfert des fonds jusqu'à la caisse impériale. Je te tiens pour responsable de cette opération.

Sans se démonter, Probus répliqua :

— C'est beaucoup d'honneur que tu me fais, mais je dois te prévenir que, depuis ton départ de Rome, le vent a tourné. Tu retardes d'au moins un empereur, mon bon Crispus. Le nouveau s'appelle... Comment donc ? Je ne me souviens plus.

— Flavius Julius Nepos, souffla le préfet Publius.

— Népos ! C'est bien ça. Mais il se peut que, depuis son avènement, il ait lui-même été détrôné. Les événements vont si vite, à Rome, de nos jours... Alors je te suggère de revenir en Italie pour y recevoir de nouvelles instructions.

— Je suis à Trèves, ergota Crispus, au nom de l'empereur. Je ne quitterai pas cette province avec des coffres vides.

— A ton aise ! dit Probus. Je vais donc annoncer ta visite aux habitants et les inciter à cracher au bassinet, mais je crains qu'ils te paient avec des trognons de choux et des lentilles pourries.

— La loi est formelle. C'est sur ta fortune personnelle, du fait de la défaillance du décurion, que je dois prélever ce tribut. Sinon...

Crispus se frotta le menton d'un air embarrassé. Visiblement sa menace avait dépassé ses intentions.

— Sinon ? demanda tranquillement Probus.

— Je te demanderai de te démettre de tes fonctions et de m'accompagner à Rome sous bonne escorte pour t'expliquer avec le ministre.

Au frisson qui parcourut le corps du tribun, encore moite de fièvre, je crus qu'il allait laisser libre cours à une de ses colères qui faisaient trembler les murs du prétoire. Il se maîtrisa et dit posément :

— Mon cul !

Sans daigner montrer au « notarius », comme il le faisait volontiers, en certaines occasions, cette auguste et plantureuse partie de son individu, il se leva et fit signe à ses officiers de le suivre. Crispus resta planté là, les mains croisées sur le bas de son ventre comme une vierge chrétienne au milieu de l'arène, jadis.

Impuissant à convaincre Probus d'agir, le « notarius » dut lui-même, après avoir affiché l'« indiction » à la porte du Prétoire, afin que nul n'en ignore, procéder au recouvrement des impôts. Il y apporta un tel zèle, une telle rigueur, que cela faillit susciter des émeutes. Probus ayant fait discrètement circuler des consignes dans la population, Crispus recevait partout le même accueil : on n'avait pas le moindre quart de sou à lui confier car on vivait au jour le jour. En revanche, s'il voulait bien accepter ce morceau de pain rassis et ces fèves gâtées...

Excédé, Crispus transforma en prison la cave de la demeure qu'on lui avait affectée et refusa durant des jours aux récalcitrants la moindre nourriture. Des femmes vinrent se lamenter et demander justice au prétoire si bien que Probus, qui ne riait plus, décida d'agir à sa façon. Il n'y alla pas par quatre chemins.

Un jour, la nouvelle courut que l'inspecteur du cens avait disparu. Probus joua l'indignation, menaça de prendre des sanctions si le représentant de l'administration impériale n'était pas retrouvé. Quelques jours plus tard, Crispus était toujours introuvable. C'est alors que Probus m'avoua qu'il l'avait fait jeter à la Moselle avec une pierre au cou, comme un chien malade. Quant aux soldats de sa suite et au secrétaire, ils furent affectés d'office au corps de troupes et la « guenon » aux cuisines du tribun.

Cette visite constituait le dernier signe de vie que nous ayons reçu de l'autorité impériale. Respectueux des lois de l'Empire, Probus laissa l'« indiction » affichée à la porte du prétoire où, durant quelque temps, il la salua tous les matins, militairement.

Trèves se repeuple. Cette ville ne peut rester longtemps déserte, quelle que soit l'intensité des ouragans qui la ravagent.

Durant tout l'automne, elle n'a été qu'un immense charnier. Avec le concours de la petite garnison commise à la garde de la cité par le roi Chilpéric qui commandait, nous l'apprîmes par la suite, l'armée des Francs, nous avons passé des jours et des jours à brûler les cadavres qui répandaient partout une puanteur effroyable. Des corps, on en trouvait partout, et pas beaux à voir ; nous les attachions en grappes par les pieds et les faisions traîner par les chevaux sur la route de Cologne, jusqu'au fond de l'allée des tombeaux. Comme ils étaient trop nombreux, que nous manquions de bois et que nous courions le risque d'une épidémie, nous en avons enterré un certain nombre et jeté les autres à la Moselle, puis nous avons livré au feu tous leurs vêtements.

Chilpéric est resté peu de temps en pays trévire. La Gaule l'attirait irrésistiblement en vertu du vieux tropisme des peuples barbares à la recherche de leur terre d'élection. Il y avait sa place ; elle lui offrait un royaume à conquérir, pour lui mais surtout pour son fils, un enfant de onze ans, petit fauve hargneux, qui s'habillait déjà en soldat (Chlodouechus, ou Hludowicus, appelé aussi Clovis), qui aurait souhaité que personne, à Trèves, ne survécût au massacre.

L'armée franque nous a quittés à la première neige. Le frère de Bibula, Agilo, souhaitait rester à Trèves, mais Chilpéric ne lui accorda pas cette faveur. Avant son départ, Agilo nous dit :

— Depuis que Rome n'a plus d'empereur, la Gaule est à prendre. Les troupes du skyre Odoacre ne sont pas suffisantes pour y établir un semblant d'autorité, et d'ailleurs il a assez à faire à surveiller ses frontières avec Constantinople dont l'empereur, Zénon, est encore, virtuellement, maître de tout l'Empire romain. En Gaule, les Wisigoths du roi Alaric occupent le territoire du sud de la Loire et les Burgondes sont maîtres de ceux qui sont situés à l'est du Rhône. Il nous reste le nord du pays, entre la Belgique et l'Armorique. C'est là que nous allons nous tailler un royaume.

Le projet semblait facile à réaliser, mais il fallait d'abord vaincre Syagrius.

Celui qu'on appelait tantôt « duc », tantôt « patrice », ou encore « roi des Romains », tenait fermement le territoire autour de Soissons. Pour avoir longtemps vécu à la cour de Gondebaud, roi des Burgondes, et fréquenté des officiers francs dans l'entourage de son père, Aegidius, il connaissait bien les Barbares qui, d'ailleurs, composaient l'essentiel de ses forces armées et lui étaient fidèles. Il avait en l'évêque de Reims, Rémy, un excellent conseiller mais qui tournait des regards indulgents vers les envahisseurs en lesquels il avait reconnu le troupeau à évangéliser et les forces vives de l'avenir.

— Syagrius, nous dit Agilo, est pour le moment notre pire ennemi. Il nous ferme comme un verrou les portes de la Gaule. Nous y mettrons le temps nécessaire mais il sera balayé.

Avant de nous quitter à la tête de l'arrière-garde alémanique qu'il commandait, il nous dit :

— Restez, puisque tel est votre choix, mais si l'envie vous prend de quitter cette ville fantôme, vous saurez où me trouver.

Nous sommes restés.

A deux pas de la Porte Noire, nous avons découvert, dans une « insula » épargnée par l'incendie, une demeure ayant appartenu à un marchand « syrien » ; elle est petite et de modeste apparence mais elle nous suffit. Nous vivons là, Bibula, Minuo et moi, une existence paisible sans être ennuyeuse. Libres ? Dans une certaine mesure car les issues sont bien gardées et il faut un laissez-passer du commandant d'armes pour aller pêcher ou chasser, mais on nous l'accorde sans réticence.

Chaque jour nous apporte son lot de nouveaux visages et d'événements qui rompent la solitude et l'ennui.

Dans la ville débarrassée des résidus pestilentiels de la bataille, lavée de ses miasmes par les vents et les pluies de l'automne, des groupes de réfugiés arrivent chaque jour, sur les traces de l'armée de Chilpéric. La vie reprend et s'organise. Les nouveaux venus sont presque tous des Trévires, gens de modeste condition : paysans, artisans, vétérans de l'armée barbare, mais aussi quelques marchands attirés par l'ancienne renommée de la cité impériale. Par familles entières, sans la moindre formalité, ils prennent possession de tout ce qui reste à occuper. Ils ensemencent les jardins, s'activent dans les vignes, labourent les champs d'alentour, préparent les semailles ; lorsque le temps leur interdit de travailler au-dehors, ils réparent leur domicile, et le bruit des scies et des marteaux retentit dans toute la cité, mêlé à des rires et à des chansons.

Les artisans eux aussi se sont remis à la tâche. Les marchands ont ouvert boutique, même s'ils n'ont que peu de chose à vendre. On a même vu sur le forum, sous la neige, s'installer un embryon de marché.

Installés dans une annexe de la chapelle où ils ont enfoui le cadavre de leur évêque, les moines ont reçu récemment de la visite : une sorte de prophète maigrichon, animé d'un prosélytisme fougueux, qui va de foyer en foyer apporter la bonne parole et baptiser les ouailles. Prévenu de ma réputation de mécréant, il n'a jamais frappé à ma porte et tourne la tête lorsque nous nous croisons. Plusieurs fois dans la journée, il fait sonner la cloche pour les offices. Près de la basilique de Constantin, on a commencé la construction de la grande église dont rêvait Marus.

De Basile, pas de nouvelles. Les soldats s'en sont divertis durant quelque temps puis, las de ses folies et de sa saleté, ils l'ont laissé partir dans la forêt des Pémans, d'où il n'est jamais revenu.

Je suis le seul médecin pour une population qui gagne en importance de jour en jour, et la clientèle ne me fait pas défaut. Bibula, elle, s'ennuie. Les jours où la neige ou le froid règnent sur la ville, elle tourne en rond dans notre demeure comme une lionne en cage, cogne rageusement les meubles à coups de pied ou reste près de la fenêtre, emmitouflée dans une couverture, à regarder la neige tomber sur la Porte Noire, cet immense catafalque de pierre dressé sur l'horizon des collines.

Au printemps, j'en ai la conviction, elle partira. Notre rêve de vie commune n'aura duré qu'une saison. Cette neige qui tombe sur Trèves, j'y vois, le cœur serré, le lent et inexorable enfouissement d'une passion née des circonstances et que d'autres circonstances ont condamnée. Lorsque je fais le compte de ce qui nous autorise à concevoir une longue et véritable vie de couple, le bilan est maigre :

elle est la jeunesse et la beauté ; son caractère ardent, toujours porté à entreprendre, souvent à la légère, donc à vivre, s'accommode mal de mon humeur paisible, casanière, laborieuse, tendue en permanence vers l'analyse des personnages ou la synthèse des événements que, pour sa part, elle prend à bras-le-corps, sans souci de réflexion. Nos discussions tournent court et dégénèrent vite en querelles : elle me juge timoré et je la trouve futile. Nos disputes sont de plus en plus fréquentes et acerbes, avec souvent une pointe de haine. Notre couche est devenue le théâtre d'un amour sans passion ; elle me reproche mes insuffisances et moi son appétit insatiable ; elle menace de me tromper et je crève de jalousie.

Parfois je me dis que nous aurions dû suivre les conseils de son frère, quitter cette ville morte, nous établir dans le sud du pays, dans cette Aquitaine que les écrits d'Ausone m'ont fait aimer, susciter autour de nous un environnement amical, mais voilà : je n'ai pas le courage de partir, tant cette ville me tient au cœur. Bibula, elle, n'a pas suffisamment de volonté pour me quitter, aller rejoindre Agilo, donner du champ à cette puissance de vie, à cet amour de l'action qui la possèdent et qui s'étiolent près de moi.

Hier, sans raison apparente, elle a cédé à une crise de larmes. Je l'ai consolée de mon mieux, puis je lui ai dit :

— Tu le vois, nous ne pouvons plus vivre ensemble. Tâchons de passer l'hiver sans nous déchirer. Au printemps, tu partiras et je ne chercherai pas à te retenir parce que ce serait une erreur et que je ne m'en sens pas le droit. Cette séparation me sera plus dure que tu l'imagines mais je saurai à la longue me faire une raison. Ma vie tire à sa fin et la tienne n'en est qu'à ses débuts.

Nous avons pleuré ensemble, serrés l'un contre l'autre. Elle s'est détachée de moi et elle m'a dit :

— Jamais je ne pourrai vivre sans toi, tu le sais. D'ailleurs tu ne penses pas sérieusement ce que tu dis. Je ne peux pas concevoir de faire l'amour avec un autre homme que toi.

Sans Minuo, Bibula m'aurait déjà quitté.

Ce petit bout d'homme a trouvé à occuper son temps. Avec l'aide de Bibula, il a ouvert une école. Ni plus ni moins. Chaque jour, il part avec son pupitre, son encrier et ses paperasses, comme jadis lorsqu'il se rendait auprès de Sinisser. Il va apprendre aux jeunes Barbares, dont certains sont plus âgés que lui, à écrire et à parler la langue de Rome et il prend son rôle très au sérieux. Discrètement, j'ai assisté à quelques-uns de ses cours et j'en ai été remué. Le lointain soleil de

Rome n'est mort qu'en apparence : sa chaleur et sa lumière rayonnent encore, là, aux confins de l'Empire et de la barbarie, et Minuo en est le foyer vivant. Ecouter sa classe ânonner les vers de Virgile me fait monter les larmes aux yeux.

Il y a quelques jours, je lui ai dit :

— Bibula nous quittera au printemps. Elle ira rejoindre son frère et les gens de sa tribu, dans l'armée franque, en Gaule. Veux-tu partir avec elle ?

Il a passé ses bras autour de mon cou.

— Non, père, c'est auprès de toi et ici que je veux vivre.

Syagrius, le « dernier des Romains », maintint durant dix années son petit royaume situé entre la Somme et la Meuse, avec Soissons comme capitale. C'est devant cette ville que Clovis, roi des Francs, lui livra bataille, écrasa les hordes hétéroclites qu'il commandait et le mit en fuite. Réfugié à la cour de Toulouse, auprès de son « ami » le roi wisigoth Alaric II, il ne fit qu'un aller et retour : Alaric le renvoya à Clovis qui le fit mettre à mort.

Ces événements se passaient en l'an 486, dix ans après la chute présumée de Trèves.

Qu'est-il advenu du médecin Eudoxe ? Propulsé dans l'histoire, il s'est perdu dans la nuit. Quant à la ville de Trèves, devenue franque, elle cessa de rayonner sur ces territoires du nord qui, durant des siècles, avaient porté l'espoir de l'Empire et assuré sa sauvegarde face à la marée des Barbares, mais la Porte Noire, mutilée, blessée, est encore debout et témoigne de la puissance de la « res publica » dans les époques révolues.

Ce livre est un roman ; il ne comporte que peu de personnages ayant réellement existé. Ceux que nous avons mis en scène n'ont pas eu forcément le caractère, le comportement et le destin que nous leur prêtons. Le silence et l'obscurité ont régné sur le pays trévire et sur la ville de Trèves à cette époque. C'est la grande nuit barbare qui enveloppait ces terres d'Empire au crépuscule de Rome : une nuit traversée de fulgurances dramatiques, de personnages perdus dans la tempête et qui nous font, par leur seule présence et par leurs actes, des signes désespérés.

Ce sont ces signes que nous avons tenté de capter. Puissions-nous, en les interprétant, ne pas avoir trahi l'histoire.

TABLE DES MATIÈRES

OUVRAGES DE MICHEL PEYRAMAURE

Grand Prix de la Société des Gens de Lettres
et Prix Alexandre-Dumas
pour l'ensemble de son œuvre.

Paradis entre quatre murs (Laffont).
Le Bal des ribauds (Laffont, collection « Couleurs du temps passé »).
Les Lions d'Aquitaine (Laffont et Club des Libraires, prix Limousin-Périgord).
Divine Cléopâtre (Laffont, collection « Couleurs du temps passé »).
Dieu m'attend à Médina (Laffont, collection « Couleurs du temps passé »).
L'Aigle des deux royaumes (Laffont, collection « Couleurs du temps passé »).
Les Dieux de plume (Presses de la Cité, prix des Vikings).
Les Cendrillons de Monaco (Laffont, collection « L'Amour et la Couronne »).
La Fille des grandes plaines (Laffont, collection « Best-sellers », prix de l'Académie du Périgord).
Le Retable (Laffont).
Le Chevalier de Paradis (Casterman, collection « Palme d'or »).
L'Œil arraché (Laffont).
Le Limousin (Solar ; Solarama).
L'Auberge de la mort (Pygmalion).
La Passion cathare : 1. *Les Fils de l'orgueil* (Laffont).
2. *Les Citadelles ardentes* (Laffont).
3. *La Tête du dragon* (Laffont).
La lumière et la boue : 1. *Quand surgira l'étoile Absinthe* (Laffont, Grand Prix de la Ville de Bordeaux et prix Alexandre-Dumas, 1980).
2. *L'Empire des fous* (Laffont, 1980).
3. *Les Roses de fer* (Laffont, 1981).
L'Orange de Noël (Laffont, 1982).
Le Printemps des pierres (Laffont, 1983). Prix du Salon du Livre de Beauchamp.
Les montagnes du jour (« Les Monédières », 1983). Préface de Daniel Borzeix.
Les Portes de Gergovie (Laffont, 1984).
La Chair et le bronze (Laffont, 1985).

POUR LA JEUNESSE
Éd. Robert Laffont (collection « Plein Vent »)

La Vallée des mammouths (Grand Prix des Treize).
Les Colosses de Carthage.
Cordillère interdite.
Nous irons décrocher les nuages.

ÉDITIONS DE LUXE

Amour du Limousin (illustrations de J.-B. Valadié), Plaisir du Livre, Paris.
Eves du monde (illustrations de J.-B. Valadié), Art Media, Paris.
Brive, commentaires sur des gravures de Pierre Courtois, éd. R. Moreau, Brive.
La vie en Limousin (texte pour des photos de Pierre Batillot, éd. « Les Monédières »).

L'impression de ce livre
a été réalisée sur les presses
des Imprimeries Aubin
à Poitiers/Ligugé

pour les Éditions Robert Laffont

Achevé d'imprimer en février 1986
N° d'édition, L 868 — N° d'impression, L 21149
Dépôt légal, mars 1986

Imprimé en France